VISUAL HISTORY

陆战的历史
L A N D
WARFARE

I

从第一次世界大战到今天
From World War I To The Present Day

[英] 马丁·多尔蒂（Martin J. Dougherty）著

张德辉 译　李政峰　徐玉辉　审校

上海三联书店

目录
Contents

1

工业时代 1

20世纪，世人目睹了战争面貌最迅速、最深远的变革。就某些方面来说，这样的巨变在19世纪中叶即现出端倪，但直到20世纪人们才真正理解它的意义。

2

第一次世界大战：
1914 至 1918 年 7

20世纪初的几年，许多国家的人口与财富迅速增长。海外贸易和殖民帝国的建立是这些国家经济发展的重要一环。当时世人普遍认为大规模的战争不会爆发，因为其所导致的经济崩溃将是各国所无法承担的。

3

"二十年休战"：
1919 至 1939 年
153

第一次世界大战对于所有卷入的国家来说是巨大的创伤。关于这个"迷失的一代"已有许多著述评论过。然而，战争造成的问题并非只有无数的伤亡而已。不少士兵返乡之后，尽管生理上没有大碍，但整个人已经变得不一样了。此外，对伤患和残疾者的照料又是一笔庞大的开销。

4

第二次世界大战：
1939 至 1945 年
167

第二次世界大战波及的范围比第一次世界大战更广，西欧、斯堪的纳维亚，还有非洲及远东都爆发了大规模的战争。而且，这些不同的战区都具有不同形态的作战特色。

U.S. ARMY
40195650

目录
Contents

5

6

DORIS

53

7

传统战争的复活： 1950 至 1970 年 379

第二次世界大战之后，有不少人认为原子武器的问世将使传统战争的时代结束。然而，战后的5年内，许多国家再次卷入大规模的冲突中。20世纪50年代和60年代的大部分战争所运用的战术，都可回溯到1939年至1945年这段时期，而且还经常出动传统的重型装备作战。

8

革命与动乱： 1956 至 1995 年 431

成功革命或暴动的基本要素之一是必须有一定比例的群众给予支持。有些革命家比如格瓦拉主张，革命行动本身能够创造这样的人群。不过，这是有待商榷的说法，如同南美洲的事件所显示，光靠暴力无法为成功的革命制造有利条件。

目录
Contents

9　10

73758

工业时代

20世纪，世人目睹了战争面貌最迅速、最深远的变革。就某些方面来说，这样的巨变在19世纪中叶即现出端倪，但直到20世纪人们才真正理解它的意义。

工业时代的战争：早期的火炮只能打击视线范围内的目标或是抛射炮弹消灭掩蔽物后方的敌人，但到了 20 世纪初，火炮已经可以消灭更远处的目标

　　20世纪初期，蒸汽动力战舰的发展已臻成熟，并开始纵横四海；接着飞机与潜艇的问世更是改变了战争的全貌。第一架会飞翔的机器才刚摇摇晃晃地冲上天际，转眼间便被用来从事战斗，试着打下另一架敌机。至20世纪末，航空兵器的发展近乎完善，轰炸机能够从数千里外前来痛击敌人；而战斗机则可派去阻挡轰炸机。

　　同样地，在20世纪之前，战略作战并未真正存在。以往的战争都会有特定的战场，或是相当明确的前线。在战场外围游荡并伺机掠夺乡间的骑兵袭扰或许可视为某种形式的战略打击，但这与现代一些部队随时能够毁灭世界上任何一座城市的战略打击相比，几乎是微不足道的事情。当今像导弹和战机等远程武器以及机动倏忽的地面战斗部队，都可将战火带到敌国境内的各个角落，而且通常会让敌人措手不及。

　　在战争面貌的戏剧性变化上，士兵以往只需要携带基本的武器与露营工具，以及相对简便的个人防护装备，但在现代高度机械化的战争中，他们需要更广泛的后勤支援和装备生产力量来维持作战。尽管大批的平民依旧被动员起来从事后勤生产工作，但军队的规模已太过庞大而不得不进行缩编。时至今日，世界各国更需要巨大的经济和工业实力来招兵买马及供养军队。

　　战争的其他层面同样不可全然漠视，尤其是空中武力，但本书介绍的是陆战史，因此制空权带来的进攻只有牵涉到陆战时才会略加说明。20世纪战争的主要特征是武器射程的不断增加，战斗的激烈程度与毁灭性加深，以及战争范围的持续扩大。克劳塞维茨（Carl von Clausewitz）说过，一个星期的政治谈判已经是很长的危机处理时间，而且战争不过是政治用其他手段的延续。就这点来说，在今日，一个星期确实是不可奢求的很长一段时间。

作战形态

在1900年，军队主要是由扛着步枪的步兵组成，还有野战炮的支援。早期的机枪虽已问世，并在战斗中证明其价值，但是它们太过笨重，在战术运用上受到很大的限制。此外，战术专家们对于如何运用这款新式武器亦是争论不休。

19世纪中期以后，步兵的火力快速提升。火绳点火的火绳枪由火帽击发的击发枪所取代，接着又出现了弹仓式栓动步枪。武器射程与火力的提升，以及内置弹匣的设计，使操作者得以迅速连续击发子弹。

积习难改

19世纪时，步兵的武器射程与致命性皆大幅提升，这意味着敌方骑兵队在逼近目标之前极容易被打成一盘散沙。步兵采取了小规模编队的战术，并善用掩护或挖掘战壕以避免惨重的伤亡。

然而改变的脚步十分缓慢，许多军队仍穿着华丽且引人注目的军服作战，并采用上刺刀进行肉搏战的"冲锋"战术；而骑兵队也因袭他们传统的高调作战方式，近代战争中除了少数事件之外，英勇的骑兵总是能够设法逼近敌人，以证明他们依旧足堪重用。

↓19世纪末期最后几场战争的作战方式正如同图中这份《青年画报》（*Boy's Own Paper*）上所描绘的那样：身穿制服的步兵围成了方阵，他们在勇敢但实力欠佳的部落战士人海中坚守岗位

假如每一位步兵的枪法都达到一定水准，他们便能投射精准的火力至数百米外的目标；在射程内精准的命中，为早期击发枪所望尘莫及。尽管这样的变化意义深远，但其连带效果最初还不是很明显。

19世纪下半叶爆发了三场主要冲突：克里米亚战争（Crimean War）、美国南北战争（American Civil War）和普法战争（Franco Prussian War）。除此之外，还有一些小规模的冲突，诸如1866年普鲁士（Prussia）与奥地利的"七星期战争"（Seven Weeks' War），以及1899年至1902年间的布尔战争（Boer War）。这几场战争都阐明了许多重要概念。

战场上的不利因素

最重要的是，部队色彩鲜明的军服和紧密的作战队形在现代战争中极其不利。光鲜亮丽的红色、蓝色上衣成为战场上最明显的目标；军官在队伍里的位置亦是显而易见，使他们很容易受到敌人密集且准确的狙击。

然而在某些战役中也隐约透露出传统的作战方法依旧可行，至少是对那些迷恋旧式作战形态的人而言。例如英军在恩图曼之役（Battle of Omdurman）时组成了齐射队形，并击退人多势众的马赫迪（Mahdist）大军，他们仅付出少许的代价即造成敌人惨重的伤亡。此外，在同一场战役中，英国枪骑兵施展的冲锋战术也十分成功，尽管代价相对高昂。

当然，英国殖民地上的对手军队并没有取得大量枪炮的门路，所以那些倡导上刺刀进行决定性会战的人才大可引证，即使英国面对最骁勇善战的马赫迪军，也经常能以齐射队形将近在咫尺的敌人挡下。使用相同传统战术的欧洲列强军队亦能如此。

整体而言，1900年的情况是，变化虽已发生，但还不是很明显。作战条令尚未跟上科技的脚步。参谋与指挥官仍未意识到他们无法再借由传统的战术来实现决定性的战果，他们很快就在即将到来的新形态战争中得到惨痛的教训。

↓19世纪末的殖民地战争中，土著士兵经常与欧洲士兵共同作战。这张照片即显示在恩图曼之役期间，苏丹的步兵正等候马赫迪军来袭

第一次世界大战：
1914至1918年

20世纪初的几年，许多国家的人口与财富迅速增长。海外贸易和殖民帝国的建立是这些国家经济发展的重要一环。当时世人普遍认为大规模的战争不会爆发，因为其所导致的经济崩溃将是各国所无法承担的。

← 第一次世界大战期间，重型火炮造成了巨大的打击。除了机枪和毒气，大炮在堑壕战中亦扮演着非常重要的角色，尤其是在索姆河与凡尔登战役中

错综复杂的政治联盟与承诺，加上各国由于各种不同因素而相互敌对的紧张关系，意味着战争发生的可能性越来越大。如果战争真要爆发，没有人能遏制住；如果几乎所有的国家都卷进了战局，他们无可避免地会组成联盟相互对抗。

这样的结果最终导致了"同盟国"（Central Powers，主要为德国与奥匈帝国，还有土耳其与保加利亚）和"协约国"（Allied Powers，主要是英、法、俄，以及后来的意大利与罗马尼亚）之间漫长且血腥的争斗。

第一次世界大战的起源

20世纪初期，各国彼此不信任且相互猜忌。法国与德国刚刚打过一场战争，而后者向海外扩张的野心亦引起老牌殖民强国的忧虑。此外，德国"公海舰队"（High Seas Fleet）的迅速扩张使英国与德国发生龃龉；摩洛哥（Morocco）的危机和巴尔干国家（Balkans）的小规模战争也让各国陷入意见不合的困境。

欧洲国家彼此的不信任导致各国政府打算建立军事上的优势来确保安全。然而，从19世纪末期战争中所学到的教训之一，即是军队需要耗费很长一段时间和努力才能够部署大批士兵进入作战位置，而且他们必须要有庞大的部队才能够取得胜利。

因此，军队的动员成为战争中的主要课题，若军事动员太过缓慢即会面临军队在尚未上场作战就被击溃的风险。策划行动的参谋必须草拟复杂的动员时间表，利用铁道系统尽可能快速运载部队至集结点，可是如此一来又造成了巨大的压力。一旦考虑动员，就是做与不做的问题，迅速执行中的计划不太可能被更改。

在这一时期，欧洲大陆上最著名的作战计划是德国的"施利芬计划"（Schlieffen Plan），这项计划是以设计者阿尔弗雷德·冯·施利芬（Alfred von Schlieffen）元帅之名来命名。施利芬计划的本质纯粹是军事性的，它几乎完全漠视政治方面的考量。

德国在当时最可能的敌手是法俄联盟。由于德国无法同时抵御这两大强权的进犯，所以必须采取攻势策略。西面的法国在边界上设有坚不可摧的防御工事，东面的俄国则军队庞大而没办法在短时间内迫使他们退出战局，因此施利芬建议，德军

尽力防堵大战爆发

在1914年时，全面性的战争或许可以避免，各方当时的确在尝试不让战争爆发。德国与俄国特使一度唇枪舌剑的谈判使得俄国沙皇在最后一刻取消动员令，和平一度有了希望，争端亦有短暂的机会以外交途径解决。然而德国和俄国都断定，他们的军队于动员中遭到先发制人的突袭风险太高。动员令业已下达，庞大、无弹性的作战计划在各方面都没有转圜的余地。此刻，冲突已是无法避免。虽然英国与法国蹚进这摊浑水而迈向战争，但他们对于参战尚有异议，英国甚至不愿投入任何的兵力。这些相互牵连的因素似乎都能避免一场全面性的大战，各方皆已尽力。另外，某些国家的领袖对于他国应如何处理危机都有各自的见解，而这些意见也多少会影响到他们的决策。

应横扫比利时与卢森堡以绕过法国边境的壁垒，迅速将之击溃，再搭乘火车转往东面对抗俄国。

施利芬并没有考虑到破坏比利时中立的政治后果，虽然他担忧德军还不够强大，无法执行他的计划。尽管如此，德国仍把这项计划做了修正而不是重新审视其可行性。当1914年战云密布之际，它便成为唯一可行的作战方案。

当然，其他国家也都有各自的盘算，而且若再加上时间因素，就不太可能于危机中另推一套计划并予以实施。一旦欧洲大战爆发，各国将会依照既定计划来反应，依照公开与秘密的协议，以及铁道动员时间表行事。如此一来，情况就会变得一发不可收拾。

第一次世界大战的引爆点为奥匈帝国的王储弗朗茨·斐迪南大公（Archduke Franz Ferdinand）遭到塞尔维亚（Serbia）民族主义分子刺杀。当时，战争或许可以避免。但是欧洲境内，尤其是巴尔干地区，充斥着太多的利益冲突和潜在的突发事件。

在事情的一开始，斐迪南遇刺只是奥匈帝国与塞尔维亚之间的问题而已，可是奥匈帝国的反应有些迟钝，当官方提出通牒的时候，身为塞尔维亚保护国的俄国已开始动员军队，为塞尔维亚撑腰。自此之后，整个局势便失去控制。原本打算接受奥匈帝国最后通牒的塞尔维亚因为有了俄国的支持而一改初衷；德国亦向俄国传达他们对于俄军的动员备感威胁，并扬言若态势未获改善的情况下他们也将动员军队作为回应。

压垮骆驼的最后一根稻草是德国要求比利时在一触即发的战争中允许他们借道对抗法国，比利时予以拒绝，因此遭受攻击。英国向德国下达最后通牒，要求德国立刻终止侵犯比利时的行动，但未受到理会。于是，1914年8月4日午夜，欧洲大战就此爆发。

←← 德国元帅施利芬于1905年提出了可以击败法俄联盟的作战计划。他知道同时对付这两个强权的双线作战的后果，所以打算先迅速击溃法国

陷入僵局

　　一旦巨大的战争机器启动，就再也无法回头了。施利芬计划早已摊在桌上，军队亦正开赴边界。战争爆发的当天，总部与前线之间的联络是如此繁杂，连最局部性的作战方案都难以变更，更不用说整个战争计划了。

　　大量的人员与马匹偕同火炮和支援部队抵达德国西部边境，他们刚迈下运兵列车，火车便已启动返回去运载更多的部队。各旅、师与军都已编成，并开始行动。不过，施利芬计划仍有两个关键问题。

　　首先是关于路程的问题。德军需要绕行一个大弧形以越过法国，这代表在战线右翼远端的部队所行进的距离远过较靠近轴心点的部队。如果某些部队未能达到指定的推进进

←图为奥匈帝国的弗朗茨·斐迪南大公夫妇。斐迪南坚持到医院探视了在其第一次被刺杀时受伤的随从们，这给了刺客再次下手的机会。斐迪南夫妇遭到手枪的近距离射击，最后伤重不治

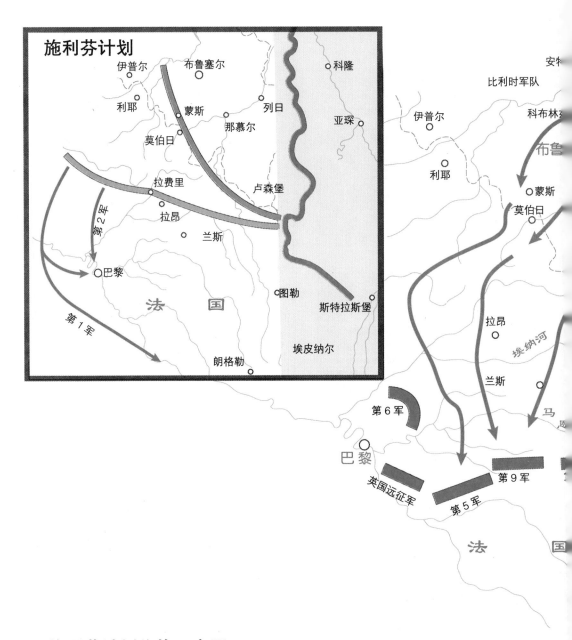

施利芬计划作战示意图

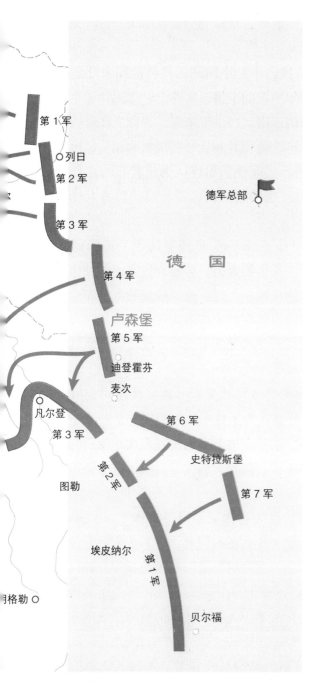

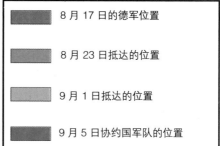

8 月 17 日的德军位置
8 月 23 日抵达的位置
9 月 1 日抵达的位置
9 月 5 日协约国军队的位置
第 1 军
列日
第 2 军
第 3 军
德军总部
德 国
第 4 军
卢森堡
第 5 军
迪登霍芬
麦次
凡尔登
第 3 军
第 6 军
史特拉斯堡
第 2 军
图勒
第 7 军
埃皮纳尔
第 1 军
贝尔福

←施利芬计划的最大问题是步行的军队右翼必须尽可能地跟上进度，同时还需要极强大的兵力于推进途中突破法军的防御

度，战线就会变得支离破碎，缺口亦会显露出来，这将使整个计划功亏一篑。

其次，法军的抵抗也不是小问题。指着地图来计划跨入法国占领巴黎是再简单不过的事情，实际上，德国参谋本部已料到会遭遇法军强力的反击。19世纪末期，普鲁士在对抗奥匈帝国和法国的战争中迅速赢得胜利让一些观察家相信，短时间内击败法国是可行的。然而他们始终认为施利芬的计划太过庞大，就连施利芬自己也被迫承认："我们的兵力太过薄弱了。"

位于比利时的列日（Liege）是德军的下一道障碍。不过，一旦这座要塞遭到重炮的轰击，势必会失守，而且比利时陆军也欠缺人手来防御该城。不过，列日四周的碉堡和仓促挖掘的战壕足以让比利时军队在被迫投降之前大大拖延德军的推进速度；同时，法国可调派的部队也会展开反攻，即便其庞大的军队尚未就位。

法军指挥官的犹豫导致作战失利，这促使总司令霞飞元帅（Marshal Joffre）将他认为不称职或不积极的指挥官予以解职。相较于对手德国，法军是由老辈的军官率领，他们的指挥风格拖泥带水且犹豫不决，是很大的失策；而德军的指挥官则充满活力与干劲。

自普法战争以来，法军再次试图挺进洛林（Lorraine），驱逐德国军队。一开始，作战还很顺利，可不久之后，各部队的推进即无法相互配合。法军的作战行动因此减缓并被挡了下来，接着更遭遇突如其来的反击而退却。德军得益于十分高效的指挥体系和优秀的作战参谋人员，法军的指挥系统则非常不严密。

此时，施利芬计划已显得有些脱节。不过，北翼的部队

比利时的顽强抵抗

德军第一次受挫是遭遇比利时部队的顽强抵抗，他们原本以为比利时会允许德军过境，或是弱小且畏缩的比利时军队会迅速被扫到一边。结果，比利时炸掉了默兹河上的大桥，让德军无法利用，并展开坚决的反击。比利时的骑兵和步兵部队骑着自行车赶赴前线，减缓了入侵者的攻势，尽管他们根本没有机会在边境阻挡德军。

终究能够挺进并越过比利时，而南翼的部队亦迫使敌军退回法国。

在推进期间，德军相当富有进取心和侵略性，帝国禁卫军（Imperial Guard）也夺得良机，未受阻碍地越过桑布尔河（River Sambre）。法军于一场反攻挫败之后被迫撤退，此刻，他们乱了阵脚，而且与坐镇蒙斯（Mons）附近的英国远征军（British Expeditionary Force, BEF）失去了联系。

英国远征军刚到蒙斯不久，德军的前卫部队亦抵达该地区，并试图跨越运河。居于守势的英军虽然在数量上不及来袭之敌，但仍占有一些优势。英国远征军并不是临时征召的军队而是一支相当专业且长期服役的正规军，他们在布尔战争中学到的教训立刻派上了用场。英国士兵挖掘了战壕，隐蔽起来对抗德军。

英国远征军的步兵手持李-恩菲尔德（Lee-Enfield）步枪，弹匣内装有十发子弹，能够精确且迅速地投射火力至很远的地方，而向英军阵地挺进的大批德国步兵则沦为再简单不过的射击目标。英军中的精锐在训练的时候被要求在每分钟瞄准并击出15发子弹，大部分士兵也都能办得到。

图为一些士兵与马匹正奋力拉动一辆马车越过小溪。这表明，在科技战争时代之初，后勤与运输依旧仰赖人力和畜力

↓当巴黎的出租车和其他车辆载送部队至战场前线之际，图中这批交通工具在法国参谋本部战情室的地图上被称作"马恩河的奇迹"（Miracle of the Marne），他们建立了在战争中运用车辆进行机动部署的典范

步兵的伤亡

关于蒙斯之役的几份德方报告指出，英国人使用了机枪。但主要仍是迅速开火的英国步枪兵重创了来袭的敌人，使他们毫无进展。

尽管如此，由于整条战线已经残破不堪，而且侧翼的法军早已后撤，英国远征军再也撑不了多久，所以他们开始撤退。英军不断遭受德国前卫部队的袭扰，情况似乎不太乐观。然而，霞飞元帅仍在各界要求辞职的声浪中，持续计划如何挡住德军的攻势，以及英、法部队如何采取反攻。后撤的协约国部

队展开了几场阻击战，规模有大有小，有时甚至会为避免退路遭到切断或包围而搏斗。

此外，协约国还面临一个危险，那就是英国可能会为确保英吉利海峡（English Channel）港埠的安全而挥军北上，弃法国盟友于不顾。这迫使法军决心在圣康坦（St Quentin）严阵以待。当法军预备队的指挥官弗朗谢·德斯佩雷（Franchet d'Esperey）亲自率军上阵，一场硬仗之后，战局才转为对法国有利。

英国人十分钦佩德斯佩雷的勇气，称赞他为"背水一战的法兰基"（Desperate Frankie）。德斯佩雷身先士卒带领部队作战，随着军乐的奏鸣和飘扬的旗帜，当时的情景还真有点像是1814年拿破仑时期的战争场面。他积极进取的作战为法国赢得了一次漂亮的胜利，并为协约国部队争取到时间来重整旗鼓，恢复实力。

英军从蒙斯撤向巴黎期间，最后一次依照拿破仑时期的方式来部署火炮，即野战炮轮子对轮子地并列在一起，直接炮轰来袭的敌军。这样的火炮运用方法已不再能使炮兵们免受步枪的狙击，而且20世纪初的几场战役也证明，这套曾经管用的战术已变得越来越不可行。

与此同时，德军的指挥官也有所顾虑。"巴黎问题"在任何版本的施利芬计划中都没有适合的解决之道。这座城市的防区筑有强化堡垒，而且设有重兵驻防，是坚不可摧的障碍，难以捉摸的野战军亦不容忽视。而且，巴黎的卫戍部队也能打击任何企图绕过该城军队的侧翼。到了这个时候，局势逐渐明朗化，德军必须赶紧想办法取得决定性的胜利。

时间不断地消逝。德国的作战计划原本是依照一项假设而定，即俄国的铁道系统于开战后的40天内无法载送足够的部

英国维克斯 I 型（Vickers Mk I）

类　型: 重机枪		重　量: 18.15 千克	
弹　匣: 250 发帆布弹带		尺　寸: 长 115.6 厘米	
射　速: 450~500 发/分钟		口　径: 7.7 毫米	

队至边境来发动攻击。这一天即将来临，按照施利芬计划的安排，届时德军应该已打败法国，但这个目标看来无法实现了。

指挥德国军队的小毛奇（Moltke）将军对于战局如此发展的回应是改变原先的计划。他打算包围正面的法军，然后再攻击东南面的法军。然而，法军指挥官正确预测到毛奇这一步，并迅速展开反击，经过7天的血战，德军的攻势被挡了下来。

协约国部队再次发动反攻，企图迫使德军撤出法国，埃纳河之役（Battle of Aisne）因此爆发。不过，双方屡次的攻防战

←←绰号"爸爸"的约瑟夫·霞飞（Joseph Joffre）将军是让溃败的法军恢复元气并守住巴黎的功臣。他在被派往其他战区指挥作战之前，领导法军撑过了前半场大战

↓图为一门克虏伯（Krupp）420毫米口径的榴弹炮，它的炮管上仰至最高射角。要移动这么巨大的武器，甚至只是维持弹药的供应，对于后勤单位来说都是极大的考验

皆未能从侧翼包围对方。接着，他们向北的钩形攻势后来被称为"奔向大海的竞赛"（Race to the Sea），德军试图切断英军的补给，亦即占领英吉利海峡的港口，却遭到阻拦。

德国最高司令部派出骑兵队，打算利用其机动性绕到协约国部队的后方——法兰德斯（Flanders），以打破这场僵局。然而，尽管六个师的骑兵尽了全力，行动依旧失败。骑兵在西线战役中做出贡献的最后一次机会就此消失。渐渐地，双方不再频繁转移阵地，而改为在战场上修筑一连串防御工事来抵御敌人对其侧翼的攻击，这些防线从瑞士的边界一直延伸到英吉

巴黎——战役的高潮

巴黎之役在德军最后撤退前陷入了一段时期的僵局。在这段态势紧绷的日子里，有两件战争史上非常重要的首例。其一是协约国派出侦察机来寻找德军作战部署的缺口与弱点；其二是他们利用机动车来输送部队，数百辆巴黎的计程车紧急运载增援士兵到备受威胁的地区。当时，马恩河计程车（Marne Taxis）的重要性或许有些夸大，但它们的贡献确实毋庸置疑，而且印证了机动车载送部队所能取得的成就。

利海峡沿岸。

其后，德国最高司令部企图于伊普尔（Ypres）取得突破，他们投入大批部队进攻该城，却仍被英国远征军阻挡下来。这场战役的结局被后世称为"无罪者的屠杀"（The Massacre of the Innocents），因为遭英军痛击的许多部队都是由年轻的志愿士兵组成，他们充满勇气却毫无经验。这些部队在实战经验丰富的帝国禁卫军支援下，挺进到英国远征军步兵的枪口前，而且几乎都快要突破他们的防线。

第一次战役于1914年11月底结束，双方的伤亡均十分惨重，甚至有人宣称伊普尔是英国远征军的葬身之地。然而德军并没有取得决定性的突破，他们不但未能恢复自由机动作战，更无法迅速结束这场战争。

牢不可破的阵地

就德国的作战计划来说，他们将注意力转移到俄国之际，于西线维持防御策略是再合适不过的了。这虽与原先消灭法国再挥军攻打俄国的战略大相径庭，可是他们并无施利芬计划失败后的替代方案。俄军即将发动攻击，而西线的防御阵地业已证明其牢不可破的效率。英国和法国也暂时可以喘一口气。

英军与法军在接下来的作战计划中交换了各自的意见，他们都决定采取攻势，即便是非常小规模的进攻，例如于两军交战中间的"无人地带"（No Man's Land）捉拿战俘的突袭；而大规模的攻击亦正在计划当中。事实上，由于德军已经在法国和比利时境内挖掘壕沟，所以他们没有什么选择，只得尽快将敌人驱逐。

德制"大贝尔莎"攻城榴弹炮（Big Bertha）

类　　型：重型火炮	口　　径：单管 420 毫米
作战重量：43285 千克	炮 管 长：14 倍径长，5.88 米
炮弹类型与重量：820 千克高爆弹	仰　　角：40~75 度
炮口初速：425 米 / 秒	水平转动：4 度
最大射程：9375 米	

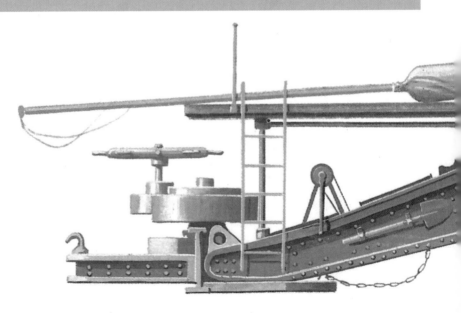

　　战线上的某些地段因为地势崎岖或后勤支援困难而不适
合发动进攻。这些防区成为所谓的"静区"或"非活动区"，
尽管这两个名称没有多大的差别。然而在静区内，狙击、
突袭与炮轰仍持续进行，双方也展开一些行动企图取得
区域性优势。参与作战的部队都锻炼出了堑壕战的
生存战技。即使是静区内同样充满危险，那里
总是有狙击手或步兵想试一下运气来狙杀闯

大规模的包围战

　　1914年即将结束的时候，协约国与同盟国部队实际上都已隐蔽于防御工事之下进行战斗，他们甚至挖掘了战壕并设立刺铁丝网以保护更后方的炮兵阵地。防御战成了战场上的主流，进攻的任何一方皆得穿越布满刺铁丝网的地带，并不断承受火炮的炮击。被炮弹密集轰炸过的地表变成一片泥泞。此外，他们还得一直遭受隐匿起来的步兵狙击。当时的机枪尽管太过笨重，不适合机动作战，却十分适合用来对付闯入的敌人。

　　机动作战的时期结束了，这样的僵局将一直持续到新武器的问世以取得突破为止。同时，这场战争在各方面都显现出是一场巨大规模的包围战。进攻行动减少到只于夜间发动小组的突袭，当然还有永无止境的炮轰行动。显然地，若要突破敌方固若金汤的阵地，就得大举进攻。到了这一年最后几个月里，双方也都在准备必要的大规模攻击行动。

　　入的敌人。当时有一句箴言："在观察哨内，如果有两个人点了烟，那么第三个点烟的人会很倒霉，因为他把火柴上的火熄灭时足以让狙击手于黑夜里注意到他，并瞄准开火；第三个人很可能就是目标。"

　　另外，侦察小队与铺设军用电话线的小组在夜里偷偷摸摸地执行任务时，也会在壕沟内或"无人地带"爆发肉搏战。作战人员发觉，标准步枪的枪身太长，进行这样的任务并不合适。所以，冷兵器时代各式各样的刀械与棍棒，连同刺刀与左轮手枪便迅速派上用场，泵动式（pumpaction）的霰弹枪有时亦用来扫射壕沟内的敌人。不过，士兵们还需要火力更强大的近距离武器，这促进了自动手枪与冲锋枪的发展。

　　壕沟的修筑技术也在快速发展。潮湿的环境加上敌火的炮击使不少壕沟壁垮塌，有时甚至把人活埋。强化壕沟的技术包括利用细木挡住土墙和用木板铺设沟底。壕沟面向敌人的一边筑有隆起的掩护堤，称为"胸墙"（parapet），地板上亦设有供射击用的台阶。如此一来，部队便可安全地沿着壕沟移动或在重炮轰炸下寻求掩蔽。如果壕沟不够深，士兵无法站立开火的话，便很难予以部队适当的保护。

另外，在壕沟的另一边亦有第二道隆起的土堤，称为"背墙"（parados），它能保护站在射击台阶上的士兵免受后方炸开的炮弹碎片波及。不过有时候这道背墙不会设置，因为假如该段壕沟遭占领的话，敌人就会得到现成的保护。

由于部队必须长期待在防御工事里，所以他们挖掘了掩蔽

↓图为一艘拥挤的运兵船正驶向欧洲大陆。第一次世界大战所耗费的人力远超过原先的想象，各国甚至得从农田与工厂里招募兵员，可是这些人原本的工作产出对于维持军队作战也是不可或缺的

新作战环境下的新发展

狙击手使得战场上的观测任务越来越棘手，任何人从壕沟内探出头来观望皆容易被发现并遭狙击，即使是例行随意发射的炮弹也有可能会打中倒霉的士兵，机枪更是挥之不去的威胁。壕沟护堤上的窥伺孔就是为了这个目的而设立，有时候旁边还会装上金属板以提供更好的防护。壕沟用的潜望镜很快便司空见惯，它让观测手不用再置身于壕沟的保护之外。

另外，一些特殊的武器亦开始出现在战场上。狙击手配发了穿甲弹来击毁敌军机枪的机匣，这比直接狙杀机枪手还要有效，因为另一名组员可以迅速接手，但毁损的机匣则需要时间来更换。防御装备的发展同样更上一层楼，防毒面具很快就派上用场，而当军方了解许多士兵的伤亡都是因为炮弹碎片伤及头部之后，便促使了钢盔的发展。

壕（后来称为防空洞），那里实际上就是生活区，上面有厚实的土壤以保护居住者。掩蔽壕内的环境极不舒适，而且被炮弹直接命中时仍会坍塌，但部队待在掩蔽壕内总比在壕沟里好得多。德军的掩蔽壕通常较英军的深且坚固，并提供较佳的炮击防护。其中一个理由是因为德军处于守势，并打算撑上好长一段日子，而协约国部队则倾向进攻，他们尽可能地向前推进。

因此德军的壕沟一般都很深，有些是从地面向下挖掘而成，有些则是顺着既存的壕沟区段相互凿通。挖出来的土壤还可筑成胸墙与背墙，并堆沙包强化。然而在低洼的湿地无法建构这样的壕沟，那里不少阵地实际上是直接在地面上用沙包围成，再覆盖泥土。

壕沟很少是笔直的，它们被挖掘成有角的多个区段。如此一来，在壕沟某区段内炸开的炮弹碎片的散落范围便不会太大。而且，扫荡有角壕沟中的防卫者也会比较困难，因为每一个角落后面都可能藏有更多的敌人。

轰炸台地

为了扫荡壕沟而发展出的战术之一为"轰炸台地"（bombing up the terraces），这里的"轰炸"指的是投掷榴弹，即利用抛物线投射榴弹的方式，使炮弹能够直接落入边缘隆起的壕沟中。这时，遭炮击的士兵们必须赶紧躲到角落里，或是在下一枚榴弹击中他们之前，于先前榴弹炸开所激起的烟尘掩护下爬出地面，再匍匐至壕沟的另一个区段。

步兵攻进敌人的壕沟内是有可能的，而且唯有步兵才具备这样的能耐。虽然夺取防卫者的壕沟即可算是赢得胜利，但他

↓图为一群英国步兵正越过某处田园，向前线挺进。士兵们戴着战争初期所配发的遮檐帽。不久，所有的参战国就因为士兵的头部容易受创而开始采用内附衬底的钢盔

们必须拿下更多的壕沟才行，否则敌军只要退至下一条壕沟，就能继续进行防御。为了取得决定性的胜利，部队势必得攻进敌人的壕沟、迫使他们撤离，还要有突破性的进展。动员大批的骑兵或步兵支援攻击部队可以达到此一目标，但这表示庞大的部队将像漏斗般地挤进相当狭小的区域里。

若要取得突破性的进展，绝佳的机会便是在索姆河（Somme）和香槟区（Champagne）发动进攻。挑选这两个地点部分是出于后勤的考虑，因为经由那里的铁道线可运来维持攻势所需的人力与补给。在制定作战计划时，攻守双方的铁路系统都得考虑，他们必须在切实可行的时间推断出直捣敌军补给与增援部队能够大量集结的地方，如果有可能的话，甚至得切断对手的后勤补给线。

铁道战略

1866年的奥普战争（Austro Prussian War）是欧洲第一场铁道系统占有重要战略地位的冲突。在美国南北战争期间，铁道已扮演过关键的角色，倘若失去重要铁路联结点，将对战场上的胜负造成相当严重的后果。因此，协约国部队的计划制定者打算对可切断德军铁路补给线的地点发动攻击。他们认为，如果敌人的补给线遭到截断，或许就会被迫全面撤退。这些因素皆影响到进攻目标的挑选。不过，现代化的军队业已展示了强大的防御能力，攻入且越过敌军的壕沟防线仍是作战的焦点。

重型火炮被视为是刺铁丝网与壕沟问题的解决之道，猛烈地炮轰不但可以轰炸纠缠在一起的刺铁丝网、使壕沟坍塌，更能造成防卫者巨大的伤亡。有些作战计划制定者甚至认为若能

←←这张图描绘了英国的枪骑兵正攻击一处德军炮兵阵地，可是它的想象多于实际。在战争初期的行动中，骑兵队虽扮演主要角色，但他们很快就退居战线后方

↑随着战争持续进行，壕沟体系也变得越来越精密。图中这座壕沟用木条支撑住土墙以防止坍塌，而且还铺设了木板走道供参战人员行走

部署足够的重炮支援步兵，就可轻易地跨越并占领敌方遭炮击的阵地。

英军在第一次世界大战中于新夏佩勒（Neuve Chapelle）所发动的第一场大规模攻击行动说明了进攻者所面临的问题。英国的计划是攻击防线正前方约8000米处的敌营，并以重炮弹幕来孤立目标区。作战计划制定者希望能够防止敌军增援遭受轰炸的区域。

起初，英军的攻势达到了出其不意的效果，作战前期的重炮射击极为成功。刺铁丝网的确被炸断，敌人前线的壕沟也严重受创，防卫者遭受了密集的火力压制，因此进攻的步兵得以迅速推进，并很快攻入德军的第一道壕沟防线。

然而战况不久便开始变了调。在崩溃的德军防线后方又有一连串的强化阵地，这些阵地正是为了应付前线遭到突破之后而设计的。措手不及的防卫者立刻退到这道防线重整旗鼓。态势的发展不为协约国部队的计划者所预料，而且事先准备好的火炮支援也不再适合应付这样的状况。此外进攻部队与后方的联络开始出现困难，只得依赖传令兵来回奔波。

整体来说，德军早已计划好应付这样的情况。驻守在突破点侧翼的部队所接到的命令是坚守岗位、不得撤退，而增援部队则迅速被派来加以反击。德军的抵抗愈加顽强，英国攻击部队逐渐陷入泥沼当中。事实上，英军大批人马已塞在"无人地带"上进退不得。

由于指挥与管制体系中断，英军的攻势丧失了动能，低阶军官无权当机立断率兵作战。无论如何，战事发展已偏离了

↓图为第一次世界大战初期，一群挺进中的德军步兵。密集队形的步兵战术在近代战争中尽管会造成人员的极大伤亡，却被证明十分有效。然而到了1914年，如此的紧密编队在高射速的步枪扫荡下，是再明显不过的目标了

→→图为第一次世界大战初期的一群德军参谋官。高级军官于前线直接领导作战的时代已经过去，他们可以从有利的位置观察部分战局的发展，但主要工作是在地图旁策划作战及分析战况回报，而非直接指挥战斗

原先的计划，并引发潜在的危险，因为炮兵依旧按照原命令行事，攻击部队很有可能会跑进友军的炮火轰炸范围之内。

一旦回报给总司令部的战况报告有所耽搁，而新的命令又已送往前线，即会造成严重的后果。在早上9点的时候，战况仍对英军有利，但6个小时之后，上级授权进一步乘胜追击时，这样的优势已不存在了。英军于翌日的新一波攻势没有取得成功，他们失去了良机。

德军的反击行动由于必须获得后备增援而延宕，到了可以发动反攻时，来袭者已巩固了阵地。德军的攻势被击退，并蒙受惨重的伤亡。尽管如此，新夏佩勒之役的最后结局是双方的伤亡大致相当，皆未取得什么成果。在这场战役中，防守的一方也学到了一些教训，但整体上来说，作战的形态并无多大的改变。

新夏佩勒之役：典型的堑壕战

新夏佩勒之役是相当典型的攻占壕沟行动。尽管得付出高昂的代价，但发动这样的大规模攻势，一般至少可以突进到敌人的壕沟防线上。然而，攻击部队很快就会超出他们的联络线以及事先计划好的火炮支援射程。敌军于纵深地带进行防卫，还可调派后备部队前来反制，使进攻者无法取得实质上的突破与进展。

这样的作战导致双方采取消耗策略，进攻的一方企图施予敌人伤亡，耗损其兵力，而非企图取得决定性的战果。不过，并不是每个地段的战况都一成不变。

东线／巴尔干

在东线战场，局势的发展有些不太一样。在这里，德国与奥匈帝国共同对抗俄国，而奥匈帝国亦和塞尔维亚战斗。大部分可派的德军部队都调到了西线战场——8个军的其中7个——即便加上后备部队的增援，俄军的数量仍大幅超过德军。

对德国来说，幸好俄军的战场指挥官彼此协调效果不佳，且犯下了一系列战术上的错误，他们没有必要弱化主力部队来巩固其侧翼，因为德军的兵站线（总部与前线之间的联络线）延伸不到那里，难以构成威胁。然而，由于地形的原因，两军的部署被迫分散。马苏里亚恩湖区（Masurian Lakes）即是一道宽阔的屏障，从南到北皆无法通行。德国的战略家数年前便已着手研究如何解决这一问题。他们的解决之道十分简单，那里的地理环境促使德军采用典型的内线作战策略，即于己方的兵站线内侧作战。如此一来，联络线较短的德军便会与敌方最前端的部队交锋，将前端部队击败之后，再去对付另一端的部队。

所以当俄军开始挺进后，德国第8军察觉到敌人的两支部队逼近马苏里亚恩湖区时分作两路。绕向北边的军队推进速度几乎比绕行南边的军队快了一个星期。于是，第8军便先部署到湖区的北方，并攻击挺进中的俄军。

如果德军想调回攻向北方的部队好及时拦截南边的俄军，他们必须大胆地放手一搏。然而，第8军的指挥官普利特威茨（Prittwitz）倾向于谨慎行事，他在取得初期的胜利之后，即因为处置失当而让德军反居劣势。不久，普利特威茨表示打算撤到维斯瓦河（Vistula）后方，放弃了击溃俄军的最佳机会。这位指挥官后来虽改变了主意，但他在能够采取任何行动之前即遭到解职。保罗·冯·兴登堡（Paul von Hindenberg）将军接替了他的职位，埃里希·鲁登道夫（Erich Ludendorff）将军则担任参谋长，他们两人的伙伴关系日后成为传奇。兴登堡与鲁登道夫的个性大相径庭，却能合作无间，是最有效率的伙伴。

尽管俄军的侧翼承受着被围攻的压力，他们的中央部队仍在发动攻击。在很短的时间内，俄军的攻势即告瓦解。俄国指挥官之间的嫌隙导致彼此间协作不佳，连协助的请求也遭到忽视。疲惫、饥饿，加上先前挫败而士气低迷的俄军终于崩溃。第8军虏获了9.2万名战俘与500门火炮，并造成俄军另外3万人的伤亡。这场德军首次赢得的辉煌胜利后来被称为"坦能

↓在新形态的战争中，重型火炮原本被视为是战场上最具决定性的武器。无疑地，越来越多且愈大的火炮足以击垮敌人的壕沟防线。然而到了最后，重炮却成为导致僵局的另一项因素

堡会战"（Battle of Tannenberg），此地正是中世纪条顿骑士团（Teutonic Knights）被击败的地方。当胜利的消息传回德国时，正好转移了人民对于马恩河战役失利的注意力。

坦能堡会战是一场了不起的胜仗，亦是第一次世界大战东线战场上极少数运用双重包围战术（或称钳形攻势）所赢取的非凡胜利。这样的战术在第二次世界大战期间几乎成为标准的用兵策略，可是直到第二次世界大战之前，像这样的伟大胜利再也没有重演。

德军欲赢得另一场包围战的尝试，或所谓的"大汽锅之战"（Cauldron）于坦能堡会战后不到两个星期展开。德国第8军按照很早就制定好的计划进行部署，挥军攻打俄国的第二支军队。他们的计划是趁俄军移往柯尼斯堡（Konigsberg）与马苏里亚恩湖区之间时将其包围。然而这批部队为避免其侧翼遭受围攻已经撤退。俄军边打边退，并于某些区域发动局部的

←←图为德军杰出、稳重的参谋总长埃里希·鲁登道夫将军，他和神气活现的兴登堡将军建立了高效率的伙伴关系，并出色地指挥部队作战

↓艰难困苦的战壕生活很快就成为第一次世界大战的真实写照，士兵们不得不尽快适应。那里的环境跟碉堡内一样潮湿，所以掩蔽壕里的生活起居和永备工事内的驻军一样糟糕

→图为一名英国狙击手正在等待"猎物"上门。狙击手有可能会引来大规模的破坏。比如由于事前错误的警告和事后疯狂地搜寻狙击手，便曾导致鲁汶大学（University of Louvain）和周遭许多建筑物遭炮轰摧毁

反击，因此得以逃离陷阱。俄方的损失十分惨重，但他们军队庞大，承受得起这样的耗损，所以能够继续作战。有人说，德军经过这次战役之后，于东线战场就再也没有败北的可能了。

另一方面，德国的盟友奥匈帝国，不但要对抗俄军，还得与塞尔维亚作战，而且战况远比预期的还要激烈。他们打算引出塞尔维亚部队将其包围，可是没有成功。塞尔维亚军队从近年来的巴尔干战争中已获取不少经验，所以能够识破敌人的圈套。于是奥军部署重炮发动猛轰，塞尔维亚亦展开数次反击，并多次挫败奥军，最后迫使他们撤出塞尔维亚。塞尔维亚的部队甚至一度攻入奥匈帝国境内。

同时，俄国军队也展开部署对付奥匈帝国，他们计划了一场可导致奥军大规模毁灭的双重包围作战。交战初期，积极进取的奥军十分得心应手，可是到了最后局势发生逆转，他们大败，不得不退回不稳固且脆弱的阵地，如果俄军再次发动决定性的攻势必定会粉碎奥军的防线。

然而俄国人并不知道他们把敌军打得多惨，而且不愿意向看似牢固的奥军阵地挺进，何况那里还有意志坚定的敌人。此时，奥军的指挥官设法说服自己正处于胜利的边缘，并试图发动反攻。

结果，战况变得诡谲多变，有时候态势相

←图为一张德国的宣传画，描绘的是德军步兵正于旷野上挺进。直到 1914 年年底，世人才知晓绘画中的场景是多么地不真实，即使是实际参与作战的士兵亦是后来才认清他们其实身陷堑壕战中

当混乱。俄军能够向奥匈帝国境内深处挺进，这在西线战场绝
对不会上演，那里的防线几乎是静止不动的。东线上的作战形
态仍为运动战，而且许多方面令人联想到早期的战争，偶尔甚
至会发生传统的骑兵队交锋，双方的骑兵持军刀和左轮手枪相
互厮杀。

俄军挺进

奥军于东线战场上的接连挫败让俄军得以穿越波兰，甚至
威胁到德国，这对后者而言是一大危机。西线的战斗急需用
兵，调动部队支援支离破碎的东部防线是十分难办的事情。然
而奥军身陷绝境，德国必须有所行动；少了他们的支持，整个
同盟国的战略防御侧翼便会洞开。

于是一支新的军队，即第9军编成，由第8军的部分部队作
为核心加以组建。不过这个军团并未试着与俄国部队交锋而是
率先攻打华沙。如此一来，俄军会被迫调兵支援该城，德军就
可趁他们的侧翼出现漏洞之际，夹攻其防线。德军的防御力量
坚强，而其他部队则会以钩形攻势突击俄军侧翼。

这个计划的先决条件是各部队必须能够迅速转移阵地，
而且还得减轻德军防区内的防卫负担。虽然奥匈帝国军队可以
发动攻击来分担德军的压力，但他们软弱不堪，防卫力量也相
当薄弱。况且，参与这次作战的某些部队更是从遥远的塞尔维
亚战场上调回。此外，俄国第10军还能够退回防区内进行防御
战，抵挡德国的第8军。

第8军的规模虽然缩小，可是他们自坦能堡与马苏里亚恩
湖区战役的胜利之后依然自信满满。尽管第8军从先前的进攻
行动中得到教训——即使是仓促筑成的防御工事亦难以攻克

——但这回他们却没有挖掘壕沟，所以在战况稳定前蒙受了不必要的损失。这场运动战与反运动战中，德、俄都企图侧翼包围对方，不过当德军知道他们的计划无法成功之后便径自撤退，而奥军却继续挺进，因此被击溃。虽然俄军未能成功包围敌人，却证明了他们在大规模的运动战中仍得心应手。

第一次世界大战的前几个月里，双方的力量各有消长，但皆无法取得决定性的优势，而且人员的伤亡都很惨重，尤其是长期服役的军官和士官。因此，军队的素质在某种程度上也开始下滑。这样的情况在奥匈帝国的军队内特别明显，几乎到了兵员枯竭的窘境。

至1915年4月，随着战场上的优势首度从奥军手里溜向另一方，加上不断进行的包围战未能成功或仅仅取得局部性胜利，奥军已经面临人力危机，超过200万人非死即伤。其他

↓图为一个英国机枪小组和可靠却笨重的维克斯机枪。这种武器无法迅速搬移，但十分适合防御，给予壕沟阵地的防卫者另外一项优势

→图为英军步兵正在维修壕沟前的电话线。切断敌方的电线与维护联系友军阵地的电线一直是件苦差事。在战事活跃的防区内，此一危险的任务只能偷偷摸摸地在夜间进行

国家的状况虽然也好不到哪里去，但奥匈帝国已开始急迫地寻找替补兵员。

伤亡的替补

奥匈帝国和俄国寻求替补兵员的方式非常类似，他们都采用征兵制，而且常常只对士兵进行草率的基本训练便派到参战部队作战。德国的制度就比较正规，他们的政策是拆分实战经验丰富的师来组成新部队的核心，再以新兵编满架子部队与新编部队。如此一来，即可避免派完全没有经验的部队上战场，有经验的老兵会持续引导新兵作战，并教授他们重要的战场技能。

俄国同样遭遇兵力短缺的困扰，但他们的问题并非军队的人力不足，而是难以取得弹药与补给。俄国所面临的工业和后勤方面问题有时被称为"炮弹短缺"，然而实际情形却更复杂且严重。他们不是缺乏弹药就是装备派不上用场，俄国工厂虽然能生产出数以千计的炮弹和步枪，但都不堪使用，而短缺的情况则已经开始影响兵力。

俄军内部亦有不少困扰，这些困扰反映在越来越尖锐的社会问题上，士兵们都高喊着回家。这样的局面影响了俄国工业支撑战争的能力。部队虽然还没有公开诉求和平，但已渐渐心生叛意。士兵与军官之间的鸿沟越来越深，

东线战场上的战术错误

俄军欠缺侦察导致他们误判转移阵地的敌人会构成威胁，所以当俄军调兵前去拦截之际，德第8军便利用铁道运输载送部队到他们的侧翼，准备包围俄军。另外，德军截获了无线电报，而能洞悉俄军的部署和计划。

尽管对态势感到不安，俄国人仍卷进这场漩涡当中，直到他们的部队超出补给线而筋疲力尽。当遇上精神抖擞的德军，他们迅速被击败。次日早晨，获得增援的德军侧翼随即展开突进行动。

彼此都失去了信任。

俄国军队极度缺乏军官与士官，而且当时的政府也不熟悉培训方式，导致军队里出现领导断层，俄军充其量是由训练不佳且军纪散漫的部队组成，如此一来造成了很严重的后果。竟有士兵砍倒电线杆当作柴火。

许多俄国步兵非常不可靠，遭遇炮击时易于落荒而逃。步兵的社会阶层大部分低于炮兵与骑兵，当态势不利的时候，很容易被遗弃。德军经常可以俘虏上千名的步兵，却罕见炮兵。另外值得一提的是，大部分的俄国战俘都心甘情愿到德军战线后方服劳役，只要能够得到温饱，他们根本没有兴趣逃跑。

重视伦理和有爱国情操的俄国步兵在战场上也会相当卖力，可是社会的分化很快就让已出现裂痕的军队更加分裂。指挥官的所作所为没有多大成效，通常只会让违法、犯错或失败的人得到更不公的待遇而已。军方威胁着说要制裁沦为战俘的步兵的家属，有时俄国炮兵甚至会炮轰停滞不前的步兵作为惩罚。

尽管出现这些问题，俄军有时还是会取得一些战果，虽然不是什么决定性胜利，而且在大多数的交战中，德军总是占据上风。同盟国已经建立起一套相当有效率的联合指挥系统，并逐步获得发展。奥匈帝国军队虽然在俄军的打击下惨遭重创，但后者拙劣的大反攻却导致兵力折损，甚至超过了采取守势时的损失，并且浪费了自身的后备力量。意大利向同盟国宣战并没有造成严重的影响，当地的奥军足以抵挡意大利军队的初期攻势。因此，俄国别无选择，只有从加里西亚（Galicia）撤军，这让他们的部队侧翼洞开而受到德军的攻击。俄军伤亡惨重，大量士兵被俘。到了1915年5月，俄国防线突出部位的最深处已在华沙以西80千米左右。俄军指挥官对这样的局势深感

↓第一次世界大战期间，列车炮被广泛使用，有些称得上真正的巨炮，平均口径达到 280 毫米，能够投射巨大的炮弹至好几千米远的地方

焦虑，他们甚至建议，如果德军发动大规模进攻的话，干脆放弃突出部分的最前端。

当进攻展开之际，俄军的反应相当混乱。德军一支位于波罗的海岸边即库尔兰（Courland）的骑兵部队发动佯攻，照理说这应该是很容易抵挡的攻击，但该地区的俄军却陷入一片混乱。一批突进的德国部队便乘机夺取了里保（Libau）的要塞。

随着加里西亚失守与库尔兰陷入危机，俄军前景黯淡。显而易见，同盟国军队会企图在华沙的突出部发动攻势，撤军是

↓图为一挺固定架设的刘易斯（Lewis）机枪，其相对轻巧，装置鼓形弹盘，能够在行进中充当战术支援武器；重机枪根本跟不上部队的步伐

避免巨大损失的唯一选择。然而，由于西线的协约国部队即将
展开大规模进攻，俄军似乎还是可以守住波兰。

防线

协约国制定了几项计划，打算建立坚固的防线，迫使德军
受困于两线作战——或许可以让他们笼罩在西线攻势的阴影下
——不过各方却为在哪里和如何建立防线，以及该由谁来负责
防守起了争执。

尽管德军不打算在东线采取攻势，可是他们需要获得一次
胜利来稳住军心，而非只要避免挫败即可。在西线，胜利可能
会倒向协约国一方，德国有必要在东线寻求成功以提升士气。
所以，预料中的钳形攻势便再度展开。

同盟国向三条防线发起进攻：分别是库尔兰、纳列夫
（Narev）附近地区和加里西亚。这场攻势有密集的重炮支
援，由于俄军的壕沟不深，德军的火炮发挥了极大的作用。中
央地区的俄军在缺乏防护的情况下遭受猛攻，甚至无法进行战
术性撤退以避开最惨烈的炮击，他们已达到崩溃的临界点。那
些企图穿越弹幕逃离战场却慢了一步的部队，蒙受了极其惨重
的伤亡。

俄军拙劣的协调能力使他们的处境雪上加霜，比如新格欧
里夫斯克的要塞拥有1600门火炮，竟然都没有接获请求去协助
邻近的部队。增援部队被误导了方向，或是沿途遭各地的指挥
官调用。此外，不计一切代价守住阵地的命令，更是让德国的
重炮彻底歼灭了防护不足的俄军。

到了7月17日，德军的攻势尚未推进多远的距离就造成俄
国部队巨大的损失。最后，俄军决定后撤，开始逐步退至纳列

↑图为一处后勤车站。车厢内的军品正卸到马车上，这是维持战场上随时能够作战的庞杂任务之一。当时石油推进的车辆虽然也派上了用场，但马力仍是后勤补给中不可或缺的一部分

夫。然而纳列夫的堡垒相当古老，事实上一点用处也没有。河流后方草率挖掘的壕沟太浅而无法成为障碍，俄国步兵再次奉命死守这里。

不过，德军的过度自信也导致他们在一些地区遭受了极大的伤亡；炮兵没有充分完成反炮兵任务，步兵则是毫无防备地挺进到俄国机枪阵地前，遭扫射后而慌乱逃窜。尽管纳列夫的防御工事不佳，但实际上，德军的攻势已被挡了下来。然而俄国最高指挥官见好就收，同盟国部队已夺得一些关键地区，所以俄军获准撤过维斯瓦河，这代表可弃守华沙，他们立刻井然有序地撤退至新的阵地。于是德军便在8月4日占领华沙。

大撤退

俄军的指挥官缺乏信心，他们为弹药与补给的短缺感到焦虑，加上认定步兵并不可靠，所以俄军的撤退并无效率。这虽然缩短了俄国的防线，但原本相当有利的缓冲区却大幅减少，一些部队也不再没有后顾之忧地去稳定库尔兰的局势。

德军并未乘胜追击，可是俄国部队几乎每天仍后退约5千米，他们仓促建立脆弱的防线，但隔日早晨便将之遗弃。向中部挺进的德军遭遇日益严重的补给问题，所以没有采取追击的策略。这批德国部队很少发动进攻行动，也无意全力执行，更不打算挥军攻打突出部的侧翼、包围撤退的俄军，即使他们有足够的兵力。

↑图为一门架设在轨道车上的臼炮。理论上，敌人对铁道线的威胁可由载有重炮的列车沿途支援传统的部队来加以反制

↓图为行进中的印度步兵。英军内部有大量征召自所有大英帝国殖民地的分遣单位。这群额外的动员部队使英军占了上风，因为德军只能由本土征召兵员

然而在北边，德军向库尔兰的推进较为果断。一些指挥官想要在该地区赢取决定性的胜利，但由于地形不佳与天气恶劣，所以实际上来说，他们只能取得有限的战术胜利。

对俄国而言，德军向库尔兰的进军来得真不是时候，俄军还在试图重整指挥体系，并调动兵力反制威胁（但许多情况下，这些威胁完全是俄国人凭空想象出来的）。库尔兰的俄军各部彼此互不支援，而且科夫诺（Kovno）要塞的1000门火炮也没有派上用场。科夫诺防卫战彻底失败。俄军年迈的指挥官

缺乏积极进取的魄力且下达了混乱的指令；俄军掌控的堡垒甚至互相开火，而不是打向那些遭德军占领的碉堡。另外，包含次等正规军和"国民兵"（Opolchenie）的驻防部队则开始出现逃兵。

科夫诺的失守造成俄国指挥体系剧烈地改组，更深远的影响是促使沙皇亲自指挥军队——这是相当危险的举动，因为人民将会把战败的后果完全归咎于他。

由于地形因素和俄军的补给线变短，进攻库尔兰逐渐使德军的兵力消耗殆尽。德国部队确实向前挺进，但没有实际的机会长驱直入突进到波罗的海岸边的圣彼得堡（St Petersburg）。他们必须调动部队支援在法国作战的部队，要

作为政治工具的消耗战

　　德军的三线攻势是打算利用消耗战来作为政治工具，试图迫使俄国独自谈和。德军指挥官对于深入俄国境内作战感到不悦，甚至还想修正这个错误。他们知道，无论俄国社会和军队遭受多少问题的困扰，入侵俄国人的祖国势必会激起狂热的抵抗。何况，他们还得在深长的补给线末端作战，并从西线调离一些部队支援。

　　德国的另一个选项是重创俄军，迫使他们和谈，而不用继续向东挺进。所以，这场三线攻势的范围相当有限，其目标是沉重打击并尽可能歼灭俄军部队，而非深入突进。

　　进一步取得战果似乎是不可能的事，因此德军高层下令那里的部队挖掘壕沟，以建立长期性的防线，如同西线战场上大规模的防御工事。

　　同步进攻的奥军亦遭遇阻碍，他们蒙受无法弥补的巨大损失，东线的挺进终于停滞下来。奥军正忙着与塞尔维亚部队作战，德军则在对抗法军，而俄国的国内问题也让其政府忙得焦头烂额。再过一段时期，东线战场才会再度活跃起来。

包围"大要塞"

　　1914年至1915年的冬天，西线战场上的壕沟已从瑞士一直延伸到欧洲北海岸，而且还设立了完善的掩蔽壕、刺铁丝网、机枪座和支撑强化阵地的深层结构。在壕沟里的士兵很快便清楚他们防御工事的弱点——壕沟的哪一区段会被居于高处的敌人俯瞰——以及敌军阵地的主要特征。因此士兵们培养出一种堑壕战的智慧，知道哪里最容易暴露在敌人的炮火之下，以及炮弹会从哪个方向打来。

然而，无法取得决定性突破的因素并非只有防御工事，攻进敌军的壕沟仍是可能的，有时甚至还可突破到第二或第三条防线，不能取得胜利的主要因素是时间。要攻入敌军的壕沟，还有要拿下可赢得成功的多道防线必须花上一些时间，况且当部队挺进时还得除去任何可能的威胁。向前推进只能够以非常

↓在东线战场，战事比西线更具机动性。寒冷的天气虽然妨碍了双方的作战行动，但过河就简单得多。图中站在结冰河流上的军队即可说明一切

慢的步调进行。

不过在防区以外，军队的移动便可迅速得多。增援部队可由火车载送到备受威胁的区域，他们在旷野上的行进要比敌人于壕沟地带的前进速度快。除非指挥官犯下严重的错误，不然任何来袭的部队将会遭遇大批增援部队的阻挠而被迫撤退。这样的反攻行动会从壕沟地带的后方展开，主要对抗那些筋疲力尽且组织开始松动的敌人，所以会比直接对抗从正面进攻的入侵者容易取得成功。结果，采取攻势的一方充其量只能获得少许的成果。

事实上，西欧已经变成两个巨大的壁垒，彼此都企图包围对方。不过，双方都缺乏有效的手段可以超出重型火炮的支援

↓图为一处德军狙击手阵地，上面架设着狙击步枪，旁边还摆了备用武器。注意观测手的位置离射手有段距离。这个阵地似乎是长期设置的防御工事

区域来深入敌境。此时空中力量才刚萌芽，坦克尚处于设计阶段，所以唯一的选择只有派出步兵进攻那些可有效加以反制的防御工事。

然而，巨大的壁垒还是得摧毁。一开始，重型火炮被寄予厚望，可是到了1915年春季，我们看到的是，尽管炮轰猛烈，仍不足以摧毁敌人的阵地。就战术上来说，制胜的关键是去除纠缠不清的刺铁丝网并压制防卫者，好让攻击部队在被打得支离破碎之前达到目的。不过从战略上来说，他们还必须牵制住或歼灭敌人的后备部队，以防范后者发动反攻。

炮兵在进攻前的准备和进攻期间的支援被视为作战成功的关键，而且双方也寻求其他的方法来压制防御者或取得优势。在1915年4月的第二次伊普尔之役中，德军就为了这个目的而使用毒气。

首次使用氯气

致命性与非致命性的毒气实验先前就已经施行过了，但都没有成功。在第二次伊普尔之役中首次使用的毒气是由氯气制成。氯气比空气重，会飘向低洼处，所以很适合用来攻击壕沟。它是一种窒息剂，会使人因无法呼吸而瘫痪或死亡。在这场毒气战中，从圆筒内施放出来的绿色云状气体成功地飘向敌方的壕沟，德军重炮也一如往常地发动炮击。

直接承受毒气攻击的是法国部队，他们没有配备防毒面具。毒气造成的伤亡相当严重，那些掉进壕沟或躲进壕沟底部寻求掩蔽的人，由于毒气灌入，注定难逃一死；而那些试图逃跑的人大多跑不过毒雾飘散的速度。反而是那些选择留在射击台阶上的人更容易存活，因为毒雾很快就会飘过他们。即使如

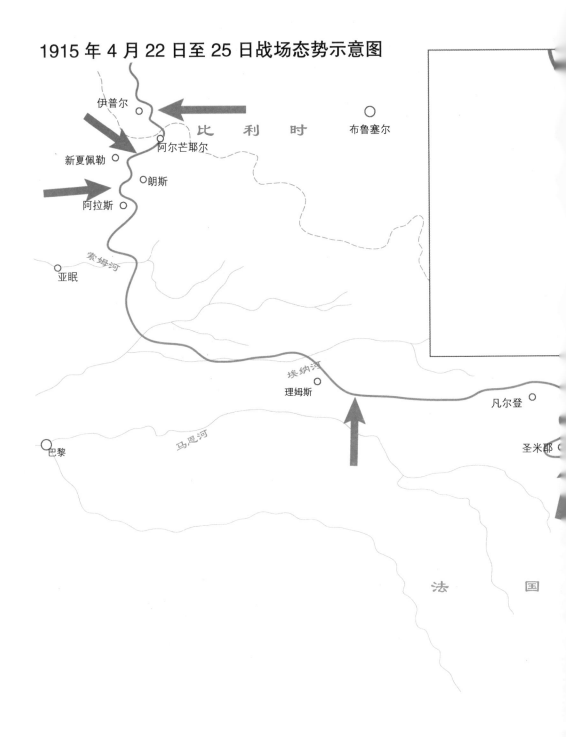

1915 年 4 月 22 日至 25 日战场态势示意图

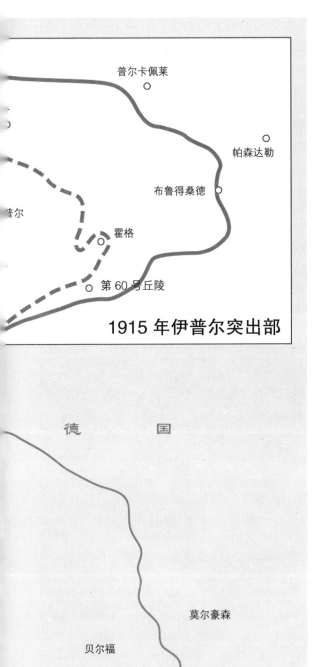

1915 年伊普尔突出部

——	1915 年 4 月 22 日的战线
➡	协约国部队主要进攻路线
➡	德军主要进攻路线
- - -	1915 年 4 月 25 日的战线

←占领伊普尔可让德军取得一处前进基地，他们可从此地向西线战场最重要的地区，即英吉利海峡的港口挺进。不过，德军的进攻最后并未获得成功

此，生存下来的人依然受到了很大的伤害，有不少人最终因中毒而死。

在一个小时内，协约国部队的防线洞开，形成一道约800米宽的缺口，上千名法国步兵逃离、阵亡或濒临垂死边缘。部分毒气飘向了邻近的阵地，那里由刚来的加拿大部队驻守，由于毒气并未集中，所以没有造成太大的影响。不久，德军步兵出动并进一步扩大这个缺口，起先他们几乎没有遇上阻碍。德军的目标是铲平伊普尔附近协约国防线的突出部，以便日后进攻英吉利海峡岸边的港口，一旦成功便能切断英国对欧洲大陆的补给与增援。因此，德军攻击法国几乎弃守的伊普尔防线，而这有可能使协约国的一切努力化为泡影，让同盟国取得决定性的战略战果。

↓这是一张第一次世界大战时期相当罕见的空拍照片，显示出伊普尔遭受战火的蹂躏。城市理所当然地会成为军队的防御据点，非得经过一番苦战才能占领。火灾通常是导致城市毁灭的主因，尤其是遭弃守的城镇会因为无人扑灭火势而被焚烧殆尽

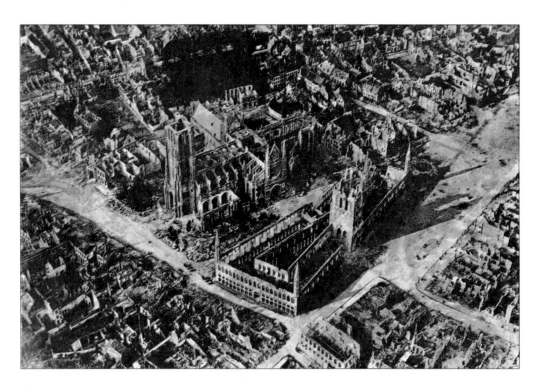

毒气战

即使在伊普尔战役之前，毒气战即已被视为非法行径，这就是为什么协约国尽管注意到了德军搬运圆筒子而起疑和德国逃兵的警告，但仍漠视可能遭受毒气攻击的原因之一。所以1915年4月22日下午，当毒气施放出来之际，惨遭攻击的协约国军队完全措手不及。

之前，德军已经试射过装置毒气的炮弹，但没有成功。在伊普尔毒气战中，致命的气体是由圆筒来施放，并使其顺风飘向敌方。这样的方式时而成功时而失败，若是风势吹向德军壕沟的话反倒会对协约国部队有利。毒气随风飘散的特质，使友军也有可能会因风向的改变而导致重大伤亡。

协约国必须尽快阻止德军的推进，所以侧翼的加拿大部队及英国后备部队立刻发动反攻。这是一场硬仗，不过协约国得益于两项因素。首先，德军最高司令部没有料到毒气战会如此成功，所以并未部署足够的后备兵力支援突进行动。其次，德军步兵理所当然地不愿攻进毒气尚未完全飘散的地方，因此他们开始挖掘新壕沟，并巩固夺自法军的阵地。

协约国部队在反攻时付出了惨重的代价，不过在第一天结束的时候，总算守住了防线。他们化验出德军施放的毒气为氯气，通知士兵临时用湿布来充当基本的防护。当德军再次动用毒气展开攻击时，效果大打折扣。这部分是因为毒气对士兵的心理影响降低，一旦他们知道要面对的是什么，并感到有某种保护，就比较能够克制逃跑的欲望。的确，日后近四分之一的战役有时会在毒雾里进行，而且协约国部队皆可逼退德军，尽管他们亦付出高昂的代价，反攻也大多失败。

第二次伊普尔之役的结果是，协约国部队被迫退守到地形反而较佳的防守阵地，并接受战败的事实，但相对而言，这

场战役只是小挫败，不是原本想象的重大灾难。直到大战结束前，毒气依旧在使用，可是它不再能重创毫无准备的敌人，或如同在伊普尔所产生的毁灭性效果。

毒气战的发展

在接下来的几个月里，毒气战迅速发展。粗糙的防毒衣与防毒面具开始出现在战场上，还有新的毒剂，包括光气和一种氯气与光气的混合剂。此外，军方也试图将催泪瓦斯和致命性的毒气结合起来使用，希望刺激性的气体会迫使敌人摘下防毒面具，而暴露在致命毒剂之中。

芥子气，或所谓的黄十字毒气（Lewisite）也运用到战场上，它会造成皮肤糜烂并刺激眼睛，尽管遭受毒害之后几个小时才会出现症状。更强烈的毒剂则导致受害者因肺部和气管的刺激而慢慢窒息死亡。由于芥子气会造成区域性的长期危害，所以主要是用来扰乱敌人，并让防守变得更加困难。

第二次伊普尔之役后，协约国部队转守为攻，英军攻打阿图瓦（Artois），法军则向维米岭（Vimy Ridge）进攻。攻势相继在一个星期内展开，且运用相似的战术，主要差别在于法军拥有大批重炮弹药可以挥霍，

←图为一批就位射击位置的德军步兵。这个阵地设置于一栋建筑物内的地板下，它结合了建筑物的隐匿性和壕沟的优点，让里面的士兵能够出其不意地开火

英国部队没有能力击出如此可观的弹幕，因此按照重炮所具备的决定性影响力来说，法军应该能够取得较佳的战果。不过实际上，英、法的攻势都不怎么成功。英军先被挡下，而法军虽然攻上了维米岭的顶部，却又被德国的反攻击退。

如果法军进攻成功，协约国有可能会切断德军阵地后方的铁道补给线，使他们的增援无法赶抵战区，甚至迫使德军撤退。而且后撤的德国部队没有现成的壕沟可以进驻，如此一来，就会重启一段时期的运动战。然而法军并未赢得胜利，在协约国的后备部队前来巩固或进一步取得战果之前，德国的增援部队再次堵住了他们付出高昂代价才开拓出来的缺口。

协约国的春季攻势并非没有全力以赴或犯了愚蠢的错误而失败。由于近代战争的形态彻底改变，没有人知道会发生什么状况。在作战中，各方都会犯下错误，并从中汲取教训，尽管所得到的教训不一定是正确的。不过，各个指挥官皆在这个新

↓一般人对第一次世界大战的印象是悲惨的士兵蜷缩在潮湿的壕沟里，并承受重炮和毒气的攻击。不过，图中的传统景象也是战场实况之一，在其他地方相当常见

形态的战争中发现了新的事实，并创造出新的策略来应对他们所遭遇的实际情况。

就后勤供应方面来说，他们的动作要快，好让军队能够发动出其不意的攻击，又必须竭尽所能地确保各部队有足够的弹药和粮食可用。重型火炮的弹药尤其消耗得快，一下子就会用尽。

通信亦是个严重的问题。无线电设备组虽然已派上用场，但需要好几个人才搬得动，总而言之，它并不可靠。另外，野战电话的使用十分普遍，但是电话线容易被炮弹打断，而且通信兵经常在铺设电话线的时候遭到炮击。挖掘好的阵地不常遇上这样的问题，因为电话线可以埋在地下而受到某种程度的保护，但这样的防护措施显然无法应用于进攻期间。所以，部队突进到敌人的壕沟之后，派传令兵在"无人地带"上来回奔波，常常是唯一可行的办法。

其他的方式则是利用事先安排好的信号弹来传达信息，或是在进攻之际携带几只信鸽一同前进。这些方式都只是单向的信息传送，但至少可以让最前线阵地的部队将战况传回——假如某人有时间写下信息而信鸽一如预料抵达目的地的话。解决这些问题的唯一办法，是为进攻程序制定严谨的时间表，并期望一切会按照计划进行。当然，实际状况通常会事与愿违，如果军队停滞不前而无法跟上既定的时间表，且友方的支援炮火或弹幕已先射击的话，他们就得不到重炮的掩护，导致作战行动失败。

各方都尝试了各种措施来处理电话线的问题。炮兵为了使电话线畅通而做的努力多过切断敌军的电话线，尽管成效依旧不彰。切断敌方电话线的另一个办法是派出一小队人马于夜间利用铁丝剪剪断电线，这项任务的危险系数相当高，但总比在白天敌军即将来袭时才进行安全得多。铺设电话线的小组亦在夜间修复与重铺，有时候敌对双方还会爆发小规模的战斗。更常见的是，某一小组被敌军察觉之后，照明弹直冲云霄，士兵们只得赶紧逃窜或在火网下寻找掩蔽。

路斯的毒气战

既然德军已在战场上使用毒气，协约国也如法炮制。在1915年的秋季攻势期间，英军亦利用毒气支援了一次进攻行动，目标是拿下阿图瓦地区的路斯（Loos）。然而，毒气被风吹散，还一度吹回英军的壕沟。正如先前所说过的，这是由圆筒施放毒气的主要问题，如果施放位置距离己方部队太近，一旦风向有变，就会危及友军。

英军依照严密的指令发动对路斯的进攻，却被自己施放的毒气所伤。尽管防卫者施展了全力阻挡敌人进犯，英国部队仍以极大的决心持续挺进。不过，最后由于刺铁丝网未被彻底破

↓马匹不是唯一投入军队里服役的牲畜，若要拖拽火炮或补给货车越过遭受炮火蹂躏、满是泥泞的战区时，任何驮力来源都十分受欢迎

坏，英军的攻势停滞了下来，而且他们的机枪射程相对不远，继续前进毫无希望。在1.5万人的攻击部队当中，约有8000人阵亡或负伤。

英军撤退之际，防卫者便停火，不然伤亡可能更加惨重。后来德国士兵也描述，当时一股怜悯与慈悲心涌上他们心头，布满战场的尸骸使他们作呕。德军在确认他们的生命不再受到威胁后，便让惨败的敌人或多或少地平安撤退。英军猛攻路斯近三个星期，却只取得了微不足道的战果。

进攻香槟区的法军也遇到了类似的情况。尽管有毒气和上千门重炮的支援，法国部队仍没有什么进展。总之，1915年的战事呈现僵局，德国的"大要塞"（Great Fortress）战略粉碎了所有妄想突破其壁垒的企图，并取得决定性的防卫战果。

1915年年底，协约国举行了一次联合会议商讨下一年的作战方针。各国都了解，后备部队的调遣是挫败敌军进犯的关键，而且他们也很清楚同盟国是在内线作战，所以能够迅速调动后备部队至另一处战区反制协约国的进攻。因此，问题的解决之道即是同步发动攻势。若同盟国的数个阵地同时遭受攻击，他们便无法集中兵力来一一反制。

由于俄国的军队需要重组并改善武装，而英国也将引进征兵制度，所以若要分兵进行协调攻击需要多一些时间。协约国将"大反攻"的启动时间设在1916年夏，但年初就会展开先期作战。

同时，德军的分析是，英军是他们的首要敌人，而且无法在短时间内铲除。海军的潜艇封锁给了德国人一些希望，可是在西线战场上，想要攻进英军的防区根本没有胜算。

另一方面，德军或许可以迫使法国退出大战。他们认为，法国的财源枯竭，人民亦丧失战斗意志，如果能够给予法

军致命一击，造成其无可承受的伤亡，大概就能说服法国政府投降。即便他们未能在传统的战场上取得决定性胜利，还是可以逼迫法国人签下和平条约的。

因此，到了1915年年底，交战双方的主要考量都落在人力的动员上，即如何获得足够的兵员来作战，或如何利用人员的伤亡来作为政治工具，迫使敌人就范。

新征兵制度的实行

第一次世界大战爆发之际，英国的远征部队只是一支小型武装力量，成员完全是志愿参战。不过，他们都在小规模的殖民地战争中积累了相当丰富的实战经验。英军许多部队曾在整个帝国境内打仗，尽管装备较佳，但经常必须以寡击众。所以1914年时，英国远征军在连级和营级上，已是一支训练有素、军官领导有方的部队，可是他们欠缺大规模作战的经验；如果这支军队要投入大规模战争的话，就必须赶紧学会新的战斗技巧。

英军以往是由连级或是营级的单位进行战斗，但第一次世界大战前的战术单位已提升至师级。在大战初期，英军并未遭受惨重的损失，可是要击败同盟国仍需要更多的部队。"新军"（New Army）的概念是基钦纳

←像图中这样的战争场景一点都不光荣。下一批占领这道壕沟与掩蔽壕的部队必须清理与埋葬阵亡士兵的遗体，而且除了要尽力修缮壕沟之外，还得试图忘掉他们可能也会遭遇同样的下场

（Kitchener）勋爵首创，他后来担任国务大臣，支持战争。基钦纳原本只打算招募10万名士兵，但志愿参战的人数却是这个数字的好几倍。

1915年的秋季攻势是"新军"首次发动的主要进攻行动。他们没有取得什么战果，伤亡却很惨重，这是1915年跨1916年时，排队入伍人潮锐减的原因之一。于是，英国在1916年引进了征兵制，确保他们有足够的士兵可以继续作战。

强迫入伍（尤其是在战争期间）是令人十分反感的事，而且大量征召的军队整体素质难免会比职业的志愿兵逊色。何况，为了让前线部队迅速补足兵员，士兵的训练期也大大缩短，这又造成军队素质的下滑。许多指挥官认为，刚征召而成立的军队连最简单的任务也不适合，这影响了当时的作战考量。然而他们别无选择，毕竟各部队都必须迅速得到人力。

在欧洲大陆，规模较大的军队很早就采用了征兵制度。法国和德国都已行之有年，而且还有一套明确的制度存在。更重要的是，他们的军队在组建之际就准备好训练与纳编征召的新兵；反观英国，征兵制只有在需要的时候才会仓促启动。

实施征兵制的国家，一般的制度是：特定部分的人免役，而其余的人则分为几个等级，再从这些等级中征召部分兵

↓野战电话的发明是指挥与管制技术发展相当重要的一步。不过，当时的野战电话十分笨重，电话线亦容易遭敌人切断。这导致部队的推进时常会超出通信联络范围

员。确切地说，谁能免除兵役必须视国家的需求和普遍的情况
而定。重要工厂的工人、已婚人士、年龄超过某一岁数的人等
等通常都可以免役。不过，随着战场上伤亡不断增加，需要更
多兵力的时候，这些原则也会有所改变。

在俄国，理论上几乎所有的男性都得服役，但有许多规定
可以免除兵役，何况他们的军队无法容纳这么多的人。然而，
众多免役的理由又导致大部分符合入伍资格的人都没有从军。
比如在第一次世界大战爆发之际，俄国西部的村庄突然有大批
的人结婚，这可不是巧合，因为户主可以免除兵役。

"绞肉机"

正当协约国在筹谋进攻行动之际，德军也加紧脚步准备发
动攻势。德国的计划十分简单，即选出一个可以彻底击垮法军
的目标，迫使敌人在他们选定的地点决战，并处于不利之地。
这个目标就是凡尔登（Verdun），一座法国人引以为傲的堡
垒。另外，就战术上来说，凡尔登也是德军的必争之地，因为
该城位于默兹河（Meuse）的转弯处，从法国进入这一区域的
路径有限。法军将被迫由下游处的一条小径来增援［那里被称
为圣路（Voie Sacree）］，而凡尔登与周围的阵地亦会遭受重炮
的轰击，并产生"绞肉机"的效果，以此来消耗他们的兵力。

弃守凡尔登对法国而言将是严重的政治打击，这或许可以
迫使他们考虑停战。就算无法逼迫法国人坐上谈判桌，法军也
会因为保卫这座城市而消磨掉后备力量。如此一来，德军便能
在其他地方发动攻势，并取得成功。

第一次世界大战初期，法国有不少要塞沦陷于德军手中
——许多还比想象的容易到手——所以法国对他们已没有太大

凡尔登战役作战示意图

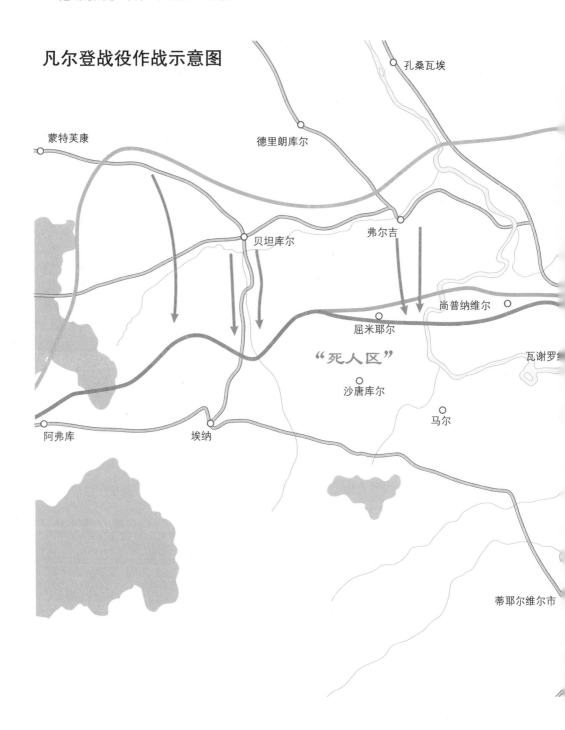

孔桑瓦埃

蒙特芙康

德里朗库尔

贝坦库尔

弗尔吉

尚普纳维尔

屈米耶尔

瓦谢罗

"死人区"

沙唐库尔

马尔

阿弗库

埃纳

蒂耶尔维尔市

——	1916 年 2 月 21 日的德军防线
——	德军推进的最远范围
——	法军的防线
⟶	德军发动主要攻击的路线
▲	重要的法国要塞

博蒙特

奥尔内

卢韦蒙

道蒙特堡

布拉

伏堡

佛勒利

当卢

凡尔登

←凡尔登战役是德军精心设计的作战计划，企图把法军拉进"绞肉机"，但最后双方的伤亡都十分惨重。在战役告一段落之际，战术态势仅有些微妙的变化

的指望。凡尔登的许多火炮早就移往他处使用，而且战事较沉寂的防区仅有少数部队驻守。德军秘密准备作战，当攻击行动于1916年2月21日展开之际，防卫者完全措手不及。德军的炮轰非常猛烈，达到了出其不意的效果，他们成功地击退了守护阵地的法国部队。这个时候，只要再一次果断的进攻便很有可能击溃法军，并占领凡尔登。

然而，这不是德军此次作战的目的。德国参谋本部的计划是发动一连串局部性的攻击，再井然有序地占领凡尔登。如

防御战术的发展

德军相当有效的一套防卫技术是在具有防御特质的地形如山脊的斜坡背面，建立第二道防线。除非派出侦察机，不然这样的防御工事根本观察不到并施予精确的炮击，何况那个时候的飞机仍相当少见。来袭的敌军突破了第一道防线之后，便会发现他们又得面对另一群掩蔽在壕沟里的部队，那里同样设有刺铁丝网，并架设好机枪。这样的防御工事可免受敌方进攻前的重炮轰炸，所以结构能保持完整，可使防卫者击退组织开始散乱且筋疲力尽的敌人。

其他的防卫性措施还包括以重型火炮轰炸敌军准备进犯的集结区，那里可从德军占领的高地上观察到。进攻部队在行动展开前若遭受猛烈的炮轰，就难以继续作战；如果攻击行动正在进行中，士兵们更是得被迫穿越层层弹幕。至于近距离的防卫则是机枪手和步兵的工作。防御火力的效率——包括近距离的直接扫荡和远距离的重炮轰击——因敌人必须越过难以通行的"无人地带"而提升。弹坑、泥泞的地面和刺铁丝网减缓了进攻者的速度，并打乱他们的队形、削弱他们兵力；而防卫者则有更多的时间瞄准射击来犯的敌人。当然，刺铁丝网无法提供完全的保护，它仅是一道障碍而已。俗话说得好："一道没有火力掩护的障碍就不是障碍。"换句话说，进攻部队可以绕过刺铁丝网或干脆切断。刺铁丝网仅有妨碍敌军的功效，却不能阻挡他们的进攻。

此一来，即可把法军的后备力量引出来，并迫使他们于不利的情况下作战，或是在德军大批重炮的射程范围内守卫该城。所以，德国的目标不是夺取领土，而是歼灭法军。

凡尔登外围的防御阵地于2月24日失守，很快地，沃克斯堡（Vaux）与杜奥蒙堡（Douaumont）要塞也遭受攻击。这两座要塞守护着可俯瞰凡尔登的高地和法国援军进入该城的桥梁。如果这些区域遭到占领，法军的补给线便会暴露在重炮的轰击之下。结果是杜奥蒙堡要塞迅速被攻克，法军仅守住了沃克斯堡要塞。

→图为一小队的士兵正趁着暗夜剪断敌人的电线。发动攻击之前的准备工作即包括偷偷摸摸地勘察敌军电线的位置。即使在主要攻势展开期间，剪线小组的活动仍旧十分活跃眼看着凡尔登即将失守，法军指挥官做出了德国人暗自期盼的决定，派大批增援部队经由圣路涌进凡尔登。然而他们也调了工兵来拓宽道路。于是，不堪一击的法军阵地再次巩固起来，但伤亡亦迅速攀升。

不屈不挠的法军

虽然战况的发展合乎德国参谋本部的期盼，可是不屈不挠的法军让他们感到惊讶。该区已成废墟的村庄数次易手，而且由于德军企图由侧翼迂回包围防卫者，使得作战的范围不断扩大。德军新一波的攻势仅取得有限的战果，随即又遭到法国的反攻而后撤。最后，法国后备部队的动员阻止了德军赢得决定性胜利。

随着凡尔登战役拖过3月进入4月，法军调来更多的重型火炮守护该城，并还以颜色，猛轰德军阵地。他们也开始在凡尔登防区内轮调部队，让疲惫不堪的士兵撤到后方休息，再派部队反攻，打算收复失地。不过德军坚守住防线，同样获得增援。

到了4月底的时候，态势很明显，德国的策略已变了调，他们的伤亡和法军一样惨重，作战的目标根本不再值得追求。然而，双方依旧如自杀般的进行战斗，仅是为了赢得胜利，而不是为整体的战略。

法军猛烈的炮击逐渐占了上风，尽管迟至7月11日时结局依然未明。到了那个时候，沃克斯堡要塞已经失守，而且德军仍持续缓慢地前进。要塞的防卫者抵挡住德军向索市（Souville）发动的最后一击，那里距离凡尔登仅剩4000米。这场攻势是德国侵犯凡尔登的最后一次尝试，之后，他们又回

伙伴营

　　基钦纳勋爵首创的制度之一是建立了所谓的"伙伴营"（Pals Battalions），这些营级单位是由来自相同城镇、工作场所或其他协会的人组成，他们被允许在一起服役。而且，由于分配到各单位的有经验军官严重不足，所以许多的伙伴营获得准许，选出他们自己的非委任军官（即士官）。

　　伙伴营制度鼓励了民众从军，却造成严重的社会问题。当某一个伙伴营遭受惨重的伤亡时，这代表的是某一特定城镇或团体内大部分的年轻人阵亡或负伤。这个现象的不良影响在战争结束之后持续了许多年。

　　这些伙伴营和其他的志愿兵组成了基钦纳的"新军"，他们在接受基本的训练后即前往法国作战。这些新的部队大部分是由基础建起，没有长期服役的专业士兵为核心来传授经验。尽管"新军"抵达前线作战后很快就会获得战斗经验，却付出了高昂的代价。

归到防守姿态。

　　凡尔登的枪炮声渐渐沉寂了下来，直到该年年底法军展开反攻，夺回他们失去的土地。这片区域几乎成为废墟，当地重建后，地貌完全改观，而且土壤亦受炮弹爆炸后的残留物毒害。对于德军来说，攻打凡尔登虽是切实可行的构想，可是战况的发展却偏离了原先的计划。这场战役原本的目的已在战线某处被遗忘，后来更演变成一场血腥的竞赛，不为直接有益的目标而战。凡尔登之役确实让法国的后备力量卷入战局，为数众多的部队被歼灭，可是它的结果也非原先德国参谋所想象到的，即造成德军惨重的伤亡。

　　不过，德军在这场战役中并没有完全失败，因为他们迫使协约国发动反攻以减轻凡尔登守军的压力。协约国已同意在

←←第一次世界大战期间最著名的肖像画之一是这张出现基钦纳勋爵的募兵海报，要求民众参战。结果，志愿入伍的人比预期中的多出了好几倍

→约翰·弗伦奇元帅在第一次世界大战初期指挥英军作战。弗伦奇有着非凡的军旅生涯，但面对新形态的战争，他不断与现实争斗，并改变了过于自信的性格而显得十分悲观

→→图为英国陆军元帅道格拉斯·黑格爵士（中）和一群军方与民间的要人。黑格的作风遭到不少批评，但实际上，他的策略大部分是受限于政治态势，还有当时可用的军事技术

1916年展开大规模的攻势，尽管究竟要打哪里仍有些争议。

索姆河之役

↓图为一批招募的新兵正在量制服。第一次世界大战初期，要寻找兵源并没有太大的问题，但随着战争持续进行，民众的厌战情绪升高，自愿性的募兵制就被强制性的征兵制所取代

最后，刚取代约翰·弗伦奇（John French）为英军总司令的道格拉斯·黑格（Douglas Haig）决定于索姆河发动攻势。这场战役的主力是英军，可是选择索姆河的原因之一，是那个位置也能够让法国的部分军团参与作战。

黑格的计划与德军在凡尔登施展的伎俩没有多大的不同，大规模的步兵攻击将在猛烈的炮轰之后展开。然而，黑格

失去机会

在索姆河之役中，约有36辆参与作战的坦克动弹不得（开进壕沟里爬不出来），有些遭重炮命中，有些乘员为一氧化碳毒害。大部分坦克最后都出现了故障。然而它们在步兵的支援下挺进3.2千米，这是第一次世界大战中最成功的作战之一。不过英军尚未准备好乘胜追击，所以他们仅获得局部的胜利。

企图突破德军的防线，并瓦解他们后方的补给线，这和凡尔登精心设计的"绞肉机"比起来，是更传统的策略。

在第一次世界大战爆发的前几个星期，索姆河防区非常寂静，而且德军占有可以俯瞰协约国阵地的高地。他们花了两年的时间改善防御工事，尤其挖了很深的掩蔽壕，可承受最猛烈的炮击。从高地上可以看见来袭者的集结区域，而且许多突击路线都在机枪的火网之下。

协约国部队甚至在跃进"无人地带"之前就会被枪炮击中，接着，他们还得穿越层层的刺铁丝网，对抗掩蔽于壕沟里的德军，向山丘挺进。不过在进攻前的那个星期，重型火炮对防卫者发射了上万发炮弹，协约国期盼猛烈的炮轰可以炸断铁丝网，炸毁防御工事，让进攻者得以轻松攻占敌人的阵地。

然而，刺铁丝网并没有被完全炸断，根据某些指挥官陈述，他们看到当时被炮轰的刺铁丝网依旧完好无缺。此外，德国的防御工事亦未被重炮炸毁，尽管防卫者多少乱了些阵脚。当攻击行动于1916年7月1日展开之际，德军便从掩蔽壕内现身，开火迎击来犯的敌人。

另外，协约国也推出了一套炮击战术，以降低协调重炮支援的难度，即向敌军阵地射击"徐进弹幕"（creeping

barrage）。依照这样的战术，火炮的射击区会间歇性地"移动"到敌人的后方，如此便可掩护步兵持续地推进。然而，步兵总是到不了计划者希望到达的地方，他们在"无人地带"上被完好的刺铁丝网阻挡下来，而德军观测兵则请求重炮支援，让进攻的协约国士兵遭受火炮与机枪的残酷扫荡。防卫者坚信可以挡住敌军的攻势，有些士兵甚至没有直接射击前方的敌人，而是以机枪扫射那些于集结区等待命令，准备发动另一波攻击的部队。所以一些营级单位甚至在跨越攻击线之前，便已蒙受了惨重的伤亡。

协约国12个师在"无人地带"上停滞不前，士兵们甚至还未接近敌军的阵地就命丧黄泉。不过靠着顽强的意志和持续不断的努力，还是有5个师的部队抵达敌人的壕沟并进行攻击，不过他们的攻势遭到压制，最后被击退。第一天战斗结束的时候，进攻的一方没有取得任何重要成果。

这场攻势的伤亡数字十分惊人，将近10万名参与行动的士兵仅第一天就有2万人阵亡、4万人负伤。如果不是像在路斯一样，德国部队见到来袭的敌人溃不成军而停火，伤亡很可能会更加惨重。索姆河之役第一天的惨败迫使协约国部队的指挥官陷入困难的抉择，他们必须有所作为以舒缓凡尔登战区的压力，但这意味着必须再发动大规模的攻击。不过，制定另一

←图为当一颗炮弹炸开之际，激起的尘土溅落到士兵身上。在先前的战争中，战斗尽管激烈，却十分短暂。然而第一次世界大战中，士兵们暴露在悲惨处境下的时间持续延长，这导致突如其来的死亡率亦随之增加

索姆河战役作战示意图

博蒙阿梅尔

蒂耶普瓦勒

马坦皮什

福勒

勒特

波基耶尔

高林

孔布

艾伯特

弗里院

英国第4军

法国第6

马里库尔

协约国部队分界线

索姆河畔布赖

索女

	1916 年 7 月 1 日的防线
	1916 年 7 月 17 日的防线
	1916 年 9 月 13 日的防线
	1916 年 11 月 18 日的防线

协约国夺取的全部土地

弗莱尔
蒂耶普瓦勒
波基耶尔
高林
艾伯特
弗库尔
布赖
皮隆尼
梅索涅特

皮隆尼

←索姆河之役达成了协约国需要的战略格局。这场战役把凡尔登和东线战场的德军牵引过来，有助于稳定态势

场作战行动会耗上一段时间，而且协约国没有几个月的时间来做准备，好在其他地方发动攻势。因此他们别无选择，不得不继续进行这场痛苦的战役。

协约国接下来的进攻行动依旧付出了高昂的代价，可是他们开始有所收获。尽管如此，这些成功根本微不足道——这里占领几块阵地，那里拿下几条壕沟——到了7月底，协约国部队只挺进了5000米而已。

双方的苦战经过了8月并进入到9月，当月，协约国尝试了一项新的计划，即派出坦克作战。这些装甲车辆于弗莱尔（Flers）与库尔瑟莱特（Courcelette）附近首度登场。不过，

攻击战术

德军想要攻进敌人的阵地是极其艰难的任务，尽管英军接收了大批仓促训练的征召兵员，可是这并没有让德军的任务变得比较轻松。即便如此，德国还是决定一波又一波地投入攻击部队，并下达持续命令①以维持整体部队在各区内的推进。他们认为这样的进攻策略会比在敌炮火下企图掌控训练不足且各部队进展不一的军队，更有可能成功。

不过有些部队亦广泛地接受射击与机动训练，并学习像法军那样的挺进方式，即命令士兵强行攻占一座又一座的机枪掩护阵地。于是，一连串的士兵缓慢地前进，并遭受机枪的扫射成为第一次世界大战给予世人的永恒印象。然而这套战术绝非普遍，它最常用的时候是当指挥官旗下缺乏训练有素的部队可派之时，由于训练不足的士兵被认定无法胜任较复杂的任务，在不得已的情况下，才会使用这种十分耗损人力的战术。况且，如果近距离的指挥体系瓦解，攻击部队就有可能会崩溃。

① 即若无接获某特定高级将领的指示，不得取消或更动的命令。——译者注

刚开始它们的机动性能十分不可靠，在不合适的地形上前进显得非常吃力。然而坦克仍取得可观的胜利，它们铿铿锵锵地挺进使敌人闻风丧胆，首次的作战纪录甚至被形容为"坦克恐慌"（tank terror）。

其后，索姆河之役继续在越来越恶劣的气候中进行，直到11月中旬才告一段落。协约国并没有取得决定性突破，但就某些方面来说，这场战役已达到其战略目标。协约国成功牵制住德军的增援部队，阻止他们前往凡尔登作战，大大减轻了凡尔登守军的压力。此外，这场战役也消耗了德军的力量，并导致他们的战斗力普遍下滑，这样的情况在日后明显地表露出来。

在索姆河战役中，双方都付出了惨重的代价，各有约60

↓图中，正当一批又一批的补给沿着圣路运往凡尔登之际，另一群法国士兵正在后方休息。这条单一的小径是凡尔登的生命线，法国只能通过它运送足够的补给予当地的守军，让他们在局势逆转之前，长期奋战下去

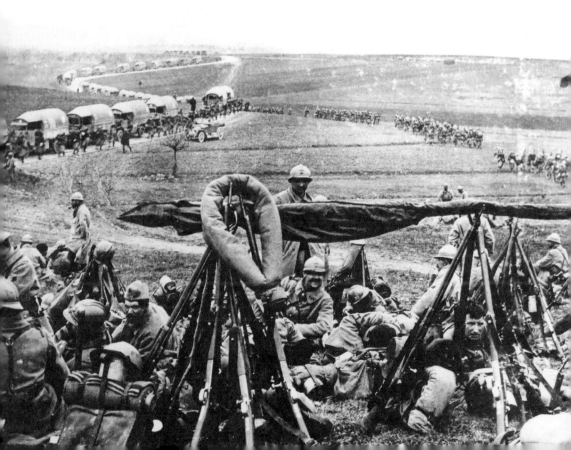

图为一群英军步兵
跃出壕沟，准备展
开攻击。爬出壕沟
顶是极危险的事，
无论壕沟的生活是
多么凄惨，可是与
白天在枪林弹雨的
"无人地带"行进
相比仍好得多

万人阵亡或负伤。完全按数字而论，协约国占了一些便宜，因为他们的人力比同盟国还多。协约国比较有办法替补兵员，并持续作战。所以到头来，德国最高司令部发明的"绞肉机"概念实际上对自己更不利。

后期的东线战场

在1915年至1916年冬季期间，俄军弹药与武器短缺的情况大有改善，他们也打算再次发动攻势。然而物质上的不足虽然能够得到弥补，但军队内部的问题已是积重难返。例如，完全没有前线战斗经验的人竟然可以撰写许多作战指导手册。

这样导致俄军于1916年末期仍旧犯下许多基本且愚蠢的错误，比如把壕沟挖在敌人

↑ 在某些区域，广泛地修筑混凝土碉堡是有可能的，尽管那里大多数的堡垒都是在第一次世界大战爆发前所建造。地层和混凝土可以保护待在里面的人，但若被重型炮弹直接命中仍会被摧毁

可俯瞰的地方或沿着可见的地平线设置防御工事。不过，如果俄军可以投射足够的火力——以每平方米射击一枚炮弹至敌人阵地的水准——他们还是能够赢得胜利。

俄军一连串的进攻由于各种不同的因素而失败，证明装备不是制胜的关键。俄国的炮兵与步兵非常不协调，而且后备部队的调动也十分笨拙，是战场失利的主因。例如在某次作战中，俄军在探照灯的支援下发动夜袭，这原本应可使敌人目眩，可是探照灯却照出进攻步兵的轮廓，使他们成为显眼的目标。

尽管俄军得到了一些教训，但并非没有重蹈覆辙，而且国内的问题始终困扰着俄军，直到他们退出第一次世界大战。错综复杂的政治环境，加上右翼军官打算运用影响力置内部的对手于不利，一点都未让已经十分艰难的情况好转。

1916年年初，俄军好不容易从前几个月的重创中恢复了一些力量，可是仍在英勇却处置失当的一连串进攻中蒙受了惨重损失，他们是为了舒缓西线的压力而进攻。1916年6月所重启的一场进攻日后称为"布鲁西洛夫攻势"（Brusilov Offensive），这场作战旨在扭转协约国在凡尔登和意大利战线每况愈下的态势。

阿列克谢·布鲁西洛夫（Aleksei Brusilov）将军指挥俄国南部的集团军，他以异乎寻常的风格着手准备作战。布鲁西洛夫分散后备部队而非集结，并打算进攻许多不同的地方。

布鲁西洛夫的攻势正如同他所期望的，完全达到了出其不意的效果，原本只是一批一批的侦察部队竟能取得耀眼的成功。俄国第8军突破了奥匈帝国的防线，并挺进到奥军第4军与第2军之间，虏获上万名战俘。接下来的几天内，随着其他部队加入战局并痛击目瞪口呆的奥军，布鲁西洛夫继续赢得胜

利，而且又俘虏了更多的敌人。

此刻，布鲁西洛夫将军有机会夹攻残余的奥匈帝国部队，他们两翼的防线都遭到突破，大门洞开。然而，缺乏其他指挥官的支援使得作战行动延宕，这代表德军的增援得以协助奥军恢复兵力，并向布鲁西洛夫的部队侧翼发动反击。

俄军的攻势一度被挡了下来，7月才继续挺进。然而，到了这个时候，敌人的抵抗愈加顽强，俄军再也无法取得重要的战果。在某种程度上，这场战役达到了重要的战略目标，大量的德军从西线调来，他们原本是要集结去对抗正向索姆河挺进的英军。然而，俄军的作战拖延太久，导致高昂的损失，伤亡超过100万人，这对德、俄双方的兵力造成了严重的影响。

"布鲁西洛夫攻势"的另一个结果是说服罗马尼亚加入战局。该国向同盟国宣战，却几乎没有做好开战的准备。罗马尼亚军队的规模太小、装备欠佳，而且他们也缺乏有领导魄力的军官。

罗马尼亚军队向奥匈帝国的进攻行动在两个星期内就被挡了

←越过这片遭到炮弹蹂躏、满是烂泥的地区是十分耗时且艰巨的任务，这让防卫者有更多的时间射击来犯的敌人

下来。尽管德国人不看好奥军的表现，但奥军足以凭自己的实力击退罗马尼亚部队。很快地，奥军后备部队便抵达罗马尼亚的边境，这个国家也开始走向毁灭。此时，保加利亚乘机向罗马尼亚宣战，企图夺回先前在巴尔干战争中失去的土地。

虽然俄军的攻势正着手进行，但他们的作战方式又回归一般的整体进攻策略，即在大规模的重炮支援下，集中兵力形成较窄的阵线进攻，而非布鲁西洛夫式的奇袭，以较宽阔的战线突进各个不同的地点。结果，俄军的攻势被轻易抵挡下来，对减低罗马尼亚的压力没有多大的帮助。

俄军未采取布鲁西洛夫的策略或许是因为别无选择。由于布鲁西洛夫的作战方式需要时间准备，但俄军就是没有时间，他们得赶紧想办法向同盟国施加压力。俄国最高司令部认为，随着协约国部队于西方持续推进，俄军也应该在可迫使德国作战的地点发动攻击，消耗他们的后备力量。这也能够防止德国派更多的

←在东线战场，骑兵队依然有用武之地，那里的作战方式仍是运动战。有时候，双方旅级的骑兵单位还会相互交锋，甚至以军刀和左轮手枪进行非常传统的战斗

部队到罗马尼亚。

而且，当时俄军大部分是由训练不佳的征召士兵组成，最高司令部相信他们只会排成一条直线走向敌人的阵地，无法执行更复杂的任务。像这样波浪般地前进，很容易使俄国步兵成为敌方机枪手射杀的目标。

同时，奥军展现了令人耳目一新的复原力和战斗力。这和德国借调士官与指挥参谋给奥匈帝国军队有很大的关系，此举还可强化他们的作战决心。

当俄军展开一连串勇敢但最后徒劳无功的进攻之际，罗马尼亚境内已遭到攻击。俄国动用后备力量，但两国之间的铁路联系极其不佳，仅有相当少的部队（约5万人）及时赶抵他们的新盟邦。联合作战一开始便出师不利，甚至还有罗马尼亚部队错认俄军为挺进中的保加利亚部队而打算向他们投降。

俄军于其他地方所发动的攻势并没有转移同盟国部队的注意力，他们继续深入罗马尼亚境内。虽然罗马尼亚军队试图发动攻击，但由于计划不周详，攻势很快就被瓦解。此外，罗马尼亚部署在特兰西瓦尼亚（Transylvania）的防卫部队几乎遭受孤立，无法相互支援或是进行协同作战，所以他们在局部区域内已被击败。

←图为一群在东方森林里的俄国步兵。尽管训练不佳且欠缺上级的关照，俄国部队仍可以和德军匹敌，更能重创数量相当的奥军

其他地区，防守的一方同样面临溃败的命运，因为罗马尼亚军队撤退之际没有知会他们的俄国盟友，导致士兵的信心荡然无存和防线的全面瓦解。显而易见，罗马尼亚对协约国来说不是有利的资产而是累赘。如果罗马尼亚遭到占领，同盟国便可取得一条新的路径攻打俄国，并取得大量的补给资源。协约国绝不容许这样的情形发生，所以俄国再度集结了一支部队，企图阻止敌人的挺进。

后勤运输的困难使俄军的攻势产生不了太大的进展，尽管他们成功阻止保加利亚部队沿黑海海岸推进。态势一度显示罗马尼亚还有反败为胜的机会，尤其是当法国军事顾问抵达的时候。整体来看，他们的作战计划似乎可行。

12月，罗马尼亚派出所有勉强凑出的军队进行反攻。然而，这场作战最终以惨败收场。罗马尼亚的实力根本比不上对

↓图为行刑队正要处决犯人。俄军无可避免地卷入困扰着国家的政治风暴里，而且还得处理军队内部的问题。那些遭到指控叛乱或卖国的人很快就会被处决

手，而且太过仓促地投入战斗。实际上，这导致罗马尼亚剩余的后备力量遭到歼灭，支援的俄军充其量只能拖延敌人的挺进速度。寒风凛冽的冬天使这场战役不得不画上休止符。同盟国因为罗马尼亚的参战而受益，他们以相对轻微的损失撼动了该国准备不周的军队，并俘获大量有用的资源。若非如此，德军或许会在1917年即同意停火而非再拖一年。

当1917年到来的时候，俄国的社会问题已严重恶化，但军队仍旧可以继续作战。协约国的前景看来比较乐观，因为美国可能会加入战局，而且很明显的，他们在人力与物力方面占了

↓1916 年末期，德国建造了一连串堡垒和掩蔽壕，称为"兴登堡防线"。德军于 1917 年年初即退守到这道防线上。兴登堡防线是在当时的防御工事后方建成，所以形成了一块突出部

1917年的法军"叛变"

尽管英军在西线战场上取得一些成功，可是法军的士气已经崩溃。法国的士兵曾经得到承诺，如果他们能像英雄般的全力以赴，就可赢得伟大的胜利，而法军也确实尽了全力。不过，法国士兵得到的却是惨烈的伤亡，还有继续过凄惨的壕沟生活。

法军内部因此开始起了骚动。法国虽然形容这场动乱为叛变，但就许多方面来说，它只是类似工厂里不满的劳工所引发的抗议活动而已，并非真正的公开叛变。至少有54个师的部队虽然表达继续坚守岗位的意愿，但他们不想再发动大规模的攻势。士兵们还提出了几点要求，包括改善军队的伙食和居住条件、增加离营许可，当然，还有结束这场战争。

上风。

然而，俄国爆发"二月革命"之后，沙皇政府的注意力旋即转向国内，俄军发动的攻势已微不足道，所以同盟国部队对东线的活动亦越来越不热心。东线战场渐渐沉寂了下来，直到俄国的十月革命发生后，新政权签下和平条约，俄国全面退出第一次世界大战。

突破"大要塞"

在1917年年初，许多人士预测战争态势很有可能会维持自1914年年底以来的僵局，但事实并非如此。各国在这场大战中皆得到了有关现代工业战争的教训，并进一步发展新的军事科技和作战准则，这些都有助于突破壕沟防线，最后赢取决定性的胜利。

然而士兵们普遍厌战，前线环境恶劣，加上战斗部队伤亡惨重，士气日益低迷，情况甚至到了危险的程度。战争持续了一年又一年，至1916年年底，协约国再次计划下一年的大规模联合进攻行动，如同他们于1915年年底时所做的一样。虽然俄国和意大利仅能向敌军施压，但英国与法国同意发动庞大攻势，予以敌人痛击。英军将攻击索姆河突出部北边的维米岭与阿拉斯（Arras），而法军则向埃纳河进攻。

从战略上讲，协约国的作战计划是可圈可点的，但仍有一些问题，法军不仅得面对西线战场上最坚固的德国防线，还必须从敌军可俯瞰的集结区内出击。此外，德军退守至新一道阵地，即"兴登堡防线"（Hindenberg Line），使得索姆河的突出部缩小。如此一来，德国的战线变得比较直，防区的脆弱性大减，也不再需要那么多的人力来防守。协约国意图染指的目标在这道新防线的掩护范围之外，如果他们的目的是要"切掉"突出部并包围里面的德军，似乎不太可能实现。

另一方面，德军亦采取了新的防御战术，他们最前方的阵地只有少数兵力驻守，而主力部队则部署在敌方重炮的射程之外。一旦协约国部队的重炮支援开始退场，这批预留的主力部队便会向前挺进击退来袭之敌。

这套新的作战准则于法军的进攻区内实行，结果相当成功。况且，法国重炮部队所发射的"徐进弹幕"大为超前挺进中的步兵，所以对他们没什么帮助。德军的第一道防线虽遭突破，但进攻者很快便闯入四处都架设好机枪的火线地带，并且蒙受惨重的伤亡而停滞下来。此刻，在炮轰时置身于危险之外的德国主力部队挺进，打击筋疲力尽的法军，并逐退他们。不过这套战术在英军的进攻区内便没有那么管用。同样地，英军施展了大规模的炮击，为进攻行动铺路。炮轰驱离了防卫者，但不寻常的是，重炮清除了大部分的刺铁丝网，让英军得以迅速挺进。炮轰的结果出乎预料的有效，当英国步兵来袭之际，防卫者仍躲在掩蔽壕里。那些没有及时逃离或就地投降的人都被投下壕沟射击台的手榴弹所歼灭。

局势的变化

法军的"1917年叛变"（Mutiny of 1917）是一个警讯，并使局势产生变化。不只是整个欧洲掀起了一阵国内暴动的风潮，俄国的革命也开始让政府垮台。欧洲弥漫着一股恐惧气氛，担心类似的情况会在其他地方上演，相关当局必须赶紧采

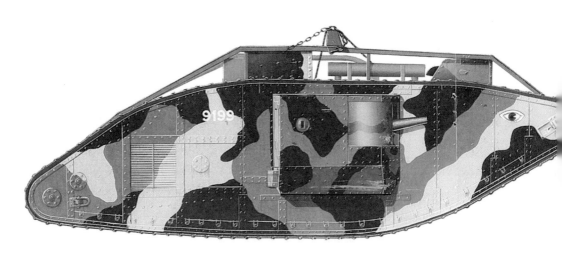

英国V型坦克			
类　　型：坦克		重　　量：29600千克	
乘　　员：8名		武　　装：2门六磅炮、4挺霍奇基斯	
发动装置：1台11.2千瓦		（Hotchkiss）机枪	
里卡多（Ricardo）汽油引擎		装甲厚度：6~14毫米	
最快速度：7.4千米/小时		尺　　寸：长8.05米，至炮座宽4.11米，高	
最远行程：72千米		2.64米	

取对策。于是，各国政府软硬兼施，扑灭了国人的反战情绪，军队里一些带头叛乱的人被逮捕，有些甚至遭到处决。同时，增加士兵的离营许可，能够改善的事项亦予以推行。另外，进攻行动也一度取消。

或许，恢复法军士气的一个关键因素是指挥官与政府热切倾听士兵的不满诉求，并履行可以办到的事。所以很快地，法军又发动了攻势，尽管规模有限。事实上，自1917年6月到1918年7月为止，法军并没有展开大规模的行动。小型的作战虽然扫除了敌人吞蚀其防线的危险，但法军在1918年上半年仅

↓图为第一次世界大战末期，西线战场上的一群英军士兵，此地的景象已变得残破不堪。这道凌乱的壕沟没有护墙支撑，而且显得相当浅，这可能是临时建造，或是未再进一步挖掘的壕沟

扮演防守的角色。

因此，真正的战斗是由英军一肩扛起。坦克给予了他们取得决定性突破的希望，可是当时仅有少数能够派上用场，而且如何运用坦克作战仍有相当多的争议。另一方面，英国还得在其他地方发动攻势。

长久以来，英国的最高司令部就想攻打佛兰德斯，该区位于伊普尔附近。为了实现这个目标，英军决定先确保其侧翼的安全，亦即占领梅西纳岭（Messines Ridge）上的阵地。然而，过去苦战的经验显示，企图于敌人可俯瞰的地区发动进攻，势必付出高昂的代价。不过，为了有机会拿下伊普尔，梅西纳岭必须占领。

想要攻占一座处于高地且固若金汤的阵地绝非易事，问题的解决之道便是挖掘地道，这套战术在包围战中已运用了几个世纪。过去，进攻者普遍在敌人城墙下或其他防御据点挖地道，然后再设法破坏该座防御工事的基础。事实上，在墙下挖掘地道的手法即足以使部分的城墙倒塌。随着火药的发明，挖地道的进攻技术有了新的发展。如果地道能够挖抵敌人的阵地下方并设置炸药，就能在安全距离外摧毁它。于是，英国部队开始从8000米外，向梅西纳岭的德军阵地挖掘20条地道。有些

←梅西纳岭之役被认为是一场大规模的包围战，而非野战。经过数个月的准备，德军防线遭到突如其来的强烈炮轰，让那些没有阵亡的人心有余悸。防卫者的阵地亦受到严重破坏

挖掘行动被德国人发现，他们企图加以反制，不过只成功拦截了1条。其他的19条则挖抵目标下方，埋设的炸药于6月7日引爆。英军使用了600吨左右的炸药，把敌人的壕沟防线炸出了巨大的缺口，生还的防卫者被吓得目瞪口呆。

假如梅西纳岭的德军遵循"部署少数兵力于最前线，并将主力部队留在后方"的作战准则，这场战役的结果或许会大有不同。然而，那里的德军指挥官执意于过时的防卫方式，即建立坚固的防线，加派重兵为每一寸土地而战，于是大批的部队驻守在埋设炸药的坑道上方，他们还得承受随之而来的炮击。

当地道的炸药引爆之际，英军也展开猛烈的炮轰。起初，梅西纳岭的德军仅能实施些许的抵抗，不过他们很快就恢复兵力进行反攻。然而，协约国的攻击部队训练有素，而且当前又有一轮重炮弹幕（仅有这一次）及时予以支援。

尽管协约国部队遭遇顽强的抵抗，最后还是能够达到目的。很快地，增援的步兵和一些坦克前来，防卫者被迫弃守，协约国部队足以压制德军的反击。的确，英军（包括大批的爱尔兰与新西兰部队）打退了德国的反攻之后，还能继续向前挺进。

协约国在计划进攻梅西纳岭的时候并未打算取得决定性的突破，所以德军能够再设立新的阵地和重建坚固的防线。尽管如此，德军的侧翼已经洞开，为协约国大规模的进攻行动打下了基础。

不久，在1917年7月底，第三次伊普尔之役展开。这次作战所面对最严峻的问题是该区缺乏良好的排水设施，容易泛滥成灾。人工的排水系统在战争期间业已摧毁，而侦察部队，尤其是来自坦克部队的观察人员警告说，大规模的轰炸会践踏整个区域，并使平地变成沼泽。

←在低洼地区挖掘的壕沟很快就会出现积水，并为试图修筑防御工事的部队带来麻烦。这种情况的唯一解决方式是建设地表，堆积土墙，而非向下挖掘

该区易泛滥的特性对防卫者同样造成了困扰，一般的壕沟根本无法在佛兰德斯地区建立，因为任何的坑洞都会很快积水。德国用设置多座混凝土堡垒和其他防御据点的方式来解决此一问题，这些阵地的火网可交互掩护而形成一道防线。穿越湿地的攻击部队难以躲过机枪的射杀，而他们取得的任何成果也容易被留置于阵地后方的敌军后备部队夺回。

德国最高司令部相当清楚敌人正准备攻打伊普尔一带，他们也做好准备迎战。德军首

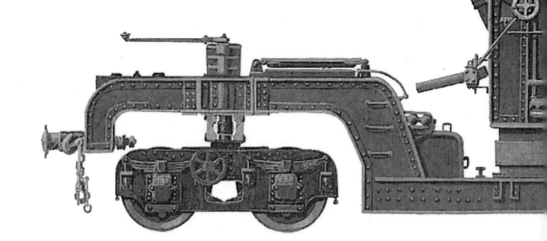

英国5型12英寸列车炮

类　　型：列车炮	炮口初速：447.4 米 / 秒
作战重量：77168 千克	最大射程：13121 米
仰　　角：0~45 度	口　　径：305 毫米
水平射角：240 度	炮 管 长：5.715 米
炮弹重量：340 千克	全　　长：12.19 米

次动用了炮射的芥子气，毒气炮弹射向敌方步兵可能的集结区，并同时对英军重炮兵进行压制。另一方面，黑格将军知道德军必定会调来增援部队，所以他下令提前进攻，而先期的炮击行动则于7月22日展开。10天之后，协约国部队发动攻势，尽管大雨使作战环境恶化，但他们还是取得一些战果，只是未能再有进一步的突破。很快地，地面的状况即无法让坦克行驶，接着，就连步兵也寸步难行，这种情形一直持续到8月16日的第二阶段进攻。第二次行动获得的战果比上一次更少，付出的代价却十分高昂。

协约国部队接下来的作战再次被恶劣的天气及准备工作所阻碍，直到9月20日才得以出击。新一轮攻势发动之前，战线只有些许的变化；然而在大批重炮的支援下，这次进攻出乎意料的成功，一是因为步兵有重炮的掩护，二是得益于战术。协约国的攻击部队并没有倾巢而出，试图取得决定性的突破，而是发动一连串短暂的猛攻，每攻占一块阵地，先确保安全后再

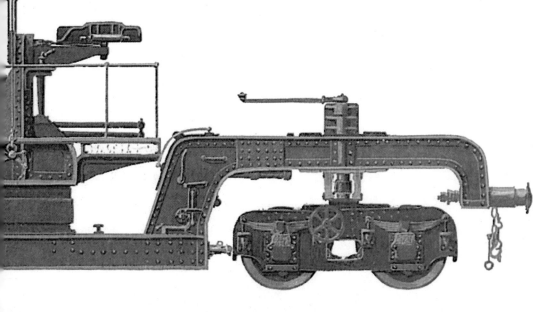

展开进攻。这套战术更常用于包围战而非野战，不过，在这样的情况下却十分管用。

协约国另一个重要的优势是成功利用飞机来为火炮定位射击，并回报敌军集结的情况。德国有几次反攻行动就是遭飞机引导的炮击而瓦解。协约国部队的进展让德国指挥官感到忧虑，所以开始调动兵力增援前线。如此一来，德军的战线变长，炮轰导致伤亡增加，因为重炮更容易命中他们。

英国指挥官与参谋们越来越相信德军此刻已濒临崩溃的边缘，而且已无增援部队可用。事实上，德国的后备部队正陆续抵达前线，只是没有考虑到英军会试图攻击自己想象的防线

↓图为一辆掉进壕沟的英国坦克。这种装甲车能够应付的状况有限，尤其是在潮湿的地区。坦克卡在"无人地带"是极其危险的事，因为敌军会向动弹不得的车辆射击重炮火力，将其摧毁

弱点。10月，虽然大雨连绵，协约国部队依旧发动了多起的攻击。可以想见，进攻者必定蒙受惨重的伤亡而败退，尽管各处都取得了些许战果。第三次伊普尔之役最后在仅剩的村庄帕森达勒（Passchendaele）被协约国攻占后结束。这场战役实际上一无所获，反而消耗了英军大部分的后备力量。英国后备部队兵员不足的压力在几个星期后显现出来，那时，他们虽在康布雷（Cambrai）赢得胜利，可是已无力乘胜追击。

坦克攻击

早期的英军坦克有两种型式可供使用，一种是配备6磅炮的"雄性"坦克，另一种是仅安装机枪以压制敌方火力的"雌性"坦克。英国坦克的作战策略是三辆坦克为一组，每一组有两辆"雌性"坦克和一辆"雄性"坦克。先前，坦克的部署是用来协助步兵战斗，并被视为步兵战的武器，所以它们通常是在步兵进攻条件下挺进，亦即在冗长的炮轰行动后才出击。然

康布雷战役：几乎是一场战略胜利

康布雷之役终于使协约国有了取得一次战略胜利的机会，德国的最高司令部也确实以为这有可能发生，因为德军的后勤线遭受威胁，防线上出现了一个大洞，增援部队无法及时赶来封锁缺口。情况十分危急，德国甚至草拟了紧急撤退命令。然而，英军的挺进停滞了下来，德国的危急关头也随之过去。

康布雷之役第一天结束的时候，协约国部队的许多坦克丧失了战斗力。大部分坦克都是因故障或卡在壕沟里爬不出来，而非敌炮火下的牺牲品。幸存下来的坦克乘员已筋疲力尽，步兵的状况也好不到哪里去。翌日，协约国仅取得相对微小的战果，同盟国军队的力量则越来越强大，战局亦逐渐趋于稳定。

康布雷的大规模坦克进攻

康布雷的作战行动首次派出大量的坦克进攻。以往，仅有少数坦克于战场上挺进，而且通常都是在不合适的地形上战斗，所以表现不尽人意。大规模坦克进攻的计划并没有引起高层的兴趣，"亲坦克派"的英国指挥官甚至花了相当多的时间与精力来争取上级批准这项作战计划。

虽然阻碍重重，协约国仍集结了近400辆坦克展开进攻。这群笨重的怪物不但操作困难，而且容易发生故障。此外，它的内部极其闷热，引擎排放出的一氧化碳还会慢慢使乘员中毒而窒息。尽管有这些缺陷，坦克还是越过了壕沟，并多少能够抵挡住敌人的轻武器与机枪攻击。

而，康布雷战役中，英军决定让坦克发挥应有的作用，并创造适合它们行进的环境。所以，在进攻康布雷之前，英国省掉了常规大规模炮轰的前奏，因为炮弹造成的坑洞和泥泞会妨碍坦克的挺进。这项措施还有额外的益处，那就是不会让敌人警觉到攻击即将展开。坦克的突袭行动秘密地准备着，当它们于1917年11月20日倾巢而出之际，便达到了出其不意的效果。

遭到奇袭已属不幸，被为数众多的庞然大物镇压更令防卫者无法抵御。德国步兵手上的武器显然抵挡不了，恐怕被这群可怕的怪物所伤害，许多人在坦克进入射程范围前便逃之夭夭，而那些坚守岗位继续奋战的士兵则对这群装甲车无可奈何。

此外，英国的坦克还载着柴捆，扔进敌人的壕沟助坦克越壕。有些坦克则装置铁钩以破坏刺铁丝网，好让步兵们紧跟在坦克后方予以支援。不过在一处进攻区域内，坦克大幅领先步兵持续挺进，这是因为该地区的德军指挥官下令机枪兵躲过装甲车，直接对付英国步兵，所以把他们挡了下来。

然而，在其他进攻区，作战行动取得惊人的战果，坦克突破敌军所有的壕沟，推进到不再设有防御工事的旷野。不过，协约国的问题就在于突袭太成功了，没有人会相信坦克竟能势如破竹地挺进，所以他们没有做好充足准备于取得突破之后继续进攻。况且，由于第三次伊普尔之役的结果，协约国的后备部队已不敷使用。尽管如此，他们还是立刻调派大批的骑兵队支援作战，趁这个绝佳机会穿越敌人的防线，打算给予德国大后方以毁灭性的破坏。可是英军总部的位置实在是太靠后了，致使协约国部队的联络线中断，因此骑兵队无法及时赶来支援，大好机会也就这么溜走了。

德军的反击于11月30日展开，这场攻势如同英国坦克的成群进攻一样具有创新意义。德国并未发动冗长的炮击，重炮部队仅施展短促却密集的轰炸，夹杂着烟幕弹和毒气炮弹。接着，步兵采用渗透战术，而非猛攻整条防线。各个进攻部队绕过主要的防卫阵地，不打算压制他们，却直接向英军防线的弱点挺进。

这样的攻击方式达到了出其不意的效果，尽管先期炮击已透露敌人来袭的征兆。德国的攻势一度让英军陷入困境。在这个紧要关头，英国坦克竟置身于防区之外，多亏步兵的机动反击才扭转颓势，而所有可派的坦克也立刻赶赴前线予以协助。

德军的反攻让英国遭受挫败，在当时，此一事件还比先前的坦克胜利引来更多的关注。但不可否认，只要坦克运用得宜，就能取得极大的成功。协约国部队就是这样才能够在这场大战中首次越过敌人重重的壕沟防线，并见到广阔、无设防的原野。

其他战场的作战

第一次世界大战主要是在欧洲进行，但战火也延烧到了德国的殖民地。德国的境外领地大部分是在非洲，虽然太平洋也有属地，但日本、新西兰和澳大利亚很快就占领了德属殖民地。

在非洲以外的地区，唯有中国沿海的青岛发生了激烈战斗。一支人数远超德军，且配备280毫米榴弹炮的英日联合部队炮轰德国的阵地并发动攻击。防卫的部队在经过一番顽强但没有希望的抵挡之后随即投降。

德国原本以为他们的非洲殖民地不会卷入战争，尤其是依照战前的协议，由欧洲列强瓜分非洲大陆以避免冲突。然而协约国认为有必要掠夺德国的殖民地，于是便派兵踏上非洲。

由于距离遥远且交通不便，德国在喀麦隆（Cameroon）和西南非的领地驻军得以拖延好几个月才被击败，尽管他们除了牵制协约国部队之外，根本没有希望取得任何战果。到了1916年中期，德国在非洲的领土仅剩下现今的坦桑尼亚（Tanzania），

↓德国的轻型巡洋舰"柯尼斯堡"号在受困于东非的鲁菲吉河三角洲之前，进行了一次战斗巡航。企图击沉它的攻击行动包括派出小艇突袭及飞机与地面部队的协同作战

这块所谓的"德属东非"（German East Africa）此时大部分军队已遭孤立。

　　非洲引爆战争的次要因素当中，有一项是德国轻巡型洋舰"柯尼斯堡"号（Konigsberg）的到来。它在进行了几场海上贸易的掠夺后引起了强大的英国海军的注意，并追击该舰直至鲁菲吉河（Rufiji River）一带。"柯尼斯堡"号在那里躲了几个月，迫使英国施展浑身解数来搜索它，直到这艘巡洋舰沉没为止。"柯尼斯堡"号的船员接着加入陆地上的德国部队于该区作战。

　　东非的德军是由保罗·冯·莱托-福尔贝克（Paul von Lettow-Vorbeck）上校指挥，但这支部队的成员大多数是受过训练的非洲土著士兵，即所谓的"阿斯卡里"（Askari）。虽然莱托-福尔贝克麾下只有几百人的兵力，可是他成功阻止从印度而来的英、印部队登陆东非，尽管他们已经在其他地区上岸。莱托-福尔贝克率兵进行游击战，对抗人数众多且强大的敌军。当第一次世界大战即将结束，其他地方的德军纷纷投降之际，他们仍继续奋战。

　　另外，土耳其亦在大战中扮演相对次要的角色。土耳其原本就与德国亲善，并长期和俄国对立，他们于1914年年底加入战争。该国的第一步棋即是向高加索地区挺进，而战列巡洋舰"戈本"号（Goeben）和轻型巡洋舰"布雷斯劳"号（Breslau）亦协同土耳其军队炮轰俄国黑海的港口。这两艘战舰都是德国借予土耳其使用的。

↑保罗·冯·莱托-福尔贝克在东非领导了一场成功的反对英国的游击运动。他的欧洲和非洲步枪兵虽然人数严重不足，但在整个战争中都避免了失败，并向敌人发起了攻击

不过，于严寒的冬天发动攻击，又在不可靠的补给线末端作战，高加索之役很快就成为土耳其部队的梦魇。他们一开始即因冻疮而蒙受伤亡，最后更惨败于俄军手下。

土耳其的参战迫使英国加派兵力巩固他们在该地区附近的据点，此举让中东的局势更加复杂。长久以来，埃及一直为土耳其所有，可是英国人也在那里统治了30年。当英国宣布埃

←协约国部队戏称土耳其的步兵为"土耳其佬"（Johnny Turk），他们是一批强悍、固执且有荣誉感的战士。土耳其军队在加里波利战役中赢得了协约国部队的尊敬

从加里波利撤退

协约国部队从加里波利的撤退行动是经典的杰作，他们能够一边将战线缩小，一边维持正常活动的假象。因此，当土耳其军队知道发生了什么事之前，防卫者已经登船驶离加里波利。这场登陆战虽是设想不周的赌注，但最后的撤退行动仍圆满完成。

另一方面，为了避免土耳其军队进军苏伊士运河的事件重演，英国在埃及部署了大批的兵力，并在唯一可通行的地区即西奈半岛（Sinai Peninsula）修建防御工事。英国的防卫部队击退了敌军于1916年8月所发动的第二次突击，而且决定展开反攻，进军巴勒斯坦。

及为其保护国，并禁止敌国的任何船舶通过苏伊士运河（Suez Canal）时，土耳其人为之震怒，于是便朝运河区发动攻击。土耳其部队在越过西奈沙漠（Sinai Desert）之际被法国的侦察机发现，随后遭到驱离。不过运河区的威胁仍未解除，使得该地的英军受到牵制而无法调派到其他地方作战。土耳其卷入战局还促使协约国产生一个极其愚蠢的想法，即企图强行通过达达尼尔海峡（Dardanelles），抵达俄国的黑海港口，借此向土耳其人施压，好让他们退出第一次世界大战。

海上作战

达达尼尔海峡的海上作战很早便展开，英国与法国海军的主力舰逼近可俯瞰狭窄水道的碉堡之际，即向他们开火，并将

↓ 图中，德国的战列巡洋舰"戈本"号偕同轻型巡洋舰"布雷斯劳"号躲过了敌人的追击，抵达君士坦丁堡。强大战舰的到来有助于说服土耳其加入同盟国的行列，并投入大量的人力参战

其摧毁。然而，由于水雷和炮击所造成的船舰损失过大，海上行动被取消。协约国乃决定由陆路攻打土耳其碉堡的侧翼。

1915年4月25日，一支法国与英国组成的联合部队在海军舰炮的掩护下登陆加里波利半岛（Gallipoli Peninsula）各处。在大部分地区，登陆部队完全没有碰上阻碍，可是另一些部队却在海滩上遭遇相对少数敌军的顽强抵抗。除此之外，虽然协约国部队成功登岸，却仍旧集中在一小块敌人可俯瞰的区域里，当土耳其军的增援赶抵后，他们便遭受了几次攻击。协约国部队取得些许战果之后，就无法再有任何进展，只能一直固守在背靠大海的阵地好几个月。

新一起的包围土耳其阵地侧翼的登陆战同样遭遇激烈的反抗，到了该年底，协约国终于决定撤军。这场战役根本不会成功，反而牵制了兵力无法派往其他地方作战。他们原本期望该

↓协约国部队在加里波利的登陆并不顺利，最初取得的成果也不大。结果，攻击被限制在海面上，没有任何深纵

行动能够吓阻保加利亚参战，并说服希腊和协约国同甘共苦，或为塞尔维亚舒缓压力。不过既然行动已经失败，就不该再牺牲士兵的性命于这场浩大的冒险中。

1917年年初，英军于加沙（Gaza）地区被土耳其部队打退了两次。这群在加里波利之役中展现实力的"土耳其佬"，确实是强悍且富有荣誉感的对手；况且，德国还派部队来予以协助。

巴勒斯坦

与欧洲西线战场相比较，巴勒斯坦的作战情形则大相径庭，中东的军事行动需要长途跋涉来进行，而且不时有飞机和装甲车偕同骑兵队和骑乘骆驼的部队作战。那里经常会有远程攻击或深入敌境的行动发生，甚至还有配备军刀的骑兵相互交锋。

英国与巴勒斯坦地区的部族结盟，这群部族严重扰乱了土耳其军队的活动，他们还参与过1918年的美吉多（Megiddo）战役，不但取得决定性胜利，更占领了大马士革（Damascus）与阿勒颇（Aleppo）。劳伦斯（T. E. Lawrence，1888—1935）和这些非正规但兵力十足的部族军队有深厚的关系，他后来成为阿拉伯的民族英雄，并赢得"阿拉伯的劳伦斯"（Lawrence of Arabia）的美名。

在巴勒斯坦的大败是土耳其于1918年10月寻求停火的最主要原因。不过，或许同样重要的因素是，德国此时已免不了战败。身为大战中德国的重要伙伴，土耳其人认为如果他们在德国被击败之前谈和，也许可以争取较有利的条件。

另一方面，奥匈帝国军队在大战初期被逐出塞尔维亚之后，不断与看似较落后且兵力不强的对手抗衡，却无法取得任何进展。这场僵局一直持续到1915年9月才发生变化，当时保加利亚同意加入同盟国，消灭塞尔维亚。希腊虽然决定维持中立，可是协约国的大批军队仍登陆到萨洛尼卡（Salonika，许多部队是来自加里波利），并向塞尔维亚挺进。此刻，塞尔维亚正遭受多方的猛烈攻击，贝尔格莱德（Belgrade）已经失守，残存的军队不得不撤到他们可以立足的地区继续奋战。不久，塞尔维亚便全面撤军以免遭到击溃。生还者设法越过层层的山岭至阿尔巴尼亚，当该国全境沦陷以后再撤至科孚岛（Corfu）。那些向塞尔维亚推进的协约国部队因为抵达得太晚而未能给予协助，并被迫撤回希腊。

↓在巴勒斯坦和中东，骑乘骆驼的部队进行长途突袭，他们有时还会有飞机和装甲车的支援。在这个区域里，小规模的部队长途跋涉作战，并经常临时充当补给队

1917年年底，俄国退出战局，同盟国部队在意大利取得辉煌的胜利。对抗奥匈帝国的意大利军队十分缓慢地推进，他们在崎岖的阿尔卑斯山上付出高昂的代价，而且这个时候，意大利军队已达到实力的极限。此外，由于受制于陈腐的教条和遭受惨重的伤亡影响，再加上未取得什么战果，意大利军队士气低迷，并渐渐筋疲力尽。

对抗意大利的奥匈帝国部队面临同样的困境，因为意大利人似乎显得不屈不挠，导致他们丧失了赢得下一场战役的信心。奥匈帝国向德国请求协助，后者派来的援军当中包括顶尖

←←"阿拉伯的劳伦斯"是英国政府与阿拉伯部族之间的联系者，他激励阿拉伯人起义对抗土耳其的统治者。这让土耳其部队无法专心对抗该地区的英军

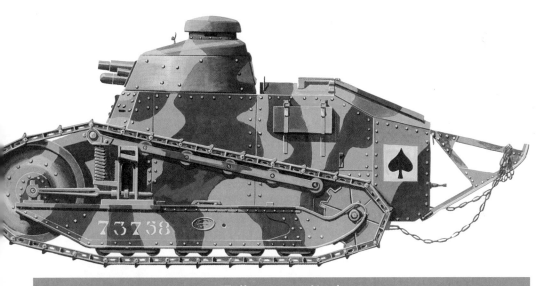

雷诺 FT 17 型坦克

类　　型：坦克	重　　量：约 6500 千克	
乘　　员：2 名	武　　装：1门 37 毫米炮或1挺机枪	
发动装置：1台26000瓦雷诺（Renault）四汽 　　　　　缸汽油引擎	装甲厚度：16毫米	
	尺　　寸：长 5 米，宽1.71 米，高 2.1 米	
最快速度：7.7 千米 / 小时		
最远行程：35.4 千米		

的阿尔卑斯山地部队，还有一位年轻出众的中尉，他就是埃尔温·隆美尔（Erwin Rommel）。于是，一支德、奥联合部队成军，并进入卡波雷托（Caporetto）附近作战。这次行动中，隆美尔展现了勇往直前的冲劲和进取心，在日后身为装甲部队指挥官的军旅生涯里，这样的人格特质成为他最大的特色。隆美尔率领约200人的小型部队攻克一座又一座的山岭，他彻底攻占了几处阵地，而且通常令敌人措手不及。

隆美尔并不是唯一如此行事的德国军官。迅速挺进又具侵略性的作战方式使各批阿尔卑斯山地部队得以占领无法绕过的阵地，并抵达意大利军队的大后方。他们让敌人感到困惑，并发动有力攻势，瓦解反抗力量。意大利惨败的程度几乎使一段防线完全崩溃。

随着意大利军队开始撤退，德国阿尔卑斯山地部队气势汹汹地加以追击。一位当年的普鲁士年轻指挥官讲道："追击残敌时，没有必要派出旅级的部队，营级就可以了！"一群小如连级的单位竟能顺着河谷穷追猛打旅级，甚至是师级的敌军，可见阿尔卑斯山地部队之强势。

意大利军队持续撤退近两个星期后才有办法重整兵力，并建立新防线。他们以各种违反军纪的罪行处死大批士兵，企图恢复士气，但可以想象，这样的方式根本行不通，因此他们又采取较柔性的策略。即便如此，意大利军队在第一次世界大战结束前，未能再有大的作为。

回归运动战

1918年年初，战局有了变化。英国和法国部署了越来越多的坦克，尽管就现代标准而言，这批武器仍未成熟，但它们还

← 隆美尔于第一次世界大战期间就已声名鹊起。隆美尔充满干劲且有优秀的领导能力，他获得上级的赏识，并迅速升迁。隆美尔也就此成为指挥装甲部队的不二人选

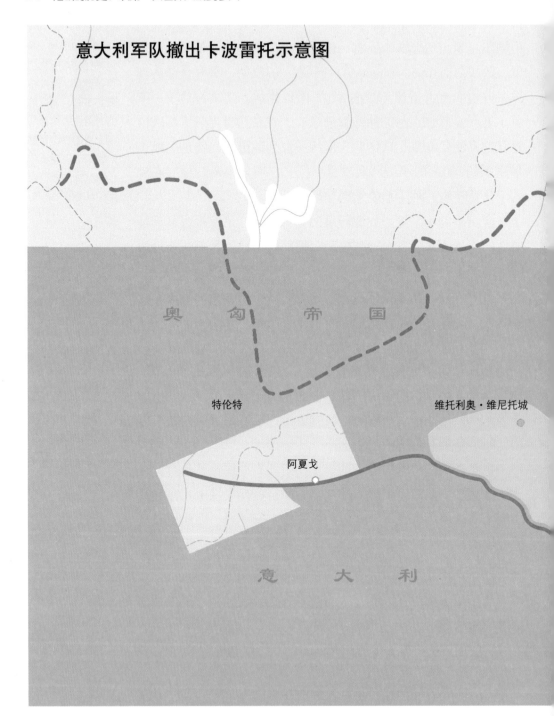

意大利军队撤出卡波雷托示意图

奥 匈 帝 国

特伦特

维托利奥·维尼托城

阿夏戈

意 大 利

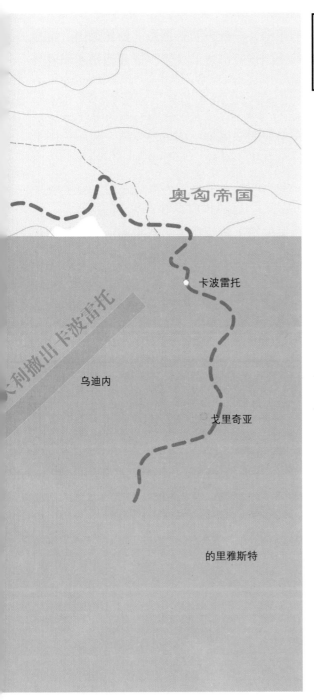

▬▬▬▬	卡波雷托战役后的意大利防线
▬ ▬ ▬	1918 年 11 月的停战线

奥匈帝国

卡波雷托

意大利撤出卡波雷托

乌迪内

戈里奇亚

的里雅斯特

←经过多年艰苦的行军，意大利部队越过崎岖的层层山岭，却仍在卡波雷托遭受大败。他们在得以重建防线之前，迅速被击退

是能够突进到敌人的壕沟，并摧毁防御据点。虽然德国人也在开发坦克及发展步兵协同坦克挺进的战术，以便取得相同的战果，成效却十分有限。

由于意大利不再构成威胁，而塞尔维亚全境遭到侵占，俄国更是因国内爆发革命而退出第一次世界大战；对同盟国来说，局势的发展或许没有那么糟糕，尽管奥匈帝国的存亡依旧充满变数。此时可以确定的是，从罗马尼亚虏获的资源能够维持同盟国部队继续作战，并让他们的工厂生产更多的武器。

然而，德国对英国的海上封锁产生了严重的后果。封锁行动的负面影响乃是德国采取无限制潜艇战所造成。这套策略在

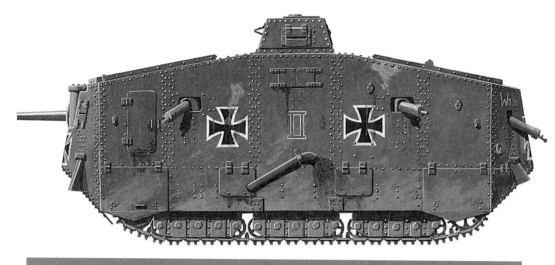

德国A7V 型突击装甲车

类　　型：坦克	最远行程：40.2 千米
乘　　员：最多18 名	重　　量：约30480 千克
发动装置：两台戴姆勒-奔驰（Daimler- 　　　　　Benz）4汽缸汽油引擎，每具输出 　　　　　功率74500 瓦	武　　装：1门 57 毫米炮、6挺或7挺 7.92 毫 　　　　　米机枪
	装甲厚度：最厚 30 毫米
最快速度：12.8 千米 / 小时	尺　　寸：长 8 米，宽 3.05 米，高 3.3 米

1915年便实行过，而且德国人发现它比传统的商船劫掠方式更加有效，因为目标在遭受攻击前无法获悉警讯。1917年，德国潜艇再次施展无限制潜艇战的策略，尽管美国警告这将使他们卷入战争。

美国参战之际，他们仅有一小支正规的联邦军队可用，但各州的国民警卫队（National Guard）能够予以支援。美国所能召集的军队——陆军一个师，海军陆战队两个旅——尽速被派往法国，其庞大的工业力量亦投入来支撑这场战争。不过，要建立一支可影响战局的武力仍需要一段时间。

许多德军指挥官相信，美国越过潜艇的封锁无法运送大量的部队。然而，这群没有经验的部队是从一个尚未厌战的国家而来，他们的登场是促使战争早日结束的关键，对协约国来说非常有利。

虽然兵力短缺给德国造成严重的困扰，但俄国政府的垮台缓解了他们的部分压力——让50个师得以调至西线作战。不过，如何运用这批部队又成了问题。另一方面，德国虽也在组建坦克部队，可是他们的坦克，即A7V型突击装甲战车（A7V Sturm-panzerwagen）是比英国的 I 型坦克还要笨重且不可靠的庞然大物，更容易被击中。此外，这批坦克的制造速度过于缓

潜艇作战的失败

德国潜艇的海上封锁作战十分有效率，英国也确实面临物资断源而被迫投降的危险。不过当美国的船舶遭潜艇攻击之后，华盛顿当局不得不向德国宣战。事实上，美国早有参战的打算，因为德国企图怂恿墨西哥加入同盟国，并承诺协助他们夺取得克萨斯州（Texas）和新墨西哥州（New Mexico）。

慢，在美军参战打破兵力平衡之前，一直未能生产出足够的数量投入作战。尽管德军也虏获了不少英国坦克，但数量根本不足以发动大规模的坦克攻势。

↓第一次世界大战末期，德国步兵配备了火焰喷射器、轻机枪和步枪。图中这群士兵极有可能是"暴风突击队"，他们是德国步兵中的精英，训练并引导其他部队以新的渗透战术发动突袭，而非直捣敌军固若金汤的防御阵地

渗透战术

没办法，德国再次回归步兵进攻。不过，他们利用渗透战术作战，这套战术先前已证明十分有用。德军并不攻打敌人固若金汤的阵地而是试图进行广泛的渗透。每一个步兵单位以小组的方式，于各掩护阵地之间迅速挺进，并绕过防御中心。他们希望通过深入敌军的防线来侵蚀并瓦解防卫者的抵抗。

为了能让此项任务顺利进行，德军"暴风突击队"（Stormtrooper）配发了一系列的武器，包括火焰喷射器、冲锋枪和轻机枪。他们在大批重炮的掩护下挺进，重火炮所产生的

威慑力甚至可以延续数个小时。这种作战构想是以高爆弹和毒气弹向防卫者进行密集的轰炸，并趁他们惊慌失措之际展开突击，而相对短暂的炮轰还会让敌人无暇从后方调来支援部队反制德国步兵的攻击。

1917年年底，德国参谋本部决定善加运用这群精英部队，希望可以获得最后的胜利。有些将领打算横扫法国，迫使他们退出大战，但最后参谋本部决定派大批突击队对抗英军。其中一个原因是，英国被视作对抗同盟国的中坚，打败英军即可逼迫其他协约国就范。另一个因素则是英军的部署状况可以让德国较容易发挥渗透战术。

在第一次世界大战中，协约国部队越是向前推进，防线便越有弹性。他们最前线的阵地仅有相对少数的兵力驻守，后备部队则留在大后方以随时反制敌人的攻击。然而，英军仍在使用"硬壳防御"（hard crust）策略，即试图固守前线所有的防御据点。这导致他们只有少量的后备部队可以调派，所以敌人成功突破后的应对能力必然降低。

"米歇尔行动"

德军命名为"米歇尔行动"（Operation Michael）的作战于1918年3月10日展开，他们还同时向凡尔登、理姆斯（Rheims）和香槟地区发动牵制性的炮击。众所周知，炮轰是发动攻击的前兆，它可作为牵制手段，重炮的轰炸将会把敌人的注意力吸引到那些地区。

3月21日，德国步兵在四个小时的炮轰后开始进攻。德军重炮的轰击接着转为"徐进弹幕"，掩护由38个主攻师和28个掩护师组成的进攻部队。部署已相当稀疏的英军遭受猛烈的打

击后陷入混乱，他们的联络线亦遭切断。

"暴风突击队"战术取得了重大战果，许多防御据点被德军绕过，被孤立起来，并遭消灭。防卫者四处就地抵抗，连火炮班组也加入战斗，但由于缺乏紧密配合的防卫，英国的防线遭到切割，最后崩溃。

德军突破英国的防线后，开始向南、北呈扇形散开，企图分割协约国部队，迫使他们撤退。此刻，英军最关心的是位于英吉利海峡南岸的港口以及与英国本土之间的补给线，而法军则担忧巴黎会遭到攻占。这些考量引导着后备部队的部署，并阻止了德军一次协调出色的进攻。在某些地区，英军和法军的反攻，尽管欠缺组织但表现优异；可是其他地方，挺进的德国部队几乎可以为所欲为。然而，事实上，德军已超出他们的补给范围，不得不劫掠补给品，士兵亦疲惫不堪，根本无法继续前进。有资料显示，当德国部队进入城镇发现储藏酒和食物的仓库时，军纪甚至

←图为1918 年，一批德国步兵在"米歇尔行动"中向前冲锋。新的战术让德军在消耗殆尽之前得以有所突破，但是敌人越来越坚强的反抗，使这场攻势停滞下来

荡然无存。

　　这个时候，美军首次登场作战，他们虽是一群没有实战经验的菜鸟士兵，却能成功阻止德军向亚眠（Amiens）的挺进。这一成就尤其显著，因为他们许多还是未完成整编的基层部队，包括补给和工兵特遣队。正是这批士兵参与了大部分的战斗并赢得胜利。

　　德军虽如脱缰野马，远远推进到敌境深处，最后却遭到敌人零碎但坚强的抵抗而筋疲力尽。"米歇尔行动"突破到协约国部队的大后方，并造成严重的破坏，可是德军同样付出高昂的代价。在拼尽全力之后，德国的兵力已经消耗殆尽，而且人力极其短缺。即便如此，他们仍然数度重启攻势，而协约国的回应则是发动大规模的反攻。

↓图为"米歇尔行动"后期协约国防线后方的一批伤患。虽然德军的攻势造成协约国部队伤亡惨重，但由于美军投入战场，所以并未对战局产生严重影响

统一指挥

　　协约国部队从"米歇尔行动"的重创中恢复元气后，有了

很大的改变。最值得注意的是，他们终于建立了统一指挥的体系，由法国的福煦（Foch）元帅担任总司令。这让协约国部队能更有组织地应对德军重启的攻击，虽然他们最需要统一指挥体系的时机已经过去。

5月，德军再次展开攻势，这次他们的目标是"贵妇小径"（Chemin des Dames）。这一任务困难重重，必须越过沼泽地和水道障碍。要完成这项任务的唯一机会是发动奇袭，所以德军极其谨慎地集结部队准备进攻。他们精心策划，隐藏兵力，尽管有民众向协约国提供情报，但德军的攻击还是达到了出其不意的效果。

"贵妇小径"没有重兵驻防，那里是用来让新兵获得作战经验以及救护伤患的地方。在其端点采用缺乏弹性的硬壳防御形式，而且附近仅有少数的后备部队可调来支援。结果，先期的炮轰便造成防卫者惨重的伤亡，防线亦被炸出了一道宽阔的缺口。

德国步兵于1918年5月27日展开进攻，并取得辉煌的胜利。他们不但占领"贵妇小径"，还完好无损地拿下埃纳河上数座桥梁，一直突进到协约国部队的大后方。许多协约国作战

德军的最后一搏

"米歇尔行动"虽在1918年4月5日告一段落，可是德军的攻势并没有因此结束。他们把主轴转向北方，于伊普尔附近展开新一波的攻击，并且伴随着强而有力的炮轰。英军承受十分沉重的压力，但此刻掌握总兵权的福煦元帅拒绝加派援军。他的决策是正确的，德军的攻势在4月底便停滞下来。另外，德国坦克虽参与这场作战，却证明无力对抗协约国的坦克。

→图中炮管这么长的列车炮需要有如吊桥般的设计来支撑，利用钢索防止炮管下垂。这类火炮射击几发之后，炮管很快就会因膛压过高而磨损报废

部队因此瓦解，巴黎亦再次受到威胁，态势和1914年的危机相仿。于是，如同第一次马恩河之役一样，民用车辆迅速运载协约国部队赶赴战场，而且这一次运送的部队中还包括美国军队。

美国第一个投入作战的师级单位完全没有实战经验，可是他们却拖住了敌人，使其蒙受惨重的伤亡而停滞不前。更多的协约国部队赶来，进攻者也在这场战役中首度败退。很快地，德军高层便下令停止前进。

不过德国再次转移了主攻的方向，他们退回"米歇尔行动"期间所形成的突出部另一侧，继续威胁巴黎。一开始，德军进展顺利，但此时，美军也开始发挥他们的真正实力了。美国的士兵精力充沛——即使没有经验也是抵挡德军挺进的利器，他们在整个6月份和7月初的战斗中扮演了越来越重要的角色。

法国霍奇基斯Mk I型机枪（Hotchkiss Mk I）

类 型：机枪		循环射速：500 发/分钟	
作战重量：11.7 千克		弹 匣：30 发金属弹板	
枪口初速：740 米 / 秒		口 径：8 毫米	
最大射程：3800 米		枪 长：119 厘米	

与此同时，巴黎遭到一种巨型列车炮的炮轰（事实上是接连推出的三款超级远程火炮），市民伤亡无数，可是德国并没有取得重要的战略成果。德军直接向法国首都发动的最后一次攻击于7月15日展开，这是德国取得胜利的最后一次机会，却被等候的法军和大批美国支援部队击退。

不过战斗尚未结束。协约国部队虽然全力攻打德军的新防线，但敌人依旧坚守阵地。另一方面，协约国正着手计划于1919年再发动大规模的坦克攻击。许多观察家认为战争至少还要持续一年，这并不代表协约国就可以放弃尽早结束这场大战的机会。

德军的防线上有三处巨大的突出部，他们成为协约国进攻行动最明显的目标，而且攻下这三块突出部，协约国亦能夺回近来德军所占领的铁道线。美军的人力和大批的坦克（它们是先前 I 型坦克大幅改良的设计），加上增援的到来使得部队士气大振，这对提升协约国新一波攻击的气势有很大的帮助。

协约国部队于1918年7月18日展开进攻，并取得相当大的战果。尽管德军顽强抵抗，他们仍然被击退且愈加远离巴黎。该城遭入侵或巴黎炮（Paris Gun）炮轰的威胁皆宣告解除。协约国首先攻进埃纳河–马恩河一带的突出部，接着亚眠的突出部亦被拿下。亚眠突出部的攻击行动依靠坦克进攻，而且未依惯例发动先期的炮轰，致使敌人措手不及。这套战术十分管用，协约国部队也因此挺进了14.5千米。

第三块突出部位于圣米歇尔（Saint Mihiel）附近，那里自1914年以来就一直为德军所把持。攻打这块突出部的战役期间，远道而来的美军首次能在美国人的指挥下主导作战，而非只作为混合部队的一部分，听命于欧洲军官。尽管攻击准备秘密地进行，但防卫者知道将会有大军压境，随即开始撤退。

然而，德国的撤军行动尚未完成，美军即展开攻击。大批部队遭到迅雷不及掩耳的夹攻，突出部被切断，里面的德军成了瓮中之鳖。美国人的智慧是此次作战成功的主要因素之一，他们提供一些有用的建议，克服敌人的防御障碍。例如把细铁丝网抛过敌军的刺铁丝网将其拉倒；其他地方还使用爆破筒（亦称"班加罗尔"鱼雷）（Bangalore Torpedo），即用一种塞满炸药的空竿子炸掉纠缠在一起的带刺铁丝网。

此时，德军的指挥官，尤其是鲁登道夫元帅已认定德国必将战败，他们也认识到，和平条约不太可能会有所宽待。反观

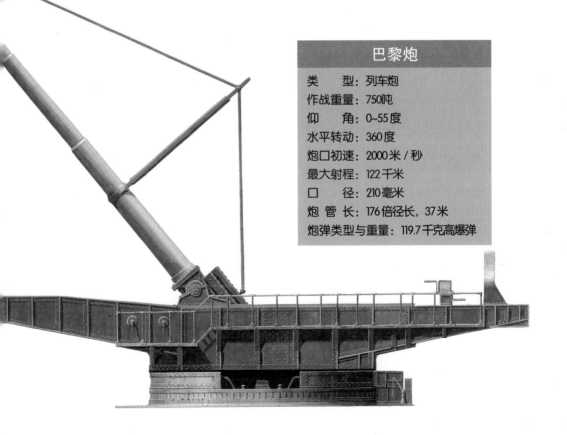

巴黎炮

类　　型：	列车炮
作战重量：	750吨
仰　　角：	0~55度
水平转动：	360度
炮口初速：	2000米／秒
最大射程：	122千米
口　　径：	210毫米
炮 管 长：	176倍径长，37米
炮弹类型与重量：	119.7千克高爆弹

→→凡尔赛和约的签约国代表于举行会议的火车厢外留影。和约的条件十分苛刻，它将使德国成为资源窘困的国家。可是不接受的话，德国的港口将会遭到海上封锁。贸易的绞杀将使德国的经济完全崩溃

协约国，他们知道不出几个星期就可结束战争，所以也加紧准备最后的9月攻势，其目标是默兹—阿尔贡（Argonne）地区。

协约国以钳形攻势展开作战，英军与法军从北方进攻，而一支美法联合部队则由南进攻。如同大战期间的许多行动一样，敌方铁道线成为这次作战的主要目标之一。一场成功的攻击不只要突破敌人的阵地，更要切断他们的铁道线，使其任何后备部队都无法赶来支援。

德军建构了数座固若金汤的阵地，并尽可能利用高地和森林的防御优势。然而各个单位的兵力严重不足且士气低落。何况，由于协约国部队亦同步攻击其他的防区，所以不太可能会有援军来协助他们。

协约国的最后攻势是于1918年9月26日展开的，而同一天，保加利亚要求停火。在短暂的炮轰之后，部队旋即挺进，他们取得惊人的战果，直到10月1日局势一度稳定下来才停止前进。几天后，协约国再度发动攻势，可是直至10月31日他们才清除阿尔贡森林的阻碍。虽然美军缺乏实战经验，但在森林中作战中十分有效率，无论是狙击手或近距离突击都表现得很出色。美国人在那里还使用枪管锯短的霰弹枪作战，而德国人则提出抗议，认为这太不人道。

战后的混乱

第一次世界大战结束之际，整个欧洲尤其是德国的国内态势非常危急。而德国物资窘困的处境又因英国皇家海军（Royal Navy）封锁其港口而更加恶化，大批陆军和海军士兵甚至走上街头加入群众的叛乱。另外，先前于战场上厮杀的斗士正试图取得某种平静的时候，横跨欧洲的流行性感冒又夺走了数以百万人计的性命。

结束

此时，德军除了全面撤退之外，别无他法。在撤军行动中，后卫部队持续战斗，于是这场大战又再次回归到运动战，只是这是最后一局了。10月30日，土耳其求和；奥匈帝国也因成员国宣布独立而瓦解。匈牙利在11月1日脱离奥匈帝国的掌控，两国亦于3日向协约国投降。11月11日，德国终于崩溃，他们同意签署一项停火协议，但最后的和平条约十分苛刻。

战胜国强迫德国人接受"凡尔赛和约"（Treaty of Versailles），他们用严格的封锁政策迫使德国代表签下和约。巨额的战争赔款、限制军队规模和其他严厉的条件都强加在德

↓ 在"凡尔赛和约"中，协约国采取了弱化德国的政策，希望使其持续衰弱，以免战争再度爆发。如果战胜国积极维护"凡尔赛和约"的话，他们或许可以达到目的

国人身上。战胜国的目的是要让德国不再能威胁欧洲的安全。
如果这些条款都能严格执行，他们或许可以达到目的。然而，
第一次世界大战后仍有许多问题必须处理，当各国的注意力转
向其他地方的时候，德国又乘机崛起。因此，"凡尔赛和约"
并没有让德国一蹶不振，反而成为德国极端主义者号召群众的
借口，为日后发动的战争铺路。

↓第一次世界大战
即将结束之际，全
欧洲爆发了一场流
行性感冒，造成上
百万人死亡。救济
对策又因为各国需
要投入全部的资源
作战而受阻

3

"二十年休战"：
1919至1939年

第一次世界大战对于所有卷入的国家来说是巨大的创伤。关于这个"迷失的一代"已有许多著述评论过。然而，战争造成的问题并非只有无数的伤亡而已。不少士兵返乡之后，尽管生理上没有大碍，但整个人已经变得不一样了。此外，对伤患和残疾者的照料又是一笔庞大的开销。

←←1936年的一场反政府暴动导致西班牙爆发内战。图中，西班牙"长枪党"（Falangist）的队员正在西班牙北部伊鲁恩（Irun）搜索藏匿敌对人员的民宅

第一次世界大战末期,全欧洲爆发的流行性感冒夺走了数百万人的性命，各国经济的重建也受到影响。种种因素皆导致人们普遍认为，世界不应该再有另一场大战爆发，没有人还能够承受得起战争的进攻。这样的观点长期影响着一些国家的军事思维，直到又一场风暴来临。

重新武装

就某些方面来说，德国在被迫执行非武装化的过程中，实际上获益匪浅。第一次世界大战结束之后，其他国家都储存着战争时期各项军备计划下的庞大"遗产"。此外，由于研发武器缺乏经费，那些理应淘汰的各式装备便仍继续长期留在军中服役。而且，维护这些武器又得花费一大笔的资金。所以，各国没有什么动力去设计新的武器或是改进操作规范，尤其是陆战装备；也没有必要去发展新的作战准则或战术。

这种情况导致英国与法国的坦克发展荒废了好几年，而苏联直到20世纪20年代才开始组建坦克部队。而且，当时推出的新式坦克只不过是第一次世界大战坦克的衍生型，并非新一代的设计。

反观德国，他们不但树立了装甲部队的运作典范，还制造出可用于实战的车辆，这或多或少违反了禁令。具有讽刺意味的是，英国坦克拥护者的构想是被德国人发扬光大的。

　　战间期的军事新发展不仅是装甲部队的建立，一些国家也开始进行空降部队和飞机近距离支援的试验。日后，地面部队势必得配备防空武器。

　　不过，当时的另一项发展似乎是在反其道而行之。尽管第一次世界大战中要塞的表现普遍不尽人意，但还是有一些国家继续构筑新的要塞及更大的堡垒巨炮。法国人打造了"马其诺防线"（Maginot Line），而德国人也修筑"齐格菲防线"

"九五"式坦克

类　　型：轻型坦克

成　　员：4名

发动装置：1台三菱 NVD 6120 型六汽缸气冷式柴油引擎，输出功率 89000 瓦

装甲厚度：6~14 毫米

重　　量：7400 千克

最远行程：250 千米

武　　装：1门 37 毫米炮，2挺 7.7 毫米机枪

性　　能：最快平地速度 45 千米 / 小时，涉水能力 1 米，跨越垂直障碍能力 0.8 米，越壕能力 2 米

尺　　寸：长 4.38 米，宽 2.057 米，高 2.184 米

（Siegfried Line）来抗衡，这些防御带守卫着德、法的边界。

虽然许多国家都强调进攻性的军事策略，但他们仍继续建造堡垒或强化其他的防御工事。或许，整个欧洲大陆上所修建的要塞是安全的保障。没有人希望战争再度爆发，坚固的要塞或可以防范他国的野心。不过，最后证明这只是空中楼阁而已。

坦克战

另一方面，日本数个世纪的锁国政策结束之后，已跃上国际舞台，他们需要建立一支强大的现代化陆军和海军，以及相对应的航空部队。日本工业的突飞猛进产生了庞大的资源需求，然而该国本土的资源十分贫乏，这导致他们采取了侵略性的政策。

在20世纪30年代初期，政治动荡不安却拥有庞大资源的中国遂成为日本觊觎的对象。中国各地军阀的装备落后，而且没有重型火炮，就连日本最轻型的坦克也难以招架。

日本的坦克确实很轻巧，大部分更适合称作"豆坦克"（Tankette），它们在对抗一支配备反坦克炮的部队时根本没有什么作战价值。然而由于中国军队缺乏反坦克炮，这些既小又轻的装甲车（有时甚至只装配一挺机枪）还是可以成为战场上大有潜力的武器。

←1938年10月，当日本海军陆战队进驻遭占领的中国汉口之际，一群来自意大利参访军舰上的水兵组成仪仗队，列队欢迎他们。这支意大利护卫队是由于数天前两名日本警察被杀而临时组成的

1931年至1937年间，中国和日本之间发生了一连串的冲突事件，虽然这些事件在演变为战争前便平息下来，但日本人正逐步地蚕食中国。最后，中日两国的大规模战争于1937年爆发。尽管就欧洲的标准而言，日军非常软弱，但中国仍抵挡不住日本机械化部队的挺进。很快地，北平遭到占领，日军迅速推向北方。这也导致日本与苏联在1938年发生边界冲突，称为"张鼓峰事件"（Changkufeng Incident）。日军的坦克担任先锋发动攻击，可是其他的部队却遭遇苏联装甲部队的反攻。

数年后，这种坦克战在欧洲变成司空见惯的事，但在当时，还是非常新颖的作战形态。一年之后，即1939年，另一起意外又导致了日苏间的大规模冲突。苏联指派格奥尔基·朱可夫（Geogy Zhukov）将军到该地区指挥军队，而日本经过了一段时期的兵力集结之后，即发动传统的夹攻。于是，一场短暂而又激烈的局部冲突就此爆发。

"九六"式机枪

类　　型：轻机枪		弹　　匣：30 发弹匣	
重　　量：9.07 千克		口　　径：6.5 毫米	
枪口初速：730 米 / 秒		全　　长：1054 毫米	
循环射速：每分钟 550 发		枪 管 长：552 毫米	

在这场被称作哈勒欣河战役（Battle of Khalkhyn Gol）^①的行动中，日军取得了初步的胜利，而且他们一度有可能完全包围并歼灭大批的苏联部队。然而朱可夫利用坦克反击，不等待步兵的支援，最后击退了日军。

一般说来，德国装甲部队的将领被视为是发展快速机动的坦克战的先驱。但此刻，苏联的指挥官朱可夫将军率先向世人

① 即诺门坎战役。——译者注

↑朱可夫后来成为苏联的英雄。他于哈勒欣河战役期间运用的装甲战术在当时算是相当先进的。尽管朱可夫的军事才能被埋没了一段时期，但他最终还是取得苏联红军的最高指挥权，率兵挺进柏林

展示了典型的装甲突破作战。朱可夫在击退另一波的日军攻势之后，便发动反攻。不过为了达到目的，他还得克服严重的后勤问题。

在中央防区，苏军向敌人的防线挺进，并"吸引"他们的注意力，然后派坦克部队从侧翼进行夹攻，包围日军一整个师团，再施予空中和火炮的轰炸削弱其兵力。日本人遭受惨败，他们同意与苏联谈和，并在1939年9月15日签下停战协定。这确保了苏联东部的安全，让他们得以参与几天后进攻波兰的行动，而日本也继续征服中国的计划，并把注意力转向东南亚。

尽管参与1938—1939年远东作战的苏联坦克性能不佳，但仍比他们的对手强得多。日本坦克仅适合用来对付未大量配备火炮的步兵。事实上，日本陆军告知坦克设计部门，指挥官对他们的轻型装甲车或"豆坦克"非常满意，这些车辆对付中国军队的表现甚佳，

←图为两名苏联士兵在赢得哈勒欣河战役胜利后相互道贺。苏联部队击溃了日军，并虏获不少战俘和火炮。旗帜上的标语写着："来自士兵的女友，1939年。"

所以没有必要研发重一点的坦克。这就是为何日本在第二次世界大战末期才引进中型坦克的原因之一。

西班牙内战

西班牙内战的爆发是源自1936年中期的一场反政府暴动，而且战斗一直持续到1939年4月。当时，不少国家都卷入其中，支援某一方或是和另一方作战。西班牙的民族主义者有葡萄牙的支持，法西斯政权则有意大利和德国在背后撑腰，而共和派亦获得苏联和墨西哥的协助。另外，来自不同国家的团体与个人也加入符合他们政治理念的一方而战。

德国和意大利都把西班牙内战当成他们部队和作战准则的试验场。或许有7.5万名意大利士兵和2万名德军陆续投入西班牙作战。这两个国家都派出了装甲部队，德国的分遣队大部分配备I型坦克（PanzerKampfwagen, PzKpfw I），这款轻型装甲车从未被当作战斗车辆使用，它只是为了让坦克手取得作战经验和训练部队的过渡时期产物，更强大的设计还在研发当中。

I型坦克在与步兵的对抗中非常有效率，它机动性高，能够抵挡轻兵器的火力，还配备两挺机枪，是很有用的小型战斗车辆，但无法匹敌苏联提供给对手的BT-5型坦克。这款苏制坦克装载一门45毫米炮，能够轻易击毁I型坦克，而I型坦克的机枪对它的装甲根本无可奈何。

德国I型坦克

类　　型：轻型坦克	武　　装：2挺 7.92 毫米G13 型机枪
乘　　员：2名	性　　能：最快平地速度 37 千米 / 小时，
发动装置：1台克虏伯（Krupp）M305 型汽	涉水能力 0.85 米，跨越垂直障
油引擎，输出功率 45000 瓦	碍能力 0.42 米，越壕能力 1.75
装甲厚度：6~13 毫米	米
重　　量：5500 千克	尺　　寸：长 4.02 米，宽 2.06 米，高 1.72 米

同样地，意大利派出的大批"豆坦克"也让他们的军队获得了作战经验，而且在一些情况下也证明十分管用。然而整体来看，西班牙内战显示了这群轻型装甲车在现代化战争中是多么欠缺效率，尤其是对抗真正坦克的时候。

渐渐地，西班牙民族主义者掌握了越来越多地区的控制权，而他们的领袖弗朗西斯科·佛朗哥（Francisco Franco）将军也获得英、法的承认，成为西班牙的合法统治者。内战一直持续到1939年3月底，此时佛朗哥攻下首都马德里（Madrid）和瓦伦西亚（Valencia），或多或少地终结了共和派的权力。

←佛朗哥将军在西班牙内战之后成为国家的领导者。或许可以说是他发动政变进而激起内战，但在一个大环境不稳定的局势下，冲突是难以避免的

第二次世界大战：
1939至1945年

第二次世界大战波及的范围比第一次世界大战更广，西欧、斯堪的那维亚，还有非洲及远东都爆发了大规模的战争。而且，这些不同的战区都具有不同形态的作战特色。

←←1939 年，德军的机械化运输车辆尚未普遍，但也可以配备到许多部队。机械化部队比传统的步兵或骑兵机动性更强

在西欧和东线战场，大规模的传统战斗是普遍的作战典范，进攻行动一般是由装甲师来担任先锋。而在北非沙漠，指挥官们发现，即便是仅配备少数坦克的敌军，步兵亦无力与之抗衡，除非他们也有装甲部队的支援。另外，这些战区还十分流行大规模的多军种联合作战。

然而，这样的作战方式在其他地方几乎难以实行，如远东的丛林。虽然太平洋的跳岛攻势和缅甸战役中，坦克亦派上用场，但它们大部分都是轻型坦克，用来支援步兵作战而非作为决定性的兵种。在丛林密布的地形中，步兵才是主力。

作战的形态还不只如此。我们不可全然漠视轰炸机的战略轰炸和海军所做的贡献，这对支撑战争的后勤和工业体系都有深远的影响，甚至是决胜的关键因素。另外，从菲律宾到挪威占领区的游击队与反抗斗士亦扰乱了敌人的活动，并牵制住大批的部队。就个别案例而论，这些团体或个人尽管无足轻重，但他们进行的破坏活动还是可以耗尽敌方的资源，有时对盟军的胜利甚至有极大的贡献。

→→图为一批德军步兵迅速向下一座掩护阵地挺进。虽然德国人花了很大的精力去建设装甲师，但步兵仍是陆军的主力。德军步兵在第二次世界大战初期扮演了十分关键的角色

入侵波兰

第二次世界大战爆发之前，纳粹德国就已取得重要的战果。他们不但成功并吞奥地利，获得更多的人力和工业产出，还不费一枪一弹地兼并了不少土地。

德国的下一个目标是波兰，他们已和苏联达成秘密协议瓜分这个国家，并保证攻击展开之际，两强不会发生冲突。德国以精心策划的一些意外事件为借口，向波兰发动入侵。

事实上，入侵波兰的行动并非典型的"闪击战"（Blitzkrieg）。这个术语在当时还未创造出来，而且无论从什么角度来看，这场行动仍是十分传统且极其谨慎的作战。当战争开打的时候，波兰军队尚在动员，虽然他们实际上一开始就没有机会赢得这场战役。不过，波兰的作战表现还是比人们预期的

德国Ⅲ型坦克

类　　型：轻中型坦克	武　　装：M 型（Ausf. M）配备1门 75 毫米口径、24倍径长火炮，1挺 7.92 毫米机枪
乘　　员：5 名	
发动装置：1台迈巴赫（Maybach）HL 120 TRM 型12汽缸汽油引擎，输出功率22.4千瓦	性　　能：最快平地速度 40 千米 / 小时，涉水能力 0.8 米，跨越垂直障碍能力 0.6 米，越壕能力 2.59 米
装甲厚度：30 毫米	
重　　量：22300 千克	尺　　寸：长 6.41 米，宽 2.95 米，高 2.5 米
最远行程：175 千米	

波兰之役的"非闪击战"

1939年9月1日展开的波兰战役中，德军共部署了6个装甲师，可是他们在攻进敌人的后方之后，就未能取得进一步的突破。德国装甲师接着采用传统的战术，利用坦克作为先锋或迂回包围敌军的侧翼。于是，波兰的阵地相继遭到攻克，防卫者也被迫撤退。

出色。

波兰绵长的边界使其无力防范优势兵力的入侵，但除了拼一下之外，他们亦别无选择。波兰拥有一些装甲部队可用，但大部分部队配备的都是小型坦克，他们最重的装甲车设计还是出自英国的轻型坦克。然而，这批部队依然力抗德军的装甲师，并给他们造成惨重的损失。

波兰军队的实力并非如外界想象得远比德军逊色。大部分开进波兰的德军坦克皆为只配备两挺机枪的I型坦克，而波兰军队拥有的许多小型坦克所装载的20毫米火炮足以摧毁他们。

然而，德军坦克的数量十分庞大，还包括配备一门20毫米炮的II型坦克，以及一些更强大的III型与IV型坦克作为火力支援。这批坦克能够承受住猛烈的炮火，并可扫除敌人大部分的反抗。更重要的是，德国具有创新且经过实践的坦克战术，还有各军种的联合作战。此外，德国空军已反复操练过近距离支援装甲部队的战术，这让德国的坦克大军有完善的空中支援，最终能击溃波兰军队。

1939年9月17日，苏联向波兰宣战，并挥军挺进该国境内，波兰能够幸存的最后一丝希望顿时灰飞烟灭。波兰军队已遭受多方攻击，根本无力招架苏联的猛攻，更不可能建立新一

道防线。某些地区坚守了一段时间，一部分的波兰部队也得以逃脱，加入了盟军的行列。不过，10月初，波兰已形同战败。

由于波兰和英法签订了军事互助条约，所以英国与法国对于德军的入侵事件必须有所回应，他们因此向德国宣战。然而英法无法及时做出任何应变措施，在这场战役中他们没有什么作为。法国和挪威忙于进行防御准备，英国也考虑到本土遭侵略的可能性而加以备战。第二次世界大战爆发之际，其他国家的反应一开始显得有些冷淡，所以有人形容这段时期为"假战争"（Phony War）。

冬季战争

苏联趁德军入侵波兰的时机强行侵夺波兰领土遭到国际舆论的谴责；接着，苏联又发动"冬季战争"（Winter War），企图征服芬兰，使他们遭到更严厉的批评。冬季战争的起因乃是苏联向芬兰提出一连串的领土要求，却遭芬兰政府的拒绝。于是，苏联便精心制造了一场边界事故，进而引爆冲突。

苏联在1939年11月底发动入侵。苏军先向介于芬兰湾（Gulf of Finland）与拉多加湖（Lake Ladoga）间的地峡进兵，其他部队亦朝芬兰领土挺进。

芬兰部队的装备极为拙劣，尤其欠缺反坦克武器。他们临时制作了几款武器应急，但性能糟糕无比。即使大部分的苏联坦克都是不佳或过时的设

←虽然半履带装甲车是第二次世界大战时期机械化作战的象征，但德军更广泛地使用全轮式卡车，以及可以通过改装转换为半履带车的卡车

芬兰式的游击战

尽管芬兰部队在数量上与装备上无法和苏联匹敌，但他们还是能在极地森林里得心应手地进行游击战。极地森林为该战区的特色，芬兰非正规军身穿白色伪装服，而且拥有丰富的实战经验，他们组成小队作战，于乡间地区滑雪迅速机动，随机攻击目标。芬兰部队偏爱的战术为悄悄地潜入敌方的野战伙房营地，并在溜走之前狙杀敌人。

计，有些甚至是多炮塔的笨重产物，但芬兰军队还是难以抵挡住他们。

然而，芬兰有一套策略，即利用俗称"莫洛托夫鸡尾酒"（Molotov Cocktail）的汽油弹，这需要士兵冒相当大的危险去接近敌方坦克。"莫洛托夫鸡尾酒"是一种临时做成的武器，混合汽油和燃油装在易碎的玻璃瓶里，然后塞进破布充当引信。芬兰士兵拿着它砸向苏联坦克，坦克很快就会起火烧毁。苏联亦因此蒙受不小损失。

苏联部队遭到出乎意料的打击而士气低落，他们甚至还得搜索躲藏在森林里的敌人。当苏军进行搜捕之际，又经常被芬兰人伏击，他们使用的武器是偷自苏联军品补给站的装备。如此一来，芬兰部队使用和苏军一样的武器，再去突袭敌人夺取军需品。

冬季战争初期，苏联军队由于过分自信而蒙受损失，这主要是因为他们接连战胜波兰人和日本人，有些轻敌。另外，苏联许多具有才能却被斯大林质疑忠诚度的军官遭到肃反，亦让部队指挥官的领导力无从发挥。在被肃反的军官当中，不少人即因未遵从教条而遭处决，这使军队的指挥官不愿积极地主动

←←冬季战争对苏联士兵来说是不快的经历，他们原本以为能够轻易击败芬兰人。装备轻巧且机动性高的芬兰部队善于利用伪装和地形，进而重创苏军

行事，所以都未能取得成功。长此以往，苏联军队变得保守迂腐，其军官欠缺才干和经验，而且不敢背离传统的常规。苏联政治军官的介入使情况更加恶化。这些政治军官们通常没有军事经验，却可以否决他们认为不妥的命令，例如必要的撤退。

结果，他们对这场战争没有做好足够的准备，不少士兵因冻疮而伤亡，装备亦经常发生故障。而原本被认为兵力较差的敌人却能迅速移动，进攻苏军，并在"安全"的区域里发动突袭，然后再消失于大雪之中。

此外，芬兰也得到了海外的支持，包括来自其他国家的个人或团体，就连盟军亦考虑予以实质性的援助。不过，由于其他地方所发生的事件，使盟军协助芬兰对抗苏联的计划变得不可行，而且最后也没有必要。苏联遭受惨重的损失却一无所获，更因此损失了国际声誉，所以他们决定在接下来的冬季战争中不再夺取任何领土。

经过几次谈判，双方同意了一项和平条约，并在1940年3月签订。芬兰考虑到战争若持续拖延下去，财政将会崩溃，所以割让了大片的土地给苏联。然而和平并没有持久，芬兰于1941年加入轴心国阵营，企图夺回失去的土地，因而再次与苏联为敌。

入侵丹麦和挪威

此时，盟军正考虑派兵到丹麦和挪威以防范德军入侵。这样的考虑是基于几点因素：首先，德国海军船舰可利用挪威北部的港口，成功突破英国皇家海军的封锁。英国在第一次世界大战期间的海上封锁策略使德国海军无用武之地。其次，占领挪威可让德国更容易取得来自瑞典的铁矿，这对他们的军事工

业十分重要。况且，在挪威设立空军基地，也会使空袭英国的
行动更有效率。

为了防止盟军在丹麦和挪威建立强大的势力，让侵略行动
成为泡影，德国最高司令部决定迅速攻占关键据点，并取得这
两国的控制权。对丹麦可由陆上发动进攻，但对挪威只得从
海上进行两栖登陆战。德国的入侵部队并不是搭乘缓慢的运兵
船，大部分是由驱逐舰来运载。

德国对丹麦和挪威的侵略行动于1940年4月9日同步展开。
丹麦的小规模部队根本难以招架，可是仍尽全力抵抗。不过在
德军扬言将哥本哈根（Copenhagen）夷为平地后，丹麦人当天
即谈判投降，以换取宽厚的条件。事实上，德国并不真的打算
轰炸丹麦，只是想避免盟军来搅局。

至于挪威，其军队并非容易击倒的对手，更何况英国和
法国亦派兵前往支援。然而，德军运用伞兵和两栖登陆部队作
战，很快便取得初步的胜利。虽然英军和法军企图守住纳尔维
克（Narvik），却不得不在6月9日撤退，因为同一时刻，德国
装甲师正向法国边境逼近。不过，挪威人民持续进行反抗一直
到第二次世界大战结束。

德国伞兵进攻挪威

挪威虽然不是容易被击败的对手，但仍不敌强大的德军。挪威部队在遭受
攻击之际进行顽强的抵抗，使国王和内阁得以逃脱。挪威的合法政府从未投
降，即便如此，最后一次有组织的反抗仍在1940年6月中旬遭到压制。

德国除了派遣驱逐舰运兵登陆挪威海岸之外，还进一步利用伞兵夺取一些
目标。当时虽然已有几个国家发展出伞兵战术，但这是第一次用于实战。德
国伞兵的突击非常成功，并建立了相当的声望。

→→图中，德军坦克开进了法国住宅区的街道，当时该国的军队已被彻底击败。许多法国坦克被纳编到德军旗下服役，并镇压挺身反抗的市民

神化的装甲部队

在1940年时，德军主要仍是由步兵组成，大部分也还是利用马匹来运输。然而，他们的前锋是装甲部队，能够迅速压过敌人的阵地，并给予目标沉重打击。一开始，各界对于装甲部队进攻的效率还持怀疑态度，但这样的质疑在波兰的溃败之后便烟消云散。到了法国遭入侵的时候，德国装甲部队的指挥官已倾向利用装甲车进行深入打击，而非派他们去支援更传统的作战行动。

德军入侵法国的首要障碍是可畏的"马其诺防线"，它由一连串的堡垒构成。虽然德军可以从北部穿过低地国家，避开这道防线，但这又会使他们无可避免地与英、法的机动部队狭路相逢。不过，英国和法国的军队并非如"马其诺防线"一样难以克服。

1940年5月10日，德军开始向西朝低地国家挺进，而德国伞兵亦降落到推进部队的前方，为他们开路。德国首先取得的战果是搭乘滑翔机的空降部队攻占了埃本·埃马尔（Eben Emael）要塞，进而能够掩护准备越过默兹河的装甲师。埃

盟军的装甲作战准则

英国忽略了坦克的潜力，很晚才有所领悟。到了法兰西之役期间，他们终于能部署现代化的坦克上场作战，只不过数量太少。法国比他们的德国对手拥有更多坦克，然而大部分都是过时的设计，有些甚至还可回溯至1917年。更糟的是，法军的坦克作战准则仍依照第一次世界大战时期的战术，即分散坦克支援步兵的挺进，而非集中，让装甲部队发挥作用。这导致法国坦克部队的力量被过度稀释，而且无法施展原有的机动性。

本·埃马尔要塞是比利时第一个失守的重要据点，它建造于20世纪30年代，是不错的设计，十分现代化，似乎坚不可摧。然而在现代的作战形态面前，它竟然那么不堪一击。

虽然法国派兵协助荷兰和比利时，却被德军阻挡。同时，小规模且毫无经验的荷兰部队展开作战，但在5月14日便不得不投降。接着，德国挥军向西，从侧翼挺进比利时，该国亦于5月27日放弃抵抗，那时大部分地区都已为德军牢牢掌握。

如此一来，通往法国北部的大门已然敞开，德国的装甲先锋也开始突进。与此同时，其他的装甲部队穿过阿登（Ardennes）森林地区，从侧翼包围了"马其诺防线"。盟军原本认为这座森林根本无法让坦克通行。德军的布局使任何进

↓ 图为1940 年德军入侵期间的一群荷兰士兵。荷兰军队根本没有机会击退强大的德军，但他们仍使出浑身解数进行反抗，直到被迫投降

入低地国家予以援助的军队备受断后的威胁，因为他们的装甲部队已深入法国境内。盟军尚未准备好作战，却即将面对重兵压境。

德国装甲部队在空军层层的近距离支援下引领各部队发动突击。他们明智地采用积极大胆的进攻策略。坦克绕过固若金汤的阵地，留给步兵、重炮与空军处理，并径自攻打敌人的总部、后勤线和通信中心。这让已经陷入混乱的盟军群龙无首，无法做出有效的决策。

盟军确实发动了反击，他们集结可调派的部队反攻德军。然而，许多部队的进攻不如德国装甲师那样气势汹汹，而且缺乏机动性。他们需要的是派出大规模装甲部队迅速迎击敌人，可是法军大部分的坦克都留在步兵部队里作支援，无法快速机动，所以他们的反攻显得规模太小、速度太慢，或是为时已晚。

盟军有些部队的反击比较成功。5月17日至19日的一次装甲反攻从拉昂（Laon）展开，另一次则在圣康坦地区发动。这两起攻势打击了德国装甲部队的侧翼，并多少减缓了他们的推进速度。不过，盟军于5月22日至23日在康布雷和亚眠的反攻失败。此外，英国在阿拉斯的一波反击取得杰出的战果，进攻部队由英国坦克和支援的步兵组成，他们的攻势让德国最高司令部大感震惊，所以渐渐要求装甲部队更谨慎地推进。

德国装甲部队的推进逐步减缓下来。他们的挺进大幅超越后勤"尾巴"，而且支援的步兵亦被甩在后面。德国最高司令部日益担心装甲部队在没有步兵支援的情况下会遭敌人近距离渗透切断，因此打算停止前进，重整旗鼓。不过，装甲部队的指挥官有不同的想法，他们放宽解释作战命令，并继续超越总部所预期的目标。

虽然"闪击战"这个名词尚未成为军事术语，但德军正以这样的手法迅速推进。德国在1914年时以类似的策略进兵，只是没有取得成功。此刻，英军和法军被迫分离，英国部队撤向英吉利海峡港区。假如德国装甲师继续势如破竹地追击，英军必定会受困在那里并遭到歼灭。然而，德国最高司令部下令装甲师停止前进，英军亦展开顽强的防御，所以他们能够抵达敦刻尔克（Dunkirk），并开始撤离。

敦刻尔克的撤离行动于1940年6月4日结束。虽然英军损失了大部分的重装备，却能从法国的惨败中救回将近34万兵力。英国正急需这些兵员来重建他们的军队。

法国的抵抗

同时，法军继续尽其所能地抵挡敌人的侵略，而德国装甲师则转向南方，朝巴黎推进。这波新的攻势由两支主力部队分兵进攻，分别于6月5日和9日展开进

←图为巴黎地区一批马匹拖拽的火炮。德国国防军的火炮大部分都是由马匹来拖拽，但无论是马匹或车辆拉动的火炮皆无法跟上装甲前锋的脚步，这促进了自行火炮的发展

攻。法军在一些被切割的英国部队协助下英勇作战，但巴黎仍在6月14日遭到占领。两天之后，法国开始谈判投降事宜，尽管政府的要员已逃往伦敦，并宣布继续进行抵抗。

德国与法国的停火协议于6月25日生效。不过，法军在6月19日要求停战后仍继续进行斗争。但当时法军的指挥体系已经瓦解，而且反抗十分零散，各部队也仅针对特定的目标做最后一搏。

另一方面，意大利于6月10日向法国宣战，正好赶在对手已遭击败之际，乘机扩张版图。事实上，意大利部队在停火协议生效之前并未取得什么战果，尽管贝尼托·墨索里尼（Benito Mussolini）也在法国得到一块占领区作为酬谢。

结果，法国分裂为德国占领区、一小块意大利占领区和未受占领的法国，其首都设在维希（Vichy）。另外，一些身处海外的法军则向维希政权示好，尤其是在北非。但也有一

← "敦刻尔克的奇迹"是一项非凡的成就，尽管有不少士兵遭炮击而丧命，但这场撤离行动仍挽回了大部分的英军兵力。不过，大量的运输车、火炮和重装备遭到遗弃

区域防卫志愿兵

在英国，"区域防卫志愿兵"（Local Defence Volunteer, LDV）原本是成立于1940年2月的非正式团体，守护着多佛（Dover）地区。不过他们后来便成为全国性的团体，上万名民众挺身而出，并携带他们所拥有的武器，共同对抗德国的侵略。

渐渐地，"区域防卫志愿兵"有了正式组织，但他们仍旧欠缺武器的供应，因为正规部队得优先配备大量的军火。然而在美国的英国人后裔收集了大批的枪支，再寄送到英国，逐步使"区域防卫志愿兵"的队员私下拥有合适的轻兵器。到了1940年7月，"区域防卫志愿兵"更名为"乡土义勇军"，并获得了制服、武器，还有训练支援。

些法国部队宣布加入盟军，继续奋战。

此刻，对盟军来说，这场梦魇才刚刚开始。除了不同国家的反抗军和一些有组织的部队（包括逃离沦陷的祖国并加入英军的部队）之外，似乎没有人可以阻止轴心国势力继续扩张。英国本身由于尚未做好万全的准备即投入作战，结果在欧洲大陆蒙受惨重的损失而使兵力大幅下滑。一场侵略英国的行动极有可能发生，而且各方都怀疑他们是否能够成功抵挡敌人的进攻。

背水一战："乡土义勇军"和游击队

虽然英国总是维持相对较小规模的军队以供海外作战，并由"地方军"给予支援，但就德军的规模和实力而论，英国所有可派用的部队还是难以阻挡德军的入侵。英国皇家空军承诺他们可以拖延侵略行动一段时间，而各界也有充分的理由期望英国皇家空军能够在这场抵抗跨海峡的侵略中扮演重要角色。

后来，英国皇家空军果然不负众望，阻止了德国空军取得制空权——发动侵略的必要条件。然而，他们只不过是小胜敌人而已，态势在1940年夏季仍显得十分严峻。英国人发狂似的做准备，以防范德军来袭。此刻，"乡土义勇军"（Home Guard）充分发挥了两个功能，其一是凝聚英国人的士气，这在态势一度不乐观的时候非常重要；其二则为实质上的帮助，他们让正规军和地方军得以从日常的地方安全任务中抽身而出，全力投入前线战斗。

当"乡土义勇军"得到认可后，他们的成员便守护着英国海岸，监控防范敌人的入侵，并在乡间抓捕德国的伞兵或遭击

↓法国沦陷，希特勒坚持法国的投降书必须在第一次世界大战德军签下停火协议的同一个车厢内签订，借以羞辱战败的法国人

↓图中为一群手持步枪的英国志愿兵正在接受基本的训练。许多自告奋勇的人都是第一次世界大战时期的老兵，所以都有一定程度的军事经验。这群志愿兵或许有些老迈，但他们都打过仗，因而显现出善战者的姿态

落飞机的飞行员。这些工作可交由较年长的人或太年轻而无法征召服役的人去做。没有"乡土义勇军"，这些任务便会成为英军的人力负担，他们在作战时就难以维持编制，最后还可能输掉战争。

乡土义勇军还能做的最重要一项任务是捍卫家园，尽管其成员或许太年轻、太老或太虚弱而无法加入步兵师的行列。如果德国装甲师攻入英国本土的话，这群兼职的"老爸军团"（Dad's Army）士兵便会站出来，用他们手中的武器对抗入侵者。

另外，英国广泛地设置防御工事以反制德军的登陆，或在他们成功上岸后阻挠其进一步的挺进。这些防御工事包括反坦克障碍和碉堡，还有临时设置的步兵阵地。而"乡土义勇军"亦作为"后卫"予以支援，他们会躲藏起来，直到入侵者越过之后，再现身进行破坏活动。在某些区域，这群志愿兵甚至可以躲藏在伪装得相当精巧的碉堡内。

有意思的是，英国在1940年所做的许多准备措施于数年后为德国人所仿效，一群包含了伤残者、老人和小孩的"人民冲锋队"（Volkssturm），以任何可取得的武器抵抗盟军的反攻，为守护家园而战。

游击队与反抗军

在欧洲的占领区，游击队与反抗军尽其所能地骚扰入侵者并破坏他们的计划。另外，这群反抗斗士还拯救盟军的飞行员、搜集情报，并且牵制住大批的敌军，让他们无法部署到前线作战。游击队甚至进行突袭和埋伏，尤其是破坏敌方的铁道系统。

游击队造成的进攻难以评估，但可以确定的是他们对作战的结果大有影响。例如，德军在苏联的行动即遭波兰游击队的妨碍，他们的补给列车经常被破坏而出轨或毁损，德国已延伸过长的后勤线更因此而瓦解。反抗军还可充分发挥维系人民希望的重要功能，就算是最微弱的抵抗都比接受占领的心态要好。当时，欧洲最大的游击队组织位于南斯拉夫，估计有80万人积极地对抗占领军。另外，波兰的游击队也有40万人左右。当然，这些数字的真实性有待商榷，因为反抗团体基于安全的理由必须分隔数地，使得正确的数据难以统计。

在1940年，英国人欲协助欧洲大陆和其他地方的反抗军却无能为力。不过，特种作战执行部（Special Operations Executive, SOE）是他们的少数援助对策之一。该部门成立的目的是"点燃欧洲的战火"，并协调及支援各地区的反抗军。特种作战执行部的特务会与反抗团体取得联络，并安排军火与弹药的供给，通常是利用空投。虽然特种作战执行部和各起反抗运动的影响力无法精确衡量，但他们确实扮演了相当重要的角色，因为占领军非常认真地看待这些事情，并调派了人员和资源来处置。同样重要地，特种作战执行部是英国并未遗忘被占领国人民的象征，尤其是在不可能直接给予他们支援的时候。

在第二次世界大战后期，游击队和反抗团体为盟军提供了关键的情报。某些地区的反抗势力更在盟军挺进之际，同步策划起义活动。当盟军跨越欧洲大陆的时候，他们所提供关于敌

←—在德军占领期间，法国的自由斗士一直梦想着收复法国。被占领地区的反抗活动一直是轴心国挥之不去的梦魇，虽然大部分都只是小规模的反抗活动，但整体来看，仍榨干了侵略者的资源

↓在主要城市，占领者可以派部队和坦克来镇压反抗势力，但在农村地区则需要大量的人力来驻守以扫除反抗者

人兵力与部署的情报，加上牵制性的作战，确实对盟军的进攻极有助益。

沙漠进攻

　　随着维希政权的建立，英国和自由法国（Free French）面临极其严重的困扰。法国在非洲拥有广大的属地，并部署了强大的陆军和海军。因此，这批武力可能被迫加入轴心国一方，来对抗盟军。

　　这是兵力已经过分延伸的盟军所无法承担的，他们必须赶紧处理，尤其是法国的主力战舰，绝对不能落入德国人手中。结果，盟军下达最后通牒——加入自由法国，或前往中立国的港口接受拘留，或被摧毁。有些维希政权的部队前来投靠，但

↓沙漠地带的极端气候为交战的双方造成了困扰。那里在白天时极为酷热，但到了夜晚又极其寒冷。独立作战的部队如突击队必须携带各种必需装备

意大利人在北非的野心

墨索里尼对非洲怀有远大的计划，而且认定能够把英国人逐出那里。他的主力部队位于利比亚、埃塞俄比亚（Ethiopia）和厄立特里亚（Eritrea）。意大利对英属索马里（Somaliland）和部分肯尼亚（Kenya）地区的攻击只不过是入侵埃及与苏丹（Sudan）的小插曲而已。从埃塞俄比亚出击的意大利部队向北挺进苏丹，而利比亚的部队则攻向埃及，他们从两面威胁着英军。

盟军亦做出痛苦的决定，着手消灭其他的德属法军。

一些地面部队和少数殖民地加入自由法国的行列，不过，他们在夺取其他地区控制权的行动中被击退。这意味着，北非的英军很快就要面对更严峻的挑战。

希特勒对非洲没有什么兴趣，但他的盟友墨索里尼却正好相反。意大利在非洲拥有大片属地，而德国早在第一次世界大战之后就丧失了所有的殖民地。即使在后来的沙漠大战中，德军取代意大利部队成为该战区的主角，可是希特勒仍视北非为对抗苏联的巨大钳形攻势的南翼，而不认为那里是重要目标。

对英国来说，他们的主要力量位于埃及，所以非洲至关重要。亚历山大（Alexandria）的舰队基地让英国皇家海军得以派送部队到地中海或是保护苏伊士运河，这可以大大减少军队和补给往返远东的运输时间，那里每况愈下的局势代表英国可能会和日本为敌。最重要的是，如果英军在埃及战败，也就失去了对中东油田的控制权，直接导致的后果便是盟军战斗力的大幅衰退。

意大利在埃及南部取得一些战果之后便停滞不前。尽管如此，意大利军队的行动仍牵制住了英军，使英军必须立刻采取

行动对抗从利比亚（Libya）出击的敌人，而且还得随时防范南边苏丹的轴心国部队的进犯。

入侵埃及

入侵埃及的行动于1940年9月13日展开，至18日，意大利军队已经挺进了96千米左右。他们开始在西迪·巴拉尼（Sidi Barrani）设立前进基地以支援后续的作战。然而，意大利人未能取得进一步的战果，英军也在12月8日发动反攻。

虽然北非的意大利部队人数众多，但缺少装甲车，而且大部分都是所谓的"豆坦克"或轻型坦克，不适合用来进行激烈的战斗。此外，那里的补给状况也非常不理想。尽管英军的兵员远少于意大利部队，但坦克数量较多且性能较好。英军的坦克当中包括"玛蒂尔达"式（Matilda），它的行进速度虽慢，却可以压制意大利的坦克，还可承受他们的反坦克炮。

英军对自负的敌人发动了攻

←北非沙漠的作战环境恶劣，而且没有可作为掩护的地形。不过，由于附近通常也没有什么居民，所以发动重炮轰击时很少会伤及无辜

↓ 就某些方面来说，沙漠是十分适合坦克驰骋的战场，其他地区则让装甲作战难以进行。不过，沙漠的沙尘容易阻塞坦克引擎的空气滤清器，增加机械的故障率。此外，长距离的行驶亦非常消耗油料，更使备用零件的存量告急

击，并达到了出其不意的效果。他们以钩形的挺进路线，从意大利防线的缺口攻入后方。由于英军有良好的侦察和行动保护措施，进而能够取得令人叹为观止的胜利。

意大利人没有料到会遭受攻击，所以扎营了一段时间。他们的反应慢半拍且欠缺组织，因此营地接连被英军横扫而过。不过，意大利士兵即使遭遇出其不意的袭击，仍尽力抵抗。尽管如此，他们没有通盘的计划，零星的防御努力皆遭英军攻破，直到最后防线全面崩溃为止。意大利用处不大的装甲车被抛到一边，甚至坦克兵还未能把坦克开上战场即遭摧毁。反坦克炮手虽在一些情况中得以开炮还击，可是炮弹无法击穿来袭

"玛蒂尔达"坦克

类　型: 步兵坦克	武　装: 1门两磅炮，1挺 7.92毫米BESA 机枪
乘　员: 4名	
发动装置: 两台利兰（Leyland）6汽缸汽油引擎，每具输出功率 7.1千瓦或两具联合装备公司（AEC）柴油引擎，每具输出功率 6.5千瓦	性　能: 最快平地速度 24 千米 / 小时，最快越野速度12.9 千米 / 小时，涉水能力 0.914 米，跨越垂直障碍能力 0.609 米，越壕能力 2.133 米
装甲厚度: 20~78 毫米	
重　量: 26926 千克	尺　寸: 长 5.613 米，宽 2.59 米，高 2.51 米
最远行程: 257 千米	

的坦克。这样的场面于第二次世界大战后期一再上演，身处空旷地区的步兵若没有坦克的支援，根本抵挡不了对手坦克的攻击。

　　这场战役很快就告一段落，上万名目瞪口呆的意大利人沦为战俘，其余20万军队逃往西方，而且乱成一团。英国大反攻的成果远优于他们的预期，此刻，盟军有望能够赢得进一步的胜利；尽管英军调派了分遣队到埃及南部，但他们还是可以继续追击撤退中的意大利部队。

困难重重的沙漠地形

英军顺着亚历山大港至苏尔特湾（Gulf of Sirte）的狭长沿岸地带追击意大利部队。这条沿岸地带对后勤来说十分重要，如果有一些部队打算深入内陆地区以钩形攻势打击敌人侧翼的话，就得面对艰困难行的沙漠，所以想要扩大作战的范围几乎是不可能的事情。规模小一点的部队，例如远程沙漠特勤队（Long Range Desert Group）尽管可以绕过海岸地带，深入敌境发动突袭并搜集情报，但主力部队还是得利用这块区域进攻。

英军在北非的推进由装甲部队担任先锋，这样的作战方式成为该战区的典型特色。意大利人失去了兵力平衡，无法展开有效的防御行动，其抵抗在英军积极进取的猛攻和强大的火力面前显得微不足道。结果意大利军队未能扭转颓势，一直被盟军逼退到西方。

一些意大利部队遭到切断，并被跟随在先锋部队后方的英军歼灭。同时，意大利人试图在巴尔迪亚（Bardia）站稳脚跟，却再次被击溃。接着，托布鲁克（Tobruk）于1941年1月22日失守，英军在苏尔特湾的贝达·弗姆（Beda Fomm）巧妙地发动了最后一击。

北非的海岸线先是向北突出，再于苏尔特湾附近往南凹陷，后撤的意大利军队和追击的主力部队便沿着这条路线行进。不过，在靠内陆的地带有一条较直的小径，能够穿越难以通行的沙漠区。

拦阻阵地

虽然在这条小径上行进依旧十分艰难，但英国的轻型装甲车及步兵和一些火炮还是成功穿越，赶至意大利部队的前方，并在贝达·弗姆建立拦阻阵地，封锁他们的退路。尽管兵力严重不足，而且补给短缺，这支部队仍然坚守阵地，力抗企图突破他们的意大利人。从2月4日至7日，意大利军队使出浑身解数想要脱离这个圈套，虽然数次逼近阵地，却从未达到目的。

意大利军队在被穷追猛打了几个星期后，发现他们落入了两支强大部队间的圈套之中，终于停止反抗，约13万名士兵投降。这数字并不精准，由于盟军俘虏的意军人数太多，不得不估算，而非逐个统计。

然而，在北非的英军和其他盟军发现，他们此时处于延伸过长的补给线末端，整个推进行动在苏尔特湾的阿盖拉（El Agheila）停了下来。这个时候，德军逼近希腊，盟军急需调派兵力前去支援。对一些观察家来说，希腊无法幸免于难，但从政治上考虑，盟军仍需一试。

巴尔干与地中海

希特勒并不打算参与北非之役，但他的意大利盟友硬是把德国拖下了水。同样地，希特勒原本想要用外交手段取得巴尔干地区的控制权，尽管仍是以武力作为要挟。1940年，德国的外交官便说服匈牙利和罗马尼亚加入轴心国阵营，并持续向保加利亚进行游说。虽然他们最后在1941年3月取得成功，保加利亚亦签订协议加入轴心国，但意大利仍急着派兵干涉巴尔干事务，因而打乱了德国的计划。

1940年10月28日，意大利部队越过阿尔巴尼亚（Albania）的边界进兵巴尔干半岛，他们预料希腊很快就会投降。然而，希腊军队奋力抵抗，并迫使入侵者退回阿尔巴尼亚。到了1941年3月，意大利军队几乎溃败，所以德军只好加入战局来挽回

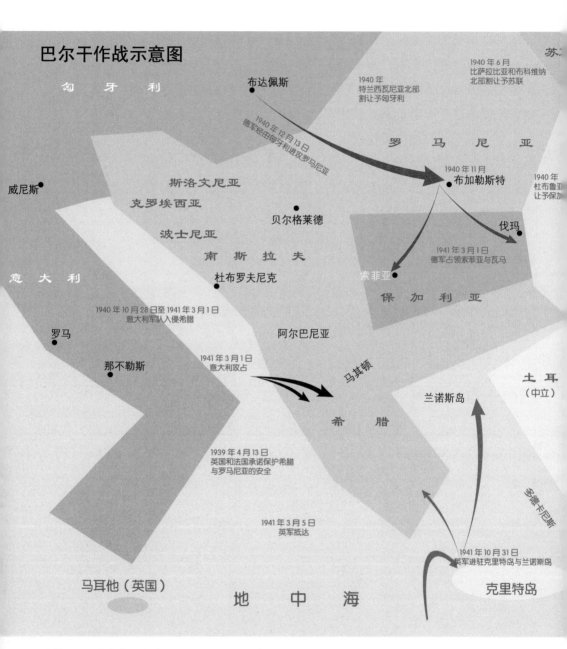

巴尔干作战示意图

匈牙利

布达佩斯

1940年6月
比萨拉比亚和布科维纳
北部割让予苏联

1940年
特兰西瓦尼亚北部
割让给匈牙利

苏

罗马尼亚

德军经由匈牙利进攻罗马尼亚 1940年12月13日

1940年11月
布加勒斯特

1940年
杜布鲁日
让予保加

威尼斯

斯洛文尼亚

克罗埃西亚

贝尔格莱德

伐玛

波士尼亚

南斯拉夫

1941年3月1日
德军占领索菲亚与瓦马

意大利

杜布罗夫尼克

索菲亚

保加利亚

1940年10月28日至1941年3月1日
意大利军队入侵希腊

罗马

阿尔巴尼亚

那不勒斯

1941年3月1日
意大利攻占

马其顿

兰诺斯岛

土耳其
（中立）

希腊

1939年4月13日
英国和法国承诺保护希腊
与罗马尼亚的安全

多德卡尼斯

1941年3月5日
英军抵达

1941年10月31日
英军进驻克里特岛与兰诺斯岛

马耳他（英国）

地中海

克里特岛

↑轴心国原本打算以外交手段征服巴尔干半岛而非发动侵略。然而墨索里尼为了赢得一场"轻松的胜利"，把盟友拖进这场没有必要的战争中，不但消耗了人力，也让外交的努力白费工夫

颓势。希特勒承担不起弃盟友不顾的后果——即使是一个不顺从他的盟国。

　　德国攻打希腊的计划已势在必行，他们需要南斯拉夫的合作。然而，当南斯拉夫政府同意予以协助之际，该国即发生政变，迫使德军对其发动侵略。尽管南斯拉夫有组织的抵抗迅速瓦解，大部分的南斯拉夫人仍继续进行抗争，那里也成为反德游击队最活跃的地方。

　　同时，希腊的边境正遭受保加利亚和南斯拉夫的攻击，他们无法抵挡敌人的进攻。盟军虽前来救援，但由于抵达太晚，大势已去而不得不撤军，而且还损失了大量舰艇。许多的生还者则撤退到克里特岛（Crete）。

↓ MG–34 型机枪（如图）与其后继者MG–42 型机枪是多用途的武器，它们可以架在三脚架上作为防空或阵地防御机枪，亦可把三脚架拆除，利用折叠式双脚架，增加作战的机动性

1941年4月30日，希腊全境落入敌人手中，那些不积极配合轴心国的国家亦遭到占领。德国认为有必要从盟军手里夺得克里特岛，尽管他们可以从海上发动入侵，但可能会付出高昂的代价。不过，德军还有另一个选择，即派出伞兵作为主力部队发动进攻，所以克里特岛之役便以空降行动的方式展开。这是空降部队有史以来首次担任主力夺取战略目标。不过在这次作战中，德国伞兵未能证明他们有能力独自攻占并守住克里特岛。

克里特岛上原本有一些兵力驻守，而且从希腊撤来的部队亦予以支援。然而，盟军认为敌人的入侵会从海上而来，所以便依此思维进行防御。当空降行动展开之际，德国亦派出一批部队由海路进攻，英国皇家海军基本上阻止了他们的威胁，但这并非决定性的一战。对进攻者来说，制胜的关键是夺取岛上的机场，以便让补给和增援能够空运过来。

德国伞兵在克里特岛上遭遇顽强的抵抗，经过两天的激战，他们才基本确保一座机场的安全，并降低了空援行动的风险。不过，机场遭到攻占就已决定克里特岛上盟军的命运。随着德军力量的不断增加，显而易见，盟军部队在遭受围困并被迫投降之前得赶紧撤离。他们的撤退行动于5月31日结束，而那些留在岛上的士兵不得不投降。

轴心国的争论

控制巴尔干半岛的政治局势对希特勒入侵并消灭苏联的目标十分重要，而且希特勒认为不需派兵即可达到此一目的。然而墨索里尼想要赢得一场属于他个人的胜利，因为意大利在参与法兰西之役时并未获得多大的战果。于是墨索里尼决定入侵希腊，打算迅速攻占该国以提升他的威望。

克里特岛的空降作战最后虽然成功，但伞兵付出的代价太过高昂，所以类似这样的行动便未再发生。然而，西方盟军已经被逐出欧洲大陆，他们的声誉在希腊和克里特岛的败北之后又蒙上一层阴影。先前，盟军一度希望可以说服土耳其加入他们对抗轴心国，但希腊之役的结果几乎使这样的想法化为泡影。

沙漠大反攻

希特勒对意大利盟友在北非的溃败大感震惊，于是决定投入军队参与北非之役。德军组建了两个装甲师，即后来著名的

↓图为坐镇于沙包阵地里的英军和相当普遍的"布伦"（Bren）机枪。虽然通用机枪的术语在当时尚未成形，但这个术语用来形容"布伦"式机枪非常贴切，它几乎可以以所有形式使用

"非洲军"（Afrika Korps），由隆美尔指挥[1]。

隆美尔是十分积极进取的指挥官，他经常无视命令，脱离上级的掌控，大胆地攻击敌人。不过，隆美尔也取了得令人叹为观止的战果，如同他在法兰西之役中领导装甲部队和第一次世界大战期间率领轻装部队时一样。

此刻，英军在苏尔特湾附近的阿盖拉建立了一道防线，由于他们必须调离一些部队支援希腊，使得阵地的防卫能力下降；除此之外，英国人也没有料到会遭受攻击。隆美尔在部队尚未完全上岸之际便以相对薄弱的兵力展开进攻。

1941年3月30日，阿盖拉被德军攻占；接着，隆美尔无视命令，开始沿着海岸线挺进。

← 图中为北非某城镇里一处设置于平房屋顶上的阵地。相较于欧洲战场，在沙漠地区的城镇战十分罕见，但有道路和水源之处即可发现城镇，那里自然也成为兵家必争之地

[1] 隆美尔指挥的北非部队虽然泛称"非洲军"，但严格来说它只是一支小部队，1941年夏即编入新成立的非洲装甲集群（Panzer Group Africa），1942年年初非洲装甲集群更名为非洲装甲军（Panzer Army Africa），1943年年初又更名为第1集团军，并编入非洲集团军群（Army Group Africa）旗下。——译者注

隆美尔以英军在贝达·弗姆使用过的战术来对付他们，即派一部分的兵力穿越难行的沙漠小径，绕到英军的后方，而其他的部队则继续顺着海岸道路逼向敌人。虽然英军企图在海岸边的德尔纳（Derna）至内陆的米奇里（Mekill）重建一道防线，但经过短暂的激战之后，即被迫再度撤退。

盟军一路撤过托布鲁克，有部分部队自4月11日起即受困于该城，而继续向东撤退的部队则在4月15日建立了新防线。隆美尔打算突破这道防线直攻埃及，但希特勒却派行事相当谨慎的保卢斯（Paulus）将军来约束他。因此，非洲军和意大利军队奉命修筑防线对抗英军，并进攻托布鲁克。

在沙漠中的英军岌岌可危，他们急需更多的坦克。于是，盟军不顾意大利舰队、潜艇和其他的威胁，决定紧急派一支护航船队运载300辆坦克直接横越地中海援助他们，而不是经由较安全却遥远的航线，即绕过非洲南端再穿过苏伊士运河抵达埃及。

尽管护航船队经历了巨大的危险，可是行动最终还是成功了，装甲兵力的大幅提升亦让英军得以在1941年5月15日发动反攻。不过，他们虽取得初期的胜利，进一步的攻势却被作用颇佳的反坦克炮挡了下来，英军又逐渐陷入困境。接着，德国装甲部队出击，不但击退英军，而且使他们蒙受惨重的伤亡。虽然英国人企图在6月15日发动第二波攻势，但没有成功，反而让托布鲁克更加陷入敌人的包围之中。

与此同时，伊拉克在一场政变之后即加入轴心国阵营，而德军亦在中东的其他地区活动。另外，叙利亚（Syria）是由维希政权统治，德军也陆续进驻当地。这些都威胁到了盟军的石油供应，他们必须赶紧采取行动来扭转不利的局势。

6月8日，一支由英国、印度、澳大利亚和自由法国组

备战不佳的红军

虽然苏联拥有庞大的军队，但他们的备战状况不佳。况且，由于大肃反的影响，许多高级军官都缺少经验。此外，尽管苏联部队配备现代化的武器和装备，可是欠缺让它们运作的要素，例如通信、后勤和整体的组织能力。这使苏军在面临威胁时难以一致地做出反应，作战失利的后果亦更加严重。

成的联合部队进攻叙利亚，他们在两个星期内便拿下大马士革（Damascus）。此外这支部队的部分单位亦攻占了巴格达（Baghdad），并于5月底迫使伊拉克签下停火协议。

另一方面，德军此刻开始侵略苏联，迫使苏联加入战局，与西方盟军并肩作战。对希特勒来说，北非之役只是这场大战中的插曲，它之所以重要是因为北非可以作为巨大钳形攻势的南翼，由那里夹击苏联。因此，盟军更不能失去这块战略要地。肃清伊拉克使得位于埃及的英军可经由中东与苏联建立联系，并确保苏联大后方的安全。尽管如此，沙漠中的进攻行动将会沉寂一段时间。

"巴巴罗萨行动"

希特勒曾与苏联签订互不侵犯条约，但他认为两国之间终有一战。此刻，德、苏的关系已经恶化，部分是因巴尔干半岛的紧张态势而起，这促使希特勒提前展开入侵苏联的计划。

在历史上，欧洲军队向东方的推进主要是由于路程遥远而败北，但希特勒相信他的装甲部队能够迅速穿越辽阔的区域，并横扫他们所遇上的敌人。代号为"巴巴罗萨"

（Barbarossa，或译为红胡子）的入侵行动是有成功的机会，而且德军也的确差一点就达到目的。

苏联的边界线被广阔的普里佩特沼泽（Pripet Marshes）一分为二，因此，德军的进攻行动可以说是在两个战区进行。沼泽的北方为波罗的海海岸和通往莫斯科的道路。莫斯科不但是苏联政治的中心，亦是该区后勤和运输的枢纽。莫斯科若失守可能会严重影响苏联而迫使他们投降，但也有可能不会，唯一可以确定的是，攻占该城即可夺得苏联的主要工业生产力，并让他们的反攻更加困难。而普里佩特沼泽的南方则是乌克兰和顿涅茨（Donetz）盆地的工业中心，再往东则为高加索地区的油田。占领这些地方，将对德国持续进行战争的能力大有助益。

德军的作战计划是，北方集团军群（Army Groups North）与中央集团军群（Army Groups Centre）进攻沼泽的北部，突破敌人防线并消灭的反抗，然后相互支援对方，向各自的目标推进。北方集团军群将沿着波罗的海海岸进攻，占领列宁格勒（Leningrad）；而中央集团军群则沿

着明斯克（Minsk）—斯摩棱斯克（Smolensk）—莫斯科一线进攻，并在夏天结束之前，拿下莫斯科和主要城市。中央集团军群的行动会得到北翼部队的支援，此外，芬兰部队也将协助德军进攻他们于冬季战争中割让予苏联的领土。一旦列宁格勒备受威胁，就可引开苏联对进攻莫斯科主力部队的注意。另一方面，在沼泽的南部，南方集团军群（Army Groups South）将派出装甲部队迅速包围乌克兰地区的苏军，而从罗马尼亚挺进的其他部队则去牵制或引开敌人。接着，南方集团军群将急速越过乌克兰，向东进入顿涅茨盆地和高加索地区。

　　投入这次作战的兵力十分可观，光是德军就有300万人，可是他们手边没有足够的装甲部队，而且大部分的步兵也未能跟上前锋部队的推进速度。此外，后勤补给很快就成为严峻的问题。

　　希特勒认定苏联会不堪一击，他宣称：劣等的斯拉夫人无法承受优秀雅利安人（Aryan）的猛攻，一般的苏联士兵亦不愿为政权而战。另外，德国人普遍觉得苏军的兵力欠佳，这不是没有根据的随意揣测，他们在冬季战争期间的表现即可证明这一点。然而，斯大林肃反所带来的最坏影响已经过去，而且红军也从那场战争中得到了不少教训。

　　德军的战前侦察十分草率，许多地区甚至没有进行。这或许有战略上的必要，因为德军打算出其不意地发动奇袭，如果突然增加侦察机刺探的频率，可能会让敌人察觉其中的蹊跷。然而，这不代表德军已有什么应对策略来反制他们可能遇上的麻烦。

　　斯大林已接获盟军的警告，而且苏联的侦察部队亦回报德军在边境的异常活动。不过，斯大林拒绝授予各指挥官动员部队之权或进行备战，甚至谴责某些警告为盟军想要把苏联拖进战争的诡计。

←←图为1941年夏，东欧地区的德国步兵和坦克。德国国防军挺进苏联时并没有考虑到气候状况而有所准备，他们以为在冬天来临以前便能击溃苏军

虽然苏军拥有大量的坦克，但绝大多数都是轻型坦克或功能落后，无法直接挑战德国的装甲部队。不过，他们的T-34型与KV-1型坦克战斗力非常强悍，只是数量实在太少了。另外，当时苏联的坦克部队还蒙受组织混乱之苦，因为他们正在依照德国机械化部队的编制进行改组，而且后勤的安排也尚未完成。

进攻的延宕

德国入侵苏联的行动一直拖延到1941年6月22日才展开，而非原先计划的5月。一开始，德军的先锋部队即取得相当惊人的进展，联系不佳且相对薄弱的苏联部队根本难以招架。德军快速的钳形攻势包围了大批的敌人，并迫使他们投降。在这场战役的前几个星期里，苏联红军便损失了数量众多的人员和装备。

从苏联最高司令部所发布的命令可以看出当时苏军的状况是多么混乱。遭到歼灭或已被击溃而撤退的部队竟然接获命

←图为一个德军步兵炮班组。像这样的支援武器对各兵种的联合作战来说不可或缺，当坦克或突击炮无法派用时，他们便会直接炮轰敌人的阵地

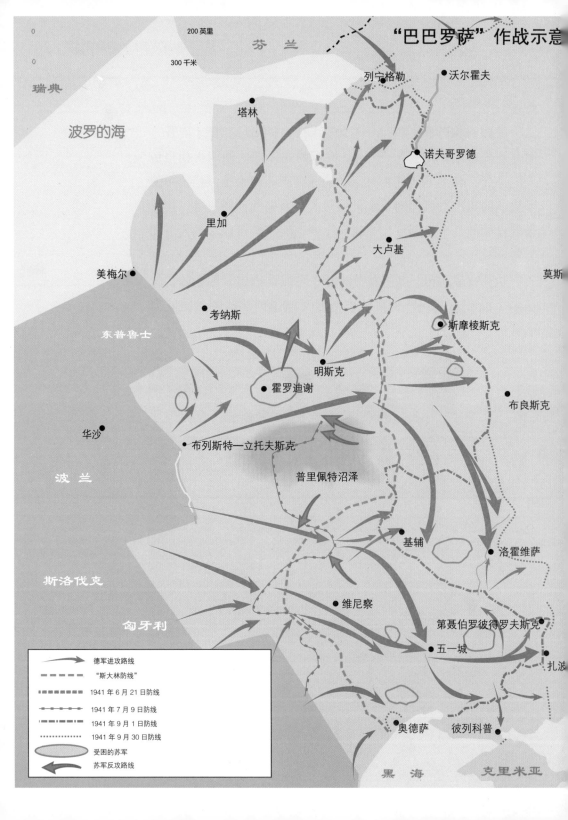

"巴巴罗萨"作战示意

令，要求进行反攻并消灭敌军，而其他的部队若有足够的补给或及时得到命令的话或许还能够反击。不过他们就是缺乏通信设备，而且情况又因为复杂的程序而更加恶化。

德军在南部的进展不如北方迅速，他们的装甲先锋在一场包括上千辆苏联坦克和装甲车参与的大反攻中蒙受惨重的损失。激烈的战斗持续进行了四天，苏联进攻部队才被击溃。但即使德军碰上最顽强的抵抗，他们还是继续向东推进。

到了7月中旬，德军已经深入苏联境内，并彻底摧毁了多支集团军，俘虏数十万名战俘。波罗的海国家被攻克，一些部队甚至倒戈对抗苏联。然而，德军的补给线已延伸过长，几乎

←←基本上，"巴巴罗萨行动"是横跨欧洲整条防线的推进作战。德军初期的胜利让这个计划看似可行，但即使对强大的德国国防军来说，这项行动实在是太庞大了

苏联KV-1重型坦克

类　　型：重型坦克		武　　装：1门 76.2 毫米炮，4挺 7.62 毫米机枪	
乘　　员：5名			
发动装置：1台 V-2K 型12汽缸 V 形排列柴油引擎，输出功率 448000 瓦		性　　能：最快平地速度 35 千米 / 小时，涉水能力不详，跨越垂直障碍能力 1.2 米，越壕能力 2.59 米	
装甲厚度：100 毫米			
重　　量：43000 千克		尺　　寸：长 6.68 米，宽 3.32 米，高 2.71 米	
最远行程：150 千米			

到了危险的程度。况且，由于苏联传统的"焦土策略"，使劫掠补给品的行动更加困难。

不只是距离遥远的问题造成德军后勤补给的困扰，苏联铁轨的宽度比欧洲的标准还宽，因此德国的补给列车无法接轨，而且许多德国火车头的行程都不够远，没有办法抵达苏联广阔农村的补水与燃料站。此外，波兰的游击队和残余的苏联部队也经常袭扰德军补给线的尾端，不断消耗他们予以前线部队补给的能力。

德国的装甲部队前锋必须不时停下脚步，好让补给部队和支援的步兵跟上。可是过久的等待即给予苏军时间发动反攻，

↓图为一辆德国Ⅱ型坦克。在第二次世界大战初期，这些轻型坦克必须投入前线充当主力坦克，可是到了1941年时德军已有足够数量的中型坦克可用，Ⅱ型坦克便恢复到原先作为装甲侦察车或步兵支援车的角色

进一步地消耗德军的弹药和燃料，要完成补给就又得拖延。最糟糕的问题是苏联道路的状况极差，铺设不良的路面造成大量德国坦克的行走装置损坏。不少车辆需要修复后才能继续作战，这样的情况甚至比苏军还要严重。

希特勒干预作战使德军的处境更是雪上加霜。他不同意指挥官们把莫斯科列为首要目标，并调离了向该城挺进的装甲部队，令其开赴当时最需要集中火力进攻的地方。

当德军再次向前推进之际，尽管他们有所斩获，但苏联的反抗也愈加顽强。在8月初，黑海的敖德萨（Odessa）虽已遭到包围，可是直到10月德军才拿下这座港口。另外，8月19日，首批德国部队即抵达了列宁格勒，但他们没有展开攻击，却决定围困该城，让防卫者挨饿，同时以重炮和轰炸机发动一连串的轰炸。芬兰军队对列宁格勒的一波攻势本可完成包围，可是却遗漏一条小通道，让补给品从拉多加湖（Lake Ladoga）流入。严格来说，列宁格勒的包围战从1941年9月15日展开，并持续进行将近900天后德军才撤退。

同时，中央集团军群亦再度向莫斯科挺进，可是装甲部队还是不时地被调往其他地方支援，使得攻势一再延宕。他们的进展又因秋季泥泞的开始而受阻，许多德军车辆陷入泥沼内动弹不得，推进速度大大减缓下来。不过，德军终究能够持续前进，装甲部队依旧可以突破敌人的防线，打出一道缺口，好让步兵跟上。

莫斯科保卫战

1941年10月19日，苏联政府宣布莫斯科遭到包围。斯大林仍然留在城内，此刻它的防卫任务掌握在朱可夫将军手中。

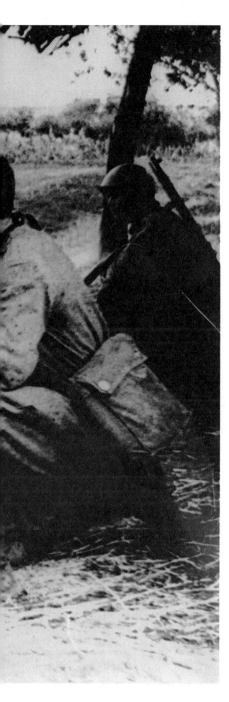

虽然德军成功挺进到莫斯科城的外围，但他们取得的最佳进展仍距离莫斯科市中心19千米之远。德军最靠近莫斯科市中心的时候是在11月30日，而且不到一个星期，他们进一步的攻势即被阻挡下来。苏联寒冷的冬天降临了，给德军带来新的麻烦。德国人原本计划于冬季之前征服苏联，仅会留下规模相对较小的驻军。然而这时，德军确实在为他们的生存而挣扎，并且是在完全没有准备的情况下作战。

德国人还面临其他的问题。由于苏军大本营最高统帅部确信日本不会乘机进犯，所以斯大林可以调派大批西伯利亚的后备部队到欧洲战场。红军的作战能力也提高得很快，自开战以来，各个指挥官和士兵都从惨烈的战斗中学到不少。另外，当"巴巴罗萨行动"开始的时候，苏联装甲部队正着手进行整编。况且，红军还建

← 苏联军队的许多反坦克炮都是过时的短炮管设计，火炮射击初速不高，所以炮弹无法击穿德军重一点的坦克

立了独立预备炮兵和空军集团军，可以支援最需要集中火力的地方；而后勤、通信和指挥程序亦上紧了发条，以便立即发挥作用。苏联军队改革的成效还需要一段时间才能够见实效，但此时的红军已经不再是庞大却又迟钝笨拙的部队了。

12月6日，苏军发动一场反攻，在这起作战中他们派出了一批新的队伍，称作"突击集团军"（Shock Army）。突击集团军的规模和德国的军级单位相当，是为了有效进行高度进攻性的短期作战而组建。苏联的攻势重创了德军，但双方大致打成平手。然而局势的发展给轴心国带来极大的问题，希特勒要求不惜一切代价守住阵地，而前线的指挥官则请求允许采用更有弹性的防御策略，必要时可进行战术撤退。这样的争执导致德军三大集团军的指挥官全数遭到解职，由希特勒独揽指挥权。

奉希特勒之令，在苏联的德军就地坚守岗位——无论他

←德军在苏联的第一个冬天里经历了千辛万苦。在严寒中，苏军发动反击，迫使入侵者于前所未见的情况下奋战

围困列宁格勒作战示意图

拉多加湖

维堡

芬兰占领区

船运线

结冰道路

拉多加湖城

列德涅瓦

列宁格勒

基洛夫斯克

沃伊波卡

北方集团军
（勒布将军

↑ 列宁格勒之役是第二次世界大战中第一场大规模的城市包围战。虽然德军挺进该城并几乎切断所有的补给线，但仍有一条纤细的补给要道未被封锁，它穿过拉多加湖，让防卫者得以继续奋战下去

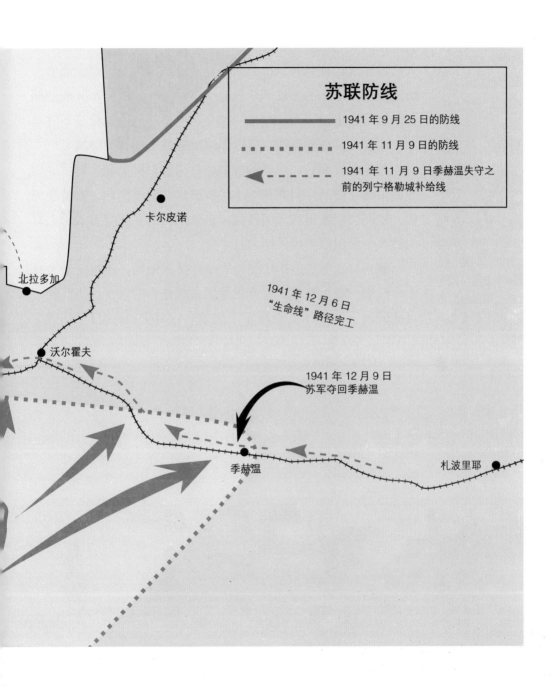

苏联防线

1941 年 9 月 25 日的防线

1941 年 11 月 9 日的防线

1941 年 11 月 9 日季赫温失守之前的列宁格勒城补给线

卡尔皮诺

北拉多加

1941 年 12 月 6 日
"生命线"路径完工

沃尔霍夫

1941 年 12 月 9 日
苏军夺回季赫温

季赫温

札波里耶

们身在何处。由于兵员与补给的短缺，联络线上的驻军都被拖入前线作战，并且并入母部队，他们逐渐在寒风中消逝而去。渗透到德军后方的苏联部队攻陷了一些阵地，但德军其他的部队依旧可以击退苏军的攻击。这个时候，苏军的力量还不够强大，而且补给亦不充裕，所以无法突破德军严密的防线。

就希特勒而言，苏联的攻势始终未能取得突破，即可证明他的策略是对的。只要德军士兵有勇气并坚守岗位，希特勒相信，他们可以击退敌人的任何攻击。这样的妄想导致成千上万的德军士兵白白丢掉了性命。

到1941年年底，东线战场的局势呈现僵局，不过，斯大林正在计划一场大反攻，打算把德国人和他们的盟友逐出苏联。与此同时，太平洋上也爆发了战争。1941年12月7日（美国东

↓ 图为一批穿行在苏联内陆的德军补给车队。在夏季或冬季路面结冻的时候，车辆的机动不会成为问题，但在两季之间，当大片的土壤变得泥泞时，那里就会寸步难行

部时间），日本向位于夏威夷珍珠港（Pearl Harbor）的美国海军基地发动奇袭，使当地驻军蒙受了惨重的损失。日本攻击美国海军舰队的行动是他们计划在太平洋建立防御性缓冲区的一部分，也是为防范美国干涉日军在东南亚的扩张活动。

进攻新加坡

日本通过威胁和外交手段，以及迅速、侵略性的军事行动取得了东南亚地区的控制权。一些国家生怕不敌强大的日军而同意与日本结盟或沦为附庸；其他进行反抗的国家则难逃被占领的命运。

日本的扩张威胁到了英国设在新加坡的海军基地，但英军并没有什么计划来防范。部队分散在整个马来半岛（Malay Peninsula）上守护各个机场，但他们能够使用的飞机十分有限，这样的部署毫无意义。

英军的防御力量分散，而且1917年的防守思维更让他们发挥不了什么作用。英国人太想建立一道井然有序的防线，并强调与侧翼部队的联络。他们还倾向于把注意力放在道路上，甚至假定丛林是无法通行的。然而，日军已屡次展现他们可以调动大批部队穿越丛林的能力，并迂回到固守的阵地后方袭击，或是先迫使敌人撤退，再加以伏击。

当英国和美国于1941年12月向日本宣战之际，日军已经明确作战目标，并长驱直入攻向新加坡。有些日本部队由陆路进兵，从暹罗湾（Gulf of Siam）最北端和南方的克拉地峡（Isthmus of Kra）一带南下推进，但大多数日军则从半岛东边的海岸进行登陆。

英国皇家海军企图阻挠日军的登陆行动，结果损失了两艘主力舰"威尔士亲王"号（Prince of Wales）与"反击"号（Repulse）却一无所获；地面部队在反制大部分的两栖登陆战中也没有取得什么战果。日军一旦在岸边建立滩头阵地，便迅速展开推进，并且进一步利用两栖登陆作战接二连三地占领敌人侧翼的阵地。

最后，英军被迫撤到新加坡本岛，而日军亦越过狭窄的水道，展开一场困难重重的登陆突击。双方在岛上进行激烈的战斗之后，防卫者于1942年2月15日投降。新加坡的失守为战局的发展带来巨大影响，因为进攻澳大利亚的大门从此洞开，英国皇家海军也被逐出他们位于远东的前进基地。对大英帝国来

↓尽管英军企图抵挡日军顺着马来半岛南下进攻新加坡，但日军仍势如破竹地挺进，穿越不易通行的丛林地带，攻打防备不及的新加坡守军

马来半岛防卫战的溃败

传统的教条说，坦克无法在丛林中运用，但日本人就是有办法做到。尽管他们的装甲车设计欠佳，却十分轻巧，而且足以对付备战不足的法军和大英帝国部队。日军的坦克在几次行动中成为制胜的关键，因为敌人根本没有料到会遭到坦克的攻击。日军积极进取的推进程度几乎到了鲁莽的地步，尤其是轻型坦克部队更是如此。他们让防卫者的兵力失去平衡，士气更是跌到谷底。

结果，英军的阵地接二连三地失守，他们仓促建立防线，接着又被敌人突破或遭侧翼夹攻而撤退。虽然英军展开几次顽强的抵抗，但在大部分的马来半岛防卫战中未能妥善用兵，并且所有的作战行动都是为了延缓难以避免的溃败，欠缺阻挡日军挺进的通盘计划。

说，失去这个掌上明珠的影响甚为深远。

与此同时，大英帝国的其他部队也撤到中南半岛的缅甸（Burma），向印度方向转移，其后卫部队的作战表现比在新加坡防卫战中出色。英军操作美制的 M3 斯图亚特（Stuart）轻型坦克扫荡敌人，原先趾高气昂的日本装甲部队在惨遭重创之后即变得更加谨慎，盟军亦得以在印尼与缅甸边界上的英帕尔（Imphal）建立防御阵地。英军在此地进行休整，直到实力恢复后再向日军占领区进攻。

苏联新的一年

德国士兵在进攻苏联的时候得到保证——这场战役会和波兰、丹麦与法兰西之役一样，迅速赢得胜利——所以他们完全没有准备好忍受那里的寒冬。尽管苏联部队的御寒配备较佳，可是他们仍在努力克服军队无能所造成的其他问题。

在1942年年初，苏联发动了冬季攻势。斯大林打算直接把德军逐出他的国家，所以展开一场大规模的反击，希望取得决定性的胜利。不过，红军的实力还不足以进行这样的作战，尽管刚开始的时候，他们看似可以成功。

德军奉命坚守阵地，无论他们是多么暴露于敌人的夹攻之下。因此，在防线最前端的德国士兵奋力在结冻的地表上挖掘战壕，抵御苏军的攻击。苏联在上年11月和12月的攻势虽被击退，但此刻德军的处境已非常艰苦。

面对莫斯科的中央集团军群努力固守阵地，并采取有系统的防御措施，它被称为"刺猬壕"（hedgehog）。德军在一连串的阵地四周架设多挺机枪，防范敌人来袭，其他地方亦使用这样的防御工事。尽管苏军突破了一些防线，可是在这段时期里，局势大致上没有什么改变。

在南部防区，苏联于1942年1月1日发动大规模反攻，突击库尔斯克（Kursk）附近的入侵者。虽然他们在敌人的防线上打出一个缺口，并突破32千米左右，但德军迅速展开有效的反制，最终守住了遭突破的防线侧翼。此刻，苏军的攻势已失去动力，战况亦逐渐稳定下来。

另一方面，苏联在1941年年底设法派大批的部队越过位于亚速海（Sea of Azov）和黑海中间的刻赤海峡（Straits of Kerch）。如此，苏军便能在克里米亚半岛（Crimea）建立据点，再从那里想办法突进到塞瓦斯托波尔（Sevastopol）。不过，设有重防的塞瓦斯托波尔港已被德军团团包围，而且处于德国防线的大后方。苏军无法由陆路穿越乌克兰抵达这座港口，便采取迂回的路线反攻。

接下来的两个月内，那里爆发了激烈战斗，费奥多西亚

（Feodosiya）港还两度易手。塞瓦斯托波尔的守军试图突围，加入反攻部队的行列，却被德军压制下去。到了3月，战况已呈现僵局。5月，德军最终夺下刻赤半岛，苏联人为塞瓦斯托波尔解围的希望因此破灭。

德军拥有两门800毫米口径的列车炮，绰号"多拉"（Dora），其中一门是为摧毁"马其诺防线"而打造。德国利用这种巨型列车炮炮击塞瓦斯托波尔的周边堡垒，它是当时最大的火炮，防卫者根本无力反击。到了7月中旬，塞瓦斯托波尔便落入德国人手中。

此刻，德军再度推进，向东部的斯大林格勒（Stalingrad）和南部的高加索地区发动夏季攻势。他们企图取得苏联的谷仓和石油基地，以进一步威胁中东的盟军基地。这或许还能说服土耳其加入轴心国阵营，共同对抗盟军。

在这个时期里，北方集团军群也持续包围列宁格勒，该城的补给一度全遭切断，每月都饿死上万人。苏军强行在森林里建立一条直抵拉多加湖外缘的通道，但补给品只能以接驳船运至列宁格勒，或是在湖面结冰时以卡车输送。这条纤细的生命线让这座城市的守军得以存活，并继续奋战下去。尽管十分勉强，但防卫者还是设法尽全力抵抗。德军不断炮轰列宁格勒，然而该城临海的侧翼有喀琅施塔得（Kronstadt）的堡垒和苏联红旗波罗的海舰队的掩护，德国人亦缺乏足够的兵力发动猛攻，因此他们能够做的只有慢慢消磨列宁格勒守军的力量。

太平洋上的日军

就在珍珠港遇袭的几个小时之后，日本战机也向菲律宾群岛上的美国空军基地发动攻击。美军完全没有防备，许多飞机

←太平洋战争初
期，日军似乎所向
无敌。马来亚与新
加坡、菲律宾群岛
和其他岛屿上的盟
军都遭到驱逐，他
们甚至担忧日本的
旗帜会在澳大利亚
和新西兰飘扬

在地面上被摧毁。日本取得制空权后即在1941年12月22日展开登陆作战，他们的首要目标是菲律宾最大且最重要的岛屿——吕宋岛（Luzon）和棉兰老岛（Mindanao），其他的小岛亦同时遭到攻占。日本的意图是要困住吕宋岛马尼拉（Manila）一带的美军，因为他们推测美国人会守护这座首府。不过，大批的美军和菲律宾部队早就逃离了这个陷阱，并抵达附近的巴丹半岛（Bataan Peninsula）。

在迟来的掩护撤退行动期间，美国第26骑兵队进行了或许是史上最后一次的骑兵作战。他们手持11.43毫米口径的半自动手枪，冲向惊慌失措的日本步兵之间，大举进行破坏。

美国M3型半履带装甲车

类　　型：半履带式装甲运兵车		武　　装：1挺 12.7 毫米机枪，1挺 7.62 毫米机枪	
乘　　员：13 名			
发动装置：1台怀特（White）160AX 型6汽缸汽油引擎，输出功率 109600 瓦		性　　能：最快平地速度 64.4 千米 / 小时，涉水能力 0.81 米	
装甲厚度：8 毫米		尺　　寸：长 6.18 米，宽 2.22 米，高 2.26 米	
重　　量：9299 千克			
最远行程：282 千米			

另外，直到4月初以前，美军守住了巴丹半岛，而科雷希多岛
（Corregidor）的要塞也坚守到5月7日才被攻占。菲律宾群岛
上残存的美军和科雷希多岛的守军一并投降，尽管有部分的菲
律宾军队躲进丛林里展开游击战，继续抵抗入侵者。

　　日本在基本驱离了南太平洋上的盟军海军舰队之后，便派
兵横扫荷属东印度群岛。到了1942年3月初，日军已确保了这
块区域的安全。随着菲律宾群岛沦为日军的基地，他们即可进
一步夺取先前无法掌握的岛屿。新几内亚（New Guinea）诸岛接
二连三地落入日本人手中，而所罗门群岛（Solomon Islands）

↓日军在太平洋战
争初期的空袭一度
使他们获得了空中
优势，后来也被用
来对付盟军进行两
栖攻击行动

上亦建起日军的基地。

日军于南太平洋的推进行动最后在一场海战中被击败，此即珊瑚海（Coral Sea）附近的航空母舰大战。不过，还得等上好一段时间局势才会逆转。与此同时，新几内亚和缅甸边界的战斗亦在持续进行。

北非之役

自1941年中期以来，北非的局势由于各种因素相对沉寂了一段时期。远东爆发的战事转移了盟军的注意力，而轴心国也全力投入侵略苏联的行动。此外，北非的盟军和轴心国部队都试图强化他们的力量，并努力克服不同的难题。

此刻，盟军正处于过长补给线的末端作战，而轴心国的补给线虽然较短，但由欧洲驶来的运补船队得经过马耳他（Malta），从该岛出击的盟军空中和海上部队经常重创隆美尔的补给舰。不过，马耳他有时也会遭受猛烈的围攻，防卫者除了试图在沉重的打击中求生之外，未能有所作为。最后，英军在北非取得了微弱的优势，并于1941年11月底展开进攻。这场代号为"十字军行动"（Operation Crusader）的攻势达到了出其不意的效果，而且赢得了初步的胜利。然而，托布鲁克的部队虽奉命突围并与挺进中的第8集团军（由该区的英国部队编成）会合，却无法达到目的。作战行动一度停滞下来。

这一年结束之前，英国第8集团军再度向前推进，并于1941年12月7日越过加查拉（Gazala）。到年底，他们便重返

↓ "沙漠之狐"隆美尔元帅偏好在前线指挥军队，他一个接一个地视察各部队，亲自了解状况。隆美尔不止一次受到死亡的威胁，但大体而言，亲临火线是非常有效率的指挥方式

阿盖拉。不过，英军的处境每况愈下，他们身处延伸过长的补给线末端，士兵也已筋疲力尽，许多故障车辆都无法维修，第8集团军开始变得不堪一击。

隆美尔此时已赢得"沙漠之狐"（Desert Fox）的美名，他正是发动德军反攻的鬼才。隆美尔成功击退第8集团军，而且到了2月4日，敌人一路退守至加查拉。其后，战线趋于稳定，直到5月12日德军才再次出击。虽然隆美尔的兵力远不及英军，装备也大部分是意大利制造的劣等坦克，但他还是派出装甲部队以钩形攻势突进到英军阵地的后方，并取得相当不错的进展。

不过，就在这个关键时刻，隆美尔部队的进攻气势开始下

↓德国国防军广泛地使用摩托车作战，无论是进行侦察或运载轻型武器。摩托车的副座仅能架设一挺机枪，但它赋予快速机动的侦察部队合适的战斗能力，并能对抗敌军的步兵

滑，轴心国的装甲车受困于英军主要防线的后方，并遭受多面夹攻。他们唯一的补给通道是穿越英军主要防线的一条狭窄走廊。隆美尔击退不断来袭的敌军，并拓宽这条后勤走廊，以便他的装甲部队得到足够的补给，再发动攻击。

加查拉防线于接下来的攻势中迅速崩溃，隆美尔也得以横跨北非，一路追击敌军至埃及边界的阿拉曼（El Alamein）。轴心国部队经过托布鲁克之际，扫荡了这座城市。不过，托布鲁克的失守大部分可以归因于英军防线突然遭到攻破，导致城内的守军来不及备战。

1942年6月底，埃及已面临严峻的威胁。英国第8集团军在岸边的阿拉曼至内陆无法通行的盖塔拉洼地（Qattara Depression）之间挖掘战壕设防。这道防线相当坚固，而且无法绕到侧翼攻击，所以隆美尔需要强化部队的兵力，才能再度展开行动，但这也给了盟军喘息的机会。此外，隆美尔还得面临严重的后勤问题，因为他们正处于过分延伸的补给线末端，就如同盟军在阿盖拉时的情况一样。

7月1日，隆美尔向阿拉曼防线发动进攻，却遭到敌人顽强的抵抗。翌日，重新启动的攻势也遇上盟军不成功的反击。然而，日益强大的反抗力量迫使隆美尔转为守势，并等待援军的到来。

7月10日，盟军展开大规模进攻，开启了一段时期的拉锯战，作战的范围相当有限。不过，这样的拉锯战耗损了英国的兵力，行动亦于7月31日结束。尽管如此，他们仍努力强化防御阵地，以防范隆美尔率领的德军的攻击。然而，南部防区尚未完工之际，轴心国部队即在8月30日来袭。

隆美尔的装甲部队企图从敌军主要防线的右侧以钩形攻势突进，但他们遭遇意想不到的强烈反抗。次日，装甲部队的进攻取得突破，并继续向阿拉姆哈勒法（Alam el Halfa）挺进。不过，他们在那里遇上反坦克炮、坦克和重炮的攻击，而且敌军都处于设防完善的高地上。随着伤亡不断攀升，成功的机会消逝，油料也快要用尽，隆美尔决定中断行动，退回他们的阵地。阿拉姆哈勒法之役是轴心国在北非作战的最高潮，其后，他们便无法再向埃及推进。而盟军在累积了一段时期的力量之后，即展开驱逐敌人的行动。

↓卡车沿着北非海岸公路行驶。在这条路上的补给车来来回回地行驶，先是盟军，后来是轴心国的车队

太平洋战局的逆转

1942年中期，日本赢得战争的企图在中途岛战役（Battle of Midway）的大败中落空。他们损失了四艘航空母舰及众多训练有素的飞行员，海军水兵的伤亡亦十分惨重。这严重影响了日本帝国海军（Imperial Japanese Navy）投射力量至太平洋各个角落的能力，并使盟军士气大振。

然而，日本人步步逼近澳大利亚让盟军感到芒刺在背。日军指挥官从新不列颠岛（New Britain）上的拉包尔（Rabaul）

野战指挥所，已可以眺望盟军在所罗门群岛上建设航空基地的活动，而新几内亚的反抗力量也越来越薄弱。取得该区的胜利乃是日军入侵澳大利亚的最后一块踏脚石。

日军登陆新几内亚岛的戈纳（Gona）后，迅速扫除所有的反抗势力再朝内陆推进，并于1942年7月27日抵达科科达（Kokoda）。日本的下一个目标是南方的莫尔斯比港（Port Moresby）。然而，这是十分艰巨的任务，即使对具备丰富丛林作战经验的日军来说亦是如此。

8月26日，日军开始进攻米尔恩湾（Milne Bay）的行动，尽管他们成功上岸，但澳大利亚部队亦于9月5日发动反攻，迫使日军撤退。接着在9月11日，澳大利亚步兵师掉头，并越过欧文·斯坦利山脉（Owen Stanley Range），南下逼近米尔恩湾。

与此同时，由于补给的问题加上澳大利亚部队的顽强抵抗，日军向莫尔斯比港的推进速度减缓下来，以致他们迟至9月16日才进入距离目标40千米的范围内。他们在那里停滞不前，而其他地方的问题也引开了拉包尔区域指挥官们的注意力。

←战机可以从很远的距离打击敌人并击沉船舰。然而它们需要机场来起降，航空母舰也不可能无所不在。太平洋岛屿上的多次作战都是为了确保机场的安全，或是毁掉它以防敌人使用

8月7日，一支盟军舰队运载着两栖部队抵达所罗门群岛，并摧毁图拉吉岛（Tulagi）的日本水上飞机基地，而其他岛屿上的小规模部队亦遭清除。在这场作战中最重要的行动是占领瓜达尔卡纳尔岛（Guadalcanal），日军正在该岛建立航空基地。

当其他小岛上的日军死守到最后一兵一卒的时候，瓜达尔卡纳尔岛的机场却很快便落入盟军手中。他们派出巡逻队扫荡残存的日军之后，便让机场开始运作。盟军并非没有遇上麻烦，从拉包尔起飞的战机不断袭扰，日本的巡洋舰队也切断盟军海军予以滩头堡的掩护，迫使尚未卸货的运输舰撤离。

接着，日军开始调派驱逐舰和轻型巡洋舰载送部队登陆瓜达尔卡纳尔岛，他们的兵力不是很多，却能发动果敢的攻击。尽管如此，日军的攻势仍遭击退，而且蒙受了惨重的伤亡。日军另一次企图夺回瓜达尔卡纳尔岛的尝试引发了一场海上混战，多艘日本船舰被击沉。不过，日军在夜

←日军占领图拉吉岛以建立水上飞机基地。在一场猛烈的空袭之后，该岛遭孤立，直到所罗门群岛战役展开时才又恢复生机

间利用快艇运载步兵成功登岸，可是他们没有重炮和重装备。传统的运输舰虽也参与运送人员和装备，但它们无法在破晓之前及时离开，所以遭受到盟军战机无情的猎杀。

日军的实力

运载日军步兵的驱逐舰队不久即被称为"东京快车"（Tokyo Express），而且逐步建立起瓜达尔卡纳尔岛上的日军力量，他们还有一次大好的机会可以驱逐那里的美军。9月7日，日军下达进攻指令，该岛的部队亦于9月12日发动攻击。美国海军陆战队的队员负责守卫瓜达尔卡纳尔岛上的航空基地，此时，它已被命名为亨德森机场（Henderson Field）。由于美军的巡逻队发现一处刚被遗弃的补给站，所以事先警告了海军陆战队可能遇袭，他们亦因此能够进行顽强的抵抗。

日军的主要攻势持续了两天，战况十分激烈。一些日本部队穿过周边的防御阵地，美军也展开追捕，双方的伤亡都十分惨重。美国人的处境又因为痢疾的肆虐而雪上加霜，大批士兵皆变得虚弱不堪。

随着更多的日本部队抵达瓜达尔卡纳尔岛，那里有时也爆发零星的激战，美军试图驱离敌人。到了10月底，该岛日军兵力的提升工作已经完成，他们也在10月23日至24日展开更猛烈的进攻。日军原本打算发动协调攻击，但最后一刻的差错导致这场攻势不太连贯。然而，一些部队仍攻入了盟军的阵地。尽管日本最高司令部于10月26日取消进攻行动，但瓜达尔卡纳尔岛上的争夺战依旧持续了好一阵子。

同时，由于瓜达尔卡纳尔岛战役正如火如荼地进行，日军没有办法增援与补给莫尔斯比港的部队。这给了盟军更多的时

←在浓密的丛林里，战斗是在很短的距离间进行，所以冲锋枪与卡宾枪会比步枪实用。作战是否成功经常取决于哪一方先看到敌人，并在他们有所反应之前，以密集的火力扫荡

间运送部队到该区，并发动反攻，渐渐迫使日军撤至"科科达小径"（Kokoda Trail），澳大利亚部队也在11月2日夺回了科科达。

　　盟军的海上行动，以及亨德森机场的战机支援决定了瓜达尔卡纳尔岛和其他所罗门群岛岛屿的命运，他们得以运送大量人员与装备登岛，而日军则没有这样的能力。结果，瓜达尔卡纳尔岛上的日军再也无法承受盟军的攻击，战场的主动权也转移到美国人手中。

　　11月中旬，美军首次清除该岛日本部队的尝试失利。不过，日本海军的损失惨重，导致他们无法支援或运送部队过去，日军最高司令部也不得不在12月31日放弃这场战役。

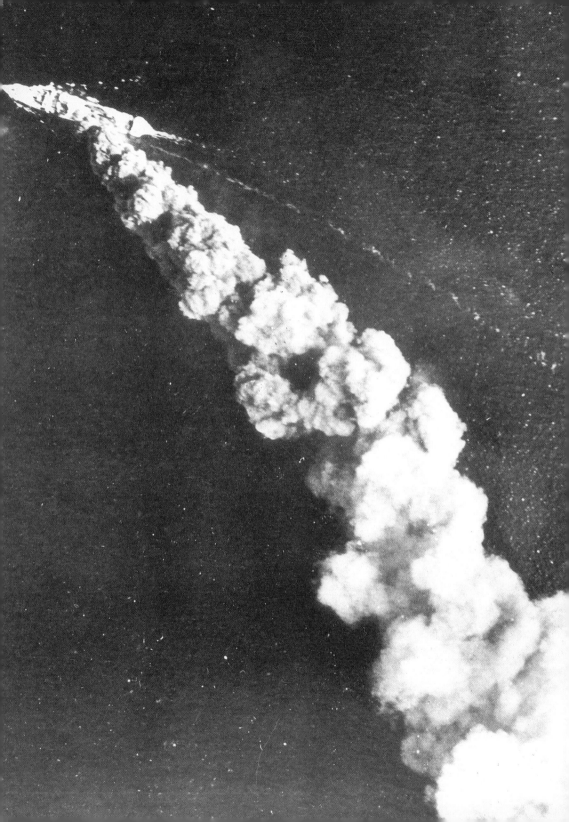

此刻，盟军已取得了海上的优势，进而掌握主攻权。可是他们没有花费太多的心力削弱拉包尔的守军，却决定先绕过这座日军的区域总部。其后，盟军便展开一连串的跳岛攻势，以扫除所罗门群岛上的日本驻军。

盟军在新几内亚的作战由于海军在俾斯麦海之役（Battle of Bismarck Sea）中获胜而得利，日本护航舰队原本载着支援部队前往该岛却遭受毁灭性打击。那里的日军也因为得不到增援而失势，并逐渐被歼灭。

←←日本决定由海路派兵增援新几内亚岛，但盟军的空军也尽全力阻挠他们的运输舰航向那里的港口。不久即爆发了俾斯麦海之役

虽然盟军从未占领拉包尔，但此地在大战中所扮演的角色越来越不重要。海权的优势让盟军能够随时随地打击他们所选定的目标，并迫使日本转为守势。尽管盟军还有一段艰辛的路要走，但局势已经扭转，开始对他们有利，日军无法继续在太平洋上推进了。

斯大林格勒保卫战

对苏联和德国来说，斯大林格勒无论是政治上还是战略上都十分重要，这场战役的结果将会影响双方的士气。而且，该城还是交通运输的交叉点和工业中心，如果失守，便会大大减弱苏联继续进行战争的能力。

1942年8月19日，德军奉命占领斯大林格勒，此时他们已朝这座城市的方向推进了一段时间。当时，苏军的战况并不顺利，沃罗涅日（Voronezh）已经失守，通往斯大林格勒的西北大门因此洞开。另外，顿河畔罗斯托夫（Rostovon-Don）也在8月23日遭到攻占，而北翼的德军亦挺进到伏尔加河（Volga）畔。

若苏军越过伏尔加河撤离斯大林格勒，他们将无法阻挠轴

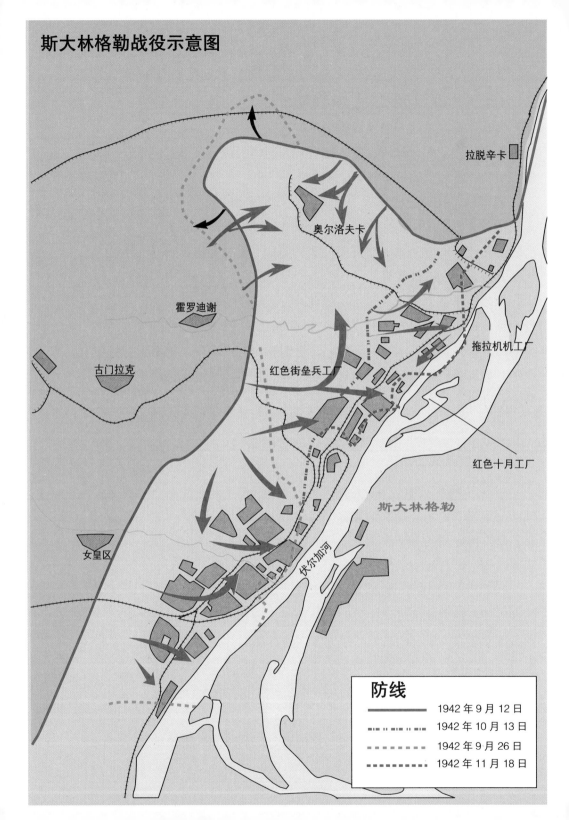

斯大林格勒战役示意图

拉脱辛卡

奥尔洛夫卡

霍罗迪谢

古门拉克

拖拉机机工厂

红色街垒兵工厂

红色十月工厂

斯大林格勒

女皇区

伏尔加河

防线

——————	1942 年 9 月 12 日
–··–··–··–	1942 年 10 月 13 日
– – – – –	1942 年 9 月 26 日
▬ ▬ ▬ ▬	1942 年 11 月 18 日

心国部队进一步向高加索地区推进。所以斯大林下令不惜一切
代价死守该城，就算那里被夷为平地也不容许撤退。

苏联人民为捍卫斯大林格勒所做的努力非常惊人，进攻者
同样也如此。最前线的苏军遭受密集的炮轰和空中攻击之后，
很快便溃不成军而退回城内。不过，刚接任守军部队指挥官的
瓦西里·崔可夫（Vasily Chuikov）将军并非泛泛之辈，他下令
当地的居民组成民兵，仓促武装起来。虽然这批非正规部队在
传统的军事行动中是否有价值仍令人半信半疑，但他们相当熟
悉城市的环境，且有能力防卫坚固的阵地。另外，许多苏联的
重型火炮被移往伏尔加河的东岸，敌军无法跨河扫荡，他们却
能够炮轰入侵者。

9月13日，德军开始向市中心突进，艰苦的巷战也随之展
开。到处都是强大的防御据点，有些据点因伤亡惨重而声名不

斯大林格勒之役——转折点

斯大林格勒之役是有史以来最惨烈的一场战役，这场杀戮几乎让德军损失
了他们在苏联总兵力的1/4。这样的惨剧或许可以避免，可是苏联一旦完成了
包围之后，德军就仅剩下一个目标——生存。若斯大林格勒的德国部队很快
遭到歼灭，局势即有可能如曼施坦因将军所担忧的一样，苏军会进攻罗斯托
夫，切断部分正在高加索地区作战的南方集团军群，并导致轴心国更严重的
挫败。

无论如何，许多历史学家认为斯大林格勒之役是第二次世界大战的转折
点，尽管它并未立即反映在战局的发展上，但双方的实力平衡已无可挽回地
扭转。大战爆发之际，轴心国是以强大的武力取胜，而且他们确实有机会得
到辉煌的功绩；而盟军，只要他们能够避免一再战败，则可以透过生产力和
人力的优势获得最后胜利。

佳，马马耶夫岗（Mamayev Kurgan）上的苏军观察哨、中央火车站和谷仓场即为其中的三处。

苏联的增援部队跨过伏尔加河进入斯大林格勒，伤患也以同样的路径撤离。虽然苏联企图向德军占领区发动反击，可是他们掌握的区域却越来越小。9月27日，德军向红色十月工厂（Krasny Oktyabr Factory）展开大规模的攻势，但苏联也特别为对抗这起行动从伏尔加河彼岸调派部队过来进行反攻。

德军逐步挺进到伏尔加河沿岸，他们于10月5日时取得一些登陆区的控制权，企图制止苏联的增援靠岸。接着，该城北部的拖拉机厂、钢铁厂和军火工厂遭受猛烈的攻击。大部分区域都被占领，但仍有若干防卫者在断垣残壁间死守。到了11月初，德军的力量已在这起攻势中消耗殆尽。

最后的努力

11月11日，德军做了最后一次的努力，企图彻底拿下斯大林格勒。他们在对抗憔悴不堪且筋疲力尽的苏军中取得一些战果，却未获得全面的胜利。防卫者的补给状况十分严峻，几乎是弹尽援绝，许多部队的兵力都仅剩下组建时的十分之一。然而，苏联"派每一位能拿枪的人上战场"的策略起了作用，尽管双方的伤亡都很惨重，但只有防卫者的兵员替代率较佳。苏军民兵从防御阵地中四面出击，导致德军不断损失训练有素的士兵，补给亦被用尽。苏军还在11月19日从北方展开强有力的反攻，让该城的德国部队面临遭围歼的威胁。苏联钳形攻势的两翼部队于卡拉奇（Kalach）附近会合，并切断了斯大林格勒城内的德军。

虽有情报显示这样的情形可能发生，但希特勒和他的幕僚

←←图为斯大林格勒之役期间，一个德军步兵炮班组。该城大部分的区域都被轻型步兵火炮摧毁，散落的瓦砾随处可见

却倾向相信苏军的状况不足以发动任何有力的攻势。此外，希特勒迫使试图向高加索进兵的指挥官李斯特（List）将军辞职，造成了德军内部的骚动。因为希特勒不相信李斯特的部队已尽了全力作战，虽然他们确实遇上困难重重的地形和顽强的抵抗。

指挥德国顿河集团军群（Don Army Group）的曼施坦因（Manstein）将军亦提出警告，他认为罗斯托夫一带正面临威胁，位于高加索地区的部队可能会被切断。他们必须赶紧发动决定性的突击，救出受困于斯大林格勒的德军并挽回局面。

不过希特勒并不同意曼施坦因的建议，他已经自负地向世人宣告，德军将不会离开"斯大林格勒要塞"；受困于这座城市里的25万名轴心国部队会通过德国空军建立的"空桥"得到补给，继续支撑下去。尽管一些德国空军的军官表示反对，认为这根本无法办

←苏联红军一向偏爱使用迫击炮。虽然迫击炮的射程比传统火炮短，但它能够在很短的时间内投射大量的炮弹至目标区，而且可以让步兵携行

到，但总司令赫尔曼·戈林（Herman Goering）仍向希特勒保证，空军会持续支援那里的德军。

同时，斯大林格勒的红军强化了他们的阵地，对内压制受困德军突围的企图，对外则防范其他的德军部队前来解围。接着，苏联便展开扫荡"口袋"内敌人的歼灭战。曼施坦因无视希特勒不惜一切代价守住斯大林格勒的命令，发动攻势为友军解围，并要求受困城中的指挥官保卢斯（Paulus）将军进行突围与他们会合。

保卢斯面临遵从希特勒命令还是接受曼施坦因要求的两难抉择。不过最后，由于斯大林格勒大部分地区都已被苏军收复，他们也正步步逼近，保卢斯的部队无力发动任何形式的突围战，只能就地进行抵抗。

↓斯大林格勒战役中的场景。虽然德军在这场战役初期有机会获得胜利，但希特勒坚持守住该城却导致德军最后付出高昂的代价

另外，德国空军就算把中型轰炸机投入运补行动中，流进斯大林格勒的补给还是无法满足受困的部队，并维持他们的战斗能力。很快地，那里的德军每日仅能执行几次巡逻，而且被命令只有在自卫时才可以开火。

到了1942年的最后一个星期，保卢斯将军知道这场战役即将告一段落。援助的请求、更多的补给和投降全都得不到回应。希特勒仅晋升保卢斯为元帅，让他的军衔高过曼施坦因将军，并提醒他从未有德军的元帅投降过。

1943年1月24日，保卢斯解散了麾下的残余部队，并令他

↑ 苏联 T-34 坦克的出现使轴心国部队感到讶异，它拥有强大的 76 毫米主炮和良好的防护。在大战后期，德国的坦克已让 T-34 相形见绌，所以苏联也生产了提升火力的改进型坦克

们组成小队，为各自的生存而战。这表示他不再是一支有组织军队的指挥官。那个时候，有两支德国大部队尚留在斯大林格勒，加上一些零星的队伍。保卢斯和南部的那支德军于1月31日投降，两天之后，北部的德军亦放弃抵抗。

"沙漠之狐"的败北

1942年夏季，北非的轴心国部队未能突破盟军的阿拉曼防线，不得不转入守势。隆美尔预料盟军会发动进攻，于是下令做好迎战的准备。不过在行动展开之际，他患了一场大病，因而无法亲临现场指挥作战。

此刻，伯纳德·蒙哥马利（Bernard Montgomery）将军接

以资源的优势取胜

阿拉曼之役的要地是基德尼山（Kidney Ridge）和特尔阿卡吉尔（Tel al-Aqqaqir），双方在此地展开了激烈的反复拉锯。盟军的空中攻击对这场战役产生了决定性影响，尽管效果是间接的。许多运送油料和补给至北非的轴心国船舶被盟军战机击沉，使隆美尔的装甲部队丧失了某些程度的机动性。对坦克而言，机动性和火力同样重要，尤其在北非广阔的地形上作战，机动部署的能力会因油料或备用零件的消耗而迅速流失。

隆美尔可以运用的坦克数量也是这场战役的成败关键，蒙哥马利的作战计划即为此费了一番苦心。蒙哥马利建立了庞大的装甲后备力量，只要德国的坦克在作战过程中因油料与补给的匮乏而动弹不得，他就能够重创敌军。随着德国或意大利的坦克逐渐退出战场，得到军需站持续充足供给的英军第8集团军得以从容扫平轴心国步兵。

掌了北非盟军的指挥权，他决定于南方发动转移注意力的攻击，北方则由步兵突破敌人的阵地，扫除地雷区并打开一条通道，接着装甲部队再展开进攻。

　　这场战役的准备有一些特色。英军采用了巧妙的欺敌战术和双重诡计，他们在阵地内放置假人或假装备，并故意让对手发现，待敌军发觉上当而离开之后，再部署真实的兵力来取代那些欺敌的东西。同时，英军也把坦克伪装成卡车，或是卡车

↓蒙哥马利将军信奉以压倒性的力量来达到他的目的，但这需要非常谨慎的计划。英军攻打阿拉曼之际即广泛运用了欺敌策略以增加成功的概率

伪装成坦克，以在不同的区域制造装甲部队正在集结的假象。

作战行动于1942年10月23日展开，英军发动大规模的炮击，许多炮弹就是来自先前"被揭发为骗局"的地方。接着，步兵上场并开始扫除轴心国埋得很深的地雷。英军的进展比预期的还慢，第一天结束时他们的装甲部队还未能出击。另外，为了持续压制轴心国部队的力量，盟军也派出大批的战机予以支援。

10月24日，由于盟军还无法越过地雷区，所以不可避免地引来德国装甲部队的攻击。双方展开几回激战，但都没有取得什么

← 在阿拉曼战役期间，许多英军的炮兵阵地原先摆放的是欺敌用的道具，一旦敌人察觉上当而离开后，再以真实的火炮取代。因此直到开火之前，轴心国部队都一直以为炮兵阵地摆设的是无害的东西

↓ 图为一门设置在十字形拖车架上的德国88毫米防空／反坦克炮。这种"88炮"是第二次世界大战中最精良的武器之一，它的火力几乎可以在任何射程范围内击穿大部分的坦克

战果。终于，盟军突破了地雷区，可是他们在稍有斩获之后便再次停滞不前。英军一度陷入苦战，因病而暂离的隆美尔此时也仓促返回战场。缺乏油料的德国装甲部队尽管兵力大受影响，还是能够发动局部性反攻，并应付盟军后备部队的机动作战。盟军在进攻期间经常感到困惑，他们无法正确掌握敌人的实力状况，并因此遭受了惨重的损失。

10月的最后一天爆发了一场近距离的厮杀，双方皆付出高昂的代价。德军的88毫米反坦克炮重创了不少坦克，可是渐渐地，轴心国装甲部队的战斗力在反攻行动中消耗殆尽，他们无法挽回不断恶化的局势。

↓尽管部队可以借由步行来部署，但是在一望无垠的沙漠中，机动车辆成为不可或缺的作战工具

到了1942年11月2日这一天结束的时候，隆美尔只剩下不到36辆坦克。他致电请求允许撤退，但这个请求遭到拒绝。翌日，隆美尔的下属托马（Thoma）将军率领残余的德国装甲部队上场作战，被全数歼灭。

尽管轴心国的防线各段都出现了大洞，意大利和德国的步兵仍尽全力守住阵地。不过，有些部队几乎算是全军覆没了。隆美尔明白，试图遵从希特勒的命令是极其愚蠢的事，于是他授权部队进行撤退。

在一些意大利坦克和少数德军装甲车的支援下，隆美尔得以掩护他的炮兵后撤。再一次，北非大战又回归到过去沿着滨海道路竞逐的情形，而这一次是向西方行进。盟军企图以钩形攻势绕到撤退的轴心国部队后方，打算再次取得如同贝达·弗姆之役的伟大胜利，却没有成功。于是，蒙哥马利便计划以稳健的方式追击敌军。

就隆美尔的部队而言，除了全面撤军之外，别无他法。不过，隆美尔微小的装甲部队仍能够巧妙地掩护撤退行动。经过阿盖拉和岑参干河（Wadi Zemzem）的停顿后，他们便撤到相对安全的突尼斯"马雷斯防线"（Mareth Line）。

"马雷斯防线"原是法国为了防范意大利军队的攻击而建

沙漠风暴：一位坦克副驾驶的记述

正如"虎"式坦克让盟军感到讶异，一些配备新型17磅炮的盟军坦克也令敌军为之震撼。这款武器足以射穿IV型坦克的装甲，大致能够和德国最好的坦克匹敌。如果盟军同型坦克的部署超越了轴心国部队，则任何战役中的实力平衡将会产生重大的变化。

立，此刻，它被意大利与德国军队占领。虽然轴心国装甲部队的力量遭到严重削弱，但步兵还拥有相当的兵力，能够展开有效的防御。

尽管隆美尔大败，而且已退过了北非海岸线的大半路程，可是他还没有到穷途末路的地步。当前，隆美尔部队的补给线较短，可以直接从欧洲南部经由突尼斯至前线，况且他们还有固若金汤的防御工事可以利用。此外，防线的两翼也很安全，那里的东边即为苏尔特湾，西边则是阿特拉斯山脉（Atlas Mountains）。

英国人再次遭受补给线延伸过长之苦，而且他们处在比以往还要长的补给线末端。所以，英军对马雷斯防线的进攻很轻易地被挡了下来。

不过，隆美尔面临另一个巨大威胁。1942年11月，盟军登陆到法国维希政权的摩洛哥和阿尔及利亚（Algeria）。隆美尔的部队抵达"马雷斯防线"之

← 图为1942年10月，一群德国战俘正于英国"黑卫士兵团"（Black Watch）的士兵看守下行进。虽然此刻北非之役尚未告一段落，但轴心国部队已被逼退到突尼斯境内

↓ 图为一群在北非行军的美国游骑兵（突击队）。毫无经验的美军一开始被战技高超的德国国防军玩弄于股掌之间。不过，他们迅速且痛苦地汲取教训，到了1944年时，美军已可与德国部队匹敌

际，美军正从西方往突尼斯挺进。这批部队大多没有实战经
验，因此，当老练的轴心国部队重新取得一些坦克力量并发动
反攻时，他们便遭受了惨重的损失。

凯塞林山口

尽管如此，盟军各部队仍持续挺进。当美军和自由法国的
部队来到可穿越阿特拉斯山脉的凯塞林山口（Kasserine Pass）
时，他们即威胁到了"马雷斯防线"的补给线。隆美尔必须赶
紧采取反制措施来化解危机，所以他决定展开猎捕行动。

德国装甲部队以极具侵略性的气势攻打盟军的前锋。许多
美军指挥官的总部距离前线太远，无法及时对变化多端的战局
做出反应。他们试图反制德军的攻势，但反击行动显得十分笨

↓在像图中这样空
旷的地方设置反
坦克炮阵地其实十
分不利，因为它很
容易吸引敌人的注
意。除了火炮上的
防盾之外，炮手们
没有其他的防护

拙且不协调。于是，盟军退回凯塞林山口，那里的地形比较容易防守。

　　然而，隆美尔率领他的装甲部队驶进凯塞林山口，并突击仓促构成的防御阵地。另外，隆美尔还有少数的"虎"式（Tiger）坦克可以展现雄风，尽管这款重型坦克太过耗油且复杂，但盟军的大部分反坦克炮都对它们无可奈何。

美国M4A2 型坦克

类　　型：中型坦克

乘　　员：5名

发动装置：2台通用汽车（General Motors）6–71 型柴油引擎，输出功率37.3千瓦

装甲厚度：15~76 毫米

重　　量：31360 千克

最远行程：161 千米

武　　装：1门 75 毫米炮，1挺 7.62 毫米同轴机枪，炮塔1挺 12.7 毫米防空机枪，车体1挺7.62毫米防空机枪

性　　能：最快平地速度 46.6 千米 / 小时，涉水能力 0.9 米，跨越垂直障碍能力 0.61 米，越壕能力2.26 米

尺　　寸：长5.9米，宽2.6米，高2.74米

　　部分盟军部队展开顽强的抵抗，大多是非常年轻的军官采取积极主动的作为，这多少减缓了德军的推进速度。最后，隆美尔的攻势在1943年2月22日被盟军的后备部队挡了下来。

　　隆美尔了解他的补给线在近期内没有被切断的危险后，旋即撤退。尽管美军再次挺进，但到了3月3日，他们又退回原来的起始地。在此期间，美国人从装甲作战的大师那里汲取教训后，德军便难以逼退他们。另一方面，正当美国进行部队重组以免类似的灾难重演之际，英军则向"马雷斯防线"发动试探性攻击。

　　1943年3月初，隆美尔向英军发动进攻，轴心国部队有补给线较短的优势，而且是在内线作战。不过，敌方坦克的数量几乎是轴心国的三倍，他们的阵地亦有反坦克炮防护，这波攻势很快就停滞不前，并造成隆美尔惨重的损失。

　　接着，换英军出手，他们以钩形攻势突破至"马雷斯防线"的后方，而其他的部队则由正面进攻。隆美尔以他手边的少数坦克向进攻防线侧翼的敌军展开反攻，并成功击退他们。然而，此举转移了轴心国对于前方的注意，英军也终于能够突破"马雷斯防线"。

　　轴心国部队全面退到位于阿卡里特干河（Wadi Akarit）的新防线，那里虽然也是坚强的防御阵地，但英军步兵仍能拿下关键的制高点而取得胜利。不久，德军再次被迫撤退，并进驻到迈杰尔达山谷（Medjerda Valley）的最后阵地。英国步兵于夜晚发动攻击，并成功突破防线。接着，装甲部队进一步扩张防线的缺口，占领突尼斯，扫荡了北非残存的敌军。

　　留在突尼斯的残余意大利部队于1943年5月7日投降，而德军则坚守到5月13日。随着他们的投降，北非的轴心国部队终于被一扫而空，盟军也能够思考下一步的作战计划，往北朝欧洲南部挺进。

史上最大的坦克战

　　东线战场在1943年年初有了新的动静。刚从斯大林格勒之役获胜的红军发动新一波攻势，打算把轴心国部队逐出苏联。正当苏军突破到莫斯科大门前的德军后方，再向北推进试图包围敌人的时候，南部的另一场战役将让乌克兰获得解放。

　　苏联的计划是切断于顿涅茨盆地作战的德军，迫使他们往南进入克里米亚，加以歼灭。苏军有强大的兵力可以运用，包括大批的 T-34 坦克和自行火炮，他们的火力能够在射程内击穿大部分的德国坦克。另外，苏联也开发出可摧毁"虎"式坦克的重型自行火炮，而且数量越来越多，尽管那些重型坦克仍是难以对付的目标。

　　1943年1月29日，苏联的攻势展开。曼施坦因将军指挥当时称为顿河集团军群的轴心国部队，他请求进行战术性撤退，以免遭到包围。当然，曼施坦因的请求被拒绝，但他还是径自撤军，逃离毁灭的命运，而希特勒则心不甘情不愿地宽恕了他的举动。

　　苏军的进展顺利，夺回了库尔斯克和别尔戈罗德（Bielgorod），接着继续朝哈尔科夫（Kharkov）挺进。哈尔科夫是重要的目标，它是苏联的第四大城市，希特勒下令坚守到最后一兵一卒。正当轴心国部队试图阻挡苏联大军压境的时候，一个纳粹党卫军的装甲军也加入战局，并一度挡住大占优势的苏联部队。

　　如果德军再坚守下去即有被包围遭歼灭的危险。党卫军的部队虽奉命留在岗位上，但他们选择突出重围，逃离这座快

要沦陷的城市。希特勒大为震怒，下令这支部队发动反攻，夺回已在2月15日完全落入苏联人手中的哈尔科夫。

党卫军的反攻于2月19日展开，尽管他们遭受了惨重的伤亡，但战斗非常成功。到了3月14日，哈尔科夫再度为德军所占，苏联人则被驱逐至160千米外的地方，战线也在库尔斯克附近形成了一块巨大的突出部。

"堡垒行动"

春天来临，冰雪融化，大地变得泥泞不堪，自1943年3月底之后，作战即难以进行。不过，双方都计划在夏季发动攻势。对德国来说，库尔斯克的突出部是个扫除大批苏军的机会；对苏联而言，那里是展开新一波推进的起始点。然而，苏联人决定先迎战德军，等他们的进攻失败后，再进行大规模的反攻。苏联已预知德军可能

←图为库尔斯克之役一景。坦克在空旷的地带上作战最能发挥兵力，可是也容易被反坦克炮和重型火炮摧毁。依靠速度和装甲的保护迅速占领敌人阵地，是坦克存活的关键因素

↓图中为一批正准备加入库尔斯克之役的苏联坦克部队。尽管德国最好的坦克胜过任何可以派来对付他们的武器，可是并没有强到能够在出色战术和绝对数量优势的打击下，摆脱被击败的命运

来袭的方位，他们有信心迅速挡住敌人的夏季攻势。

　　因此，当轴心国的将领策划"堡垒行动"（Operation Citadel），即对库尔斯克突出部进行大规模装甲突破作战之际，苏联则在准备防范敌军来袭。他们建立了三道纵深的防线，缺口之间设有重型火炮和机动部队掩护。另外，苏军还在各阵地上编组联合兵种，包括反坦克炮、坦克、步兵和工兵混合部队，而且阵地周围还有地雷保护。

　　这些准备工作需要时间来执行，若德军按照预定计划于

5月发动进攻的话，他们即可扫荡未完成的防御工事。然而，"堡垒行动"由于诸多因素而延缓，尤其是为了建立后勤补给线和运送更多的重型坦克与突击炮给予装甲部队使用。德国人犯下战略上的错误，因此付出高昂的代价。

首批"虎"式坦克于1943年年初投入战场，可是数量相当稀少，它们零星地进入各部队服役。这款重型坦克对苏联来说是一大警讯，因为它的装甲能够轻易弹开大部分苏军反坦克炮的炮弹。然而，在"虎"式坦克首次登场到库尔斯克之

役期间，苏联亦推出了一些火力更强的反坦克炮，足以制止重型坦克的肆虐。如果"虎"式坦克能够先投入库尔斯克作战，而且部署数量足够，那么这场战役的结果可能会大有不同。

苏军在库尔斯克突出部的力量越来越强大，让不少德国指挥官担心"堡垒行动"会以失败收场，希特勒也考虑过取消作战，但最后，德军依旧在1943年7月5日展开进攻。苏联人约略知道敌军何时来袭，并仔细侦察了他们的集结区。当德国部队开始聚集的时候，苏军重炮部队便率先发动猛烈的轰击。

尽管德军受到炮击的扰乱，先锋部队仍继续向前挺进。德国设计来用对付 T-34的新型"豹"式（Panther）坦克，有不少在行进途中出现故障。它们投入生产太过仓促，有待进一步改良。其他的坦克部队，许多是在"虎"式坦克的带领下，突

破了苏联的外围防线。由于苏军的反坦克炮难以阻挡"虎"式坦克的推进，他们经常从支援的坦克分队里脱离出来，冲向最前方作战。

然而，德军的重型坦克闯入了苏军反坦克炮的集中地带。苏联的反坦克炮手都训练过如何应付这样的情况，他们轮番向"虎"式坦克展开密集的射击，许多坦克的履带被击毁而无法行进，有的更是遭到彻底摧毁。苏联步兵突击小组还用炸药包炸毁坦克底盘，其他的近距离武器也摧毁了不少车辆。

尽管如此，德国的进攻部队依然持续向前，一个接一个地

德国VI型"虎"式坦克

类　　型: 重型坦克

乘　　员: 5名

发动装置: 1台迈巴赫（Maybach）HL 230 P45 型12汽缸汽油引擎，输出功率52.2千瓦

装甲厚度: 25~100 毫米

重　　量: 5.5吨

最远行程: 100 千米

武　　装: 1门 88 毫米KwK 36 型炮, 1挺7.92 毫米MG 34 型同轴机枪, 1挺7.92毫米MG 34体机枪

性　　能: 最快平地速度 38 千米 / 小时，涉水能力 1.2 米，跨越垂直障碍能力 0.79 米，越壕能力 1.8 米

尺　　寸: 长8.24米，宽3.73 米，高2.86 米

拿下苏军阵地，只是他们的进展十分缓慢。德军没有如预期实现突破并进一步拓宽敌人的防线，而是被迫投入大批部队穿越层层的防御阵地。到了7月10日，某些防区内的德军仅推进了13千米，他们最远也只不过深入32千米而已。

7月12日，苏联的装甲部队展开反攻，数量庞大的坦克开进战区，打击陷入混乱的德国装甲部队，为期数天的坦克大决战就此展开。苏军的损失较为惨重，但轴心国也好不到哪里去。事实上，轴心国部队能够获得的增援不多，因为盟军正进攻西西里岛，而且会继续朝意大利挺进。这使得可以投入堡垒行动的资源大幅减少，希特勒亦在7月13日取消了这场作战。

不过，战斗并未因此停顿下来。库尔斯克突出部附近的坦克大决战持续了一段时间，苏联渐渐赢得优势。如同以往，

↓苏联从西方盟军手中得到大量的资源，包括坦克、战机和火炮等武器。图中这辆"玛蒂尔达"Ⅱ型（Matilda MkⅡ）坦克或许是经由危险重重的北角（North Cape）船运线运抵苏联

希特勒要求各部队坚守岗位，但勉强同意他们采取较有弹性的防卫措施。然而，接下来的战术撤退却成为德军边打边退的开始，直到两年之后才于柏林结束这样的局面。允许后撤暂时挽救了在苏联的轴心国部队，让他们逃脱立即被歼灭的命运，并大幅延长了这场战争的时间。

德军以高超的战技进行防御，他们利用绝佳的机动性削弱敌人的锋芒，而且在进一步退却之前发动反击，但苏军依旧稳健推进。到了8月27日，战线已来到乌克兰的东部边境。

此刻，边打边撤的德军确立了一套作战典范，他们把手边可以运用的部队集结起来，编成所谓的"战斗群"（Battle Group），他们经常是由被消灭部队的残存人员加上刚抵达的增援部队组成。这些特别为某一目的而成立的"战斗群"进行顽强的抵抗，并让敌人吃足苦头，可是德军再也无法发动战略性的攻势了。

重返欧洲

苏联一直要求西方盟军进攻欧洲大陆以减轻他们的作战压力，可是在其他地方的态势尚未稳定之前，这一要求并不可行。然而，北非的轴心国部队被扫除后，盟军便能考虑向欧洲某处展开登陆战。虽然从英国突击西北欧是其中一个选项，但他们认为先越过地中海进攻意大利是更合理的抉择。

这场战役的第一步是攻占西西里岛，盟军于1943年7月9日向该岛实施空降突击。与克里特岛之役不同的是，这次空降行动并非主轴，他们的任务是掩护第二天的大规模两栖登陆战。尽管天气不佳并遇到些许的抵抗，盟军的两栖登陆还是非常成功，部队很快就越过了整座西西里岛。

德军虽派增援到该岛，可同一时期意大利部队却在撤退。意大利很快就和盟军谈判停火，而且墨索里尼于7月25日被罢免，其法西斯政府亦被解散。

接着，墨索里尼被捕入狱，后被德国党卫军的突击队救出，并担任北意大利法西斯共和政府的领导人。同时，意大利的合法政府开始与盟军和谈，他们于9月3日签订了条约，只是到9月8日才公布。作为和平协议的一部分，意大利于1943年10月13日向他们的前盟友宣战。

西西里岛的战事直到8月中旬才结束，那时，剩余的德军已全数撤到意大利本土。盟军开始向意大利推进，他们还进行一连串的短程两栖登陆行动，从侧翼接二连三包围德军的阵

↓盟军进攻西西里岛的作战由空降部队支援，他们为海上的大规模登陆战铺路。一旦盟军登岸，轴心国的防御行动即因意大利准备退出战局而受阻碍

地。8月17日，乔治·巴顿（George Patton）将军率领的美军也抵达了墨西拿港（Messina）。

两栖进攻

盟军合理的进攻路线是越过狭窄的墨西拿海峡发动两栖登陆作战，他们决定在9月初进行。首场登陆行动和意大利于9月3日秘密投降的时间点相吻合。

由于德军的注意力被吸引到墨西拿海峡，所以盟军于9月9日又在萨莱诺（Salerno）发动另一起两栖登陆战。当天正是意大利宣布投降的第二日。尽管德军已猜测到意大利盟友会背叛，并调了一些部队到原为意大利部队镇守的地区，这场行动仍然使他们防备不及。因此，德军的反制措施一开始就很不协调，可是很快地，善战的德国部队便能向盟军的滩头堡发动猛烈的反击。

盟军持续派兵登陆到其他地方，萨莱诺滩头堡的部队亦同步出击，逐渐迫使德军后撤，向北进入亚平宁山脉（Apennine Mountains）。德国部队善加利用高地与河流这些天然险要，让盟军的推进速度减缓下来。即使盟军得到意大利游击队的协助，仍只能缓慢地前进。意大利的游击队在德军防线后方从事的破坏任务，给他们造成了很大的困扰。另一方面，德国撤出科西嘉岛（Corsica）和撒丁岛（Sardinia）上的部队以投入意大利防卫战，他们还进一步利用意大利河谷

←从西西里岛开始，盟军的下一步是越过墨西拿海峡登陆意大利本岛。盟军的登陆时间与意大利投降之日相符，这也使他们只会遭遇德军的反击

↓图为正准备登上一架轻型运输机的墨索里尼。机尾的标志透露出这是德国的飞机，而非意大利所属。希特勒期望他的盟友墨索里尼能够继续统治意大利，或至少掌握部分地区的政权，来抗衡大部分支持盟军的意大利势力

的紧密地形，让盟军的挺进付出更高昂的代价。

在崎岖的地形上作战，德国步兵得以逼近盟军坦克，再以炸药包或"铁拳"（Panzerfaust）反坦克发射器摧毁他们。"铁拳"反坦克发射器是一款相当简便的单发、锥形装火药的反坦克武器，近距离对付坦克十分有效。由于重型火炮在河谷地带无法充分发挥火力，若要扫除那里的敌军，就得联合各兵种，把装甲、步兵和战斗工兵部队组成小组来进行作战。

盟军沿着意大利的山脊缓慢挺进之际，德国亦建立了一连串的防御阵地，并加派兵力驻守。防线上到处都安置了重型火炮与反坦克炮，以及混凝土碉堡。另外，坦克与突击炮机动部队随时可以部署到事先设置好的射击阵地，那里四周还有障碍

物、壕沟、地雷和刺铁丝网。而坦克的炮塔有时也安置在混凝土炮座上，成为强大的防卫炮台。

另外，效忠墨索里尼新法西斯共和政府的士兵也加入到德军的行列，尽管大部分的意大利人都与他们为敌。虽然德军建立了难以克服的防御工事，但防线仍接二连三地遭到攻破，盟军亦向罗马步步迈进。

1944年1月22日，盟军在安齐奥（Anzio）进行两栖登陆作战，打算侧翼包围轴心国的强大阵地，即位于卡西诺山（Monte Cassino）修道院附近的"古斯塔夫防线"（Gustav Line）。三天后，登陆部队试图向利里山谷（Liri Valley）挺进，却被防卫者逐退。正面进攻古斯塔夫防线的部队同样停滞不前，战况一度陷入僵局。盟军最后进行了两个月的苦战，才在5月18日拿下卡西诺地区。5月23日，安齐奥的登陆部队开始由滩头堡突进，他们自1月以来就一直被德军封锁在那里。此刻，盟军终于有机会夹攻德国第10军，将他们包围歼灭。不过，盟军错失了良机。正当各方指挥官争执该由谁获得进军罗马的殊荣之际，德国凯塞林（Kesselring）元帅旋即下令部队撤至新的防线，暂时逃过一劫。

1944年6月5日，就在盟军登陆西北欧的前一天，美军进入罗马，并持续向北推进，直到他们遇上凯塞林的新阵地——可畏的"哥特防线"（Gothic Line）。经过先前的教训，盟军停下脚步准备了一段时间之后，于8月底展开突击，并在9月8日取得突破。另一方面，登陆西北欧的盟军正越过法国北部，更于8月15日在法国南边进行抢滩登陆。

此时，盟军的力量正如日中天，他们能够向所有的防线推进，并在任何战区制止德军的集结以挽回颓势。然而，凯塞林麾下的轴心国部队持续作战，盟军地面部队的进展十分缓慢。

德军于12月的反攻虽未取得什么成果，但他们始终在意大利北部进行顽强的抵抗，一直到1945年4月。

意大利战区的防线在4月全面崩溃，盟军的突破使得其他防区的侧翼被包围，所有的抵抗最终都被压制下去。正当盟军迅速赢得胜利之际，墨索里尼遭意大利游击队虏获并处决，他领导的法西斯政府很快垮台。到了4月底，在意大利的德军即提出投降条件。1945年5月2日，意大利境内的德军全数投降。

远东局势的缓慢变化

虽然日军在海上和所罗门群岛的败北或多或少终结了他们在太平洋扩张的野心，但战略态势并未立即改变，至少就地图上来说没有。不过，作战力量和战略主动权渐渐对盟军有利，然而对日本军人而言，就算只是思考面对被击败的可能性，都得要等上好一段时间。

日军原本打算在太平洋的岛屿上建立前进防御区，作为海军和航空基地防范美国的可能威胁。1943年中期，日本的主要防卫力量设在马里亚纳群岛（Marianas）的塞班岛（Saipan）和加罗林群岛（Caroline Islands）的特鲁克岛

←只要有可能，美军不会突击日本人坚守的岛屿而是绕过他们。不过在许多情况下，他们仍有必要登岛，向顽强且做好防备的日军发动猛攻

↓图为一批登上登陆艇的美国海军陆战队。在登陆艇抵达海滩之际，突击部队最容易遭受攻击。日军的地下碉堡就隐藏在丛林的边缘，如果没有其他部队的掩护或是掩护不足的话，他们便会暴露在敌人的火网之下

（Truk），更东边的基地被认为只是前哨站而已，他们对整体的计划没有特别的意义。因此，美军在1943年12月至1944年1月间登陆吉尔伯特群岛（Gilbert Islands）和马绍尔群岛（Marshall Islands）之际，日本军部大本营并不怎么担心。

美军先占领吉尔伯特群岛，并把那里当作进攻马绍尔群岛的基地。环礁一带的战斗十分激烈，塔拉瓦环礁（Tarawa）与夸贾林环礁（Kwajalein）都发生了苦战。美军虽然在火力上大占优势，但日本人仍可利用坚固的阵地进行顽强抵抗。

跨海抢滩是非常严峻的问题，日军善于掩饰他们的射击阵地，许多就设在海岸线旁的浓密丛林里难以发现。所以，部分的美国坦克或两栖突击车固定用来火力支援登陆部队，它们对

海军陆战队的抢滩行动极有助益。

如果可能的话，美军会绕过岛上的卫戍部队，让他们缺乏补给而"在藤蔓里凋零"，海军陆战队则前往更重要的目标——马里亚纳群岛。马里亚纳群岛是日军防线的主要一环，他们势必会坚守那里。不过在突击展开前，美国航空母舰上的舰载机先击垮该地区的日本航空力量，所以当登陆部队于1944年6月逼近岸边之际，日军的处境已相当不利。

岛屿战没有什么惯例可循，可是在跨越太平洋作战期间，一套有效的弹性策略应运而生。美国人善加利用海军舰炮和空中支援及装甲车辆来建立占领区，并确保滩头堡的安全。接着，部队驶向内陆瓦解敌人的防卫体系，将他们分割成数块小的防御阵地，再逐一消灭。

另一方面，亚洲大陆上的日军十分活跃。英国人在印度和缅甸的边界上居于守势已经好几个月了，一直未有积极进取的作为。不过当地的游击队，例如著名的"钦迪特"（Chindits），在整个区域袭扰日军，并让日本人损失惨重。而且，英国也正计划派出正规部队发动进攻。除此之外，日军的指挥官还担心，美国重型轰炸机会进驻中国，直接轰炸日本本土。

"一号作战"

于是，日本策划了一场大规模作战，打算扫除美军轰炸机的威胁，顺便消灭英帕尔的英军基地，以确保缅甸的安全。它的代号为"一号作战"（Operation Ichi-Go）。日军对英帕尔的先期攻势于1944年3月8日展开，并取得初步胜利，驱逐了英军的前线部队。先前，英国为了进攻缅甸而派兵进驻到前线阵地，此刻，他们全被赶回基地。接着，日军包围英帕尔，而且在科希马（Kohima）切断该城的主要补给线。英军陷入困境，可是日本人无法再有进一步的突破，因为他们身处补给线的末端，弹药和食物都已严重短缺。同时，英国人从空投行动中得到补给，这种方法数个月前就运用过几次，可让被围困在所谓"艾德敏箱"（Admin Box）的防卫者继续坚守下去，直到取得最后胜利。

科希马的战况十分激烈，这场战斗还被称为"东方的斯大林格勒之役"。最后，日军被逐出能够俯瞰英帕尔的高地，英国人亦得以突围。此外，英帕尔附近的日军由于缺乏补给，便于7月3日起开始撤退。日本的"一号作战"于1944年4月正式

↓向英帕尔推进期间，日本陆军并未将他们的重型火炮全数留在后方，不过崎岖难行的地形使许多重装备无法运至前线

展开，他们大获成功，建立了广大的控制区。如此一来，日军联结且巩固了他们在中国各地取得的战果，更防范美军在那里设立轰炸机基地。

不过，攻打英帕尔和"一号作战"是日军在第二次世界大战中的最后一场大规模进攻。其后，盟军开始向缅甸挺进，并在两栖部队的支援下侧翼包围日军的阵地。盟军稳健地推进，不断迫使日军后撤。同时，日军也无法维持在中国取得的利益。经过了一段占领期之后，日军便开始撤退。

大撤退

随着苏联开始向西方推进，夺回乌克兰成为苏军的最优先目标。1943年8月，苏联四个方面军展开进攻，他们的步兵兵力拥有2:1的优势，炮兵则为4:1，装甲兵力和空中支援力量则大致旗鼓相当。

首先，苏军必须清除第聂伯河（River Dnieper）东边的轴心国部队，这条河几乎将乌克兰一分为二。扫除第聂伯河东边的敌军对苏联来说没有太大的问题，因为轴心国最高司令部经过一番争执之后，同意德军撤过第聂伯河，再利用这道天然屏障抵挡苏联的攻势。然而，苏军已为渡河做好万全的准备，设想也很周到。如果他们能够夺取桥梁，即可长驱直入地挺进，并有机会在敌人防备不及的情况下一举成擒，制止增援前来阻挠。此外，苏军亦会利用突击艇渡河。

苏联的攻势于8月26日展开，到9月22日，部分苏军已越过第聂伯河。他们实施的一些战术起了作用，比如从推进部队里派遣一批能够快速行进的机动小组，扰乱敌方，而主力部队则随后跟上并占据作战阵地。不过其他的战术，例如派出空降部

↓坦克歼击车和突击炮的主炮装置在水平射角受限的炮台上，而非旋转炮塔里，所以其生产比一般坦克简单。在许多任务方面，它们相当有效率，可是到了第二次世界大战末期，德国的坦克歼击车或突击炮必须承担与坦克别无二致，甚至更为困难的作战任务

队建立第聂伯河的桥头堡就不怎么成功。

直到1943年年底，德军勉强守住了第聂伯河防线，苏军的突进被遏制在桥头堡内，他们需要跨河补给才能继续作战。然而，双方的兵力平衡不断倒向苏联，在克里米亚的轴心国部队被切断了，基辅重回苏联的怀抱。

在克里米亚的德军遭切断后，兵力逐渐缩减，直到1944年5月初塞瓦斯托波尔被苏联收复，该地区的最后一批德国部队亦被扫除。黑海沿岸的奥德萨则在一个月前失守，附近的苏军于德涅斯特河（River Dniester）建立了据点，并进一步切断波兰德军与罗马尼亚的联系。

正当东欧南部的德军退往多瑙河之际，苏联亦在北边发动"巴格拉季昂行动"（Operation Bagration）。这场攻势于1944年6月22日展开，此时德军入侵苏联已整整三年。另外，德国防线后方的游击队活动日趋活跃，盟军的航空部队也开始

撤退的德国国防军

在1943年末期，苏联于东线战场的推进开始减缓。虽然该区德军的主力已经溃败，残存的部队亦全面撤退，但苏军亦需要重新整编和进行补给，才能继续作战。同时，苏联不太可能遭受德军的大规模反攻，他们的部队除了局部性的反击之外，已是无能为力。

苏军在推进期间绕过了一些德军阵地，尤其是在波罗的海沿岸一带。德国士兵坚守岗位、保卫港口，让海军船舰轮流以巨型舰炮支援陆上的行动。然而到了1944年年底，这块飞地已完全遭到切断，许多部队经由海路撤退，其余的则在苏军挺进爱沙尼亚（Estonia）、拉脱维亚（Latvia）、立陶宛（Lithuania）和库尔兰（Courland）之际遭受包围，并被迫投降。

向德军的后勤中心和铁道线开始进攻。

一如既往，希特勒命令许多部队坚守作战至最后一兵一卒，使得他们摆脱不了被围歼的命运。而且，苏联也派机动部队切断了企图撤退的德军后路。如此苏联便能够集中兵力对付一个接一个进退两难的德国部队，并在移往下一个目标前将他们歼灭。理论上依旧强大的德军根本发挥不了兵力。7月3日，苏联人收复明斯克，并且消灭大部分防御力颇佳的轴心国部队。两个星期之后，苏军的一些部队即越过布格河（River Bug）进入波兰。到了1944年7月底，苏联部队距离华沙仅剩16千米，而且大批的德军被包围在布列斯特–立托夫斯克（Brest–Litovsk）一带。

再往南，德军不断被驱离到西方和西南方，苏军的实力则越来越强。不过，德国人已成为机动弹性防御战术的专家。当苏联展开攻击的时候，德军立即撤退，尽管苏联重炮猛轰德军阵地，但进攻部队挺进之际，却发现没有可与其对抗的目标。由于突击作战无可避免地会造成部队组织散乱，德军便乘机发动反攻，接着再退至新的阵地。

不断后撤的德军在河流一线展开一连串的抵抗，他们边撤边打，尽可能拖延苏军并杀伤他们。苏联则利用快速机动的机械化部队试图切断德军的退路。有时，这演变成一场竞赛，苏联与德国部队竞相逼近或逃离"口袋"。

至此，德国的集团军已经支离破碎，有些地区的指挥体系甚至瓦解。随着德军逐步溃败，轴心国亦开始分崩离析。

苏军于1944年8月20日攻入罗马尼亚，而且很快就击败此地的轴心国部队。罗马尼亚迅速遭到占领让轴心国成员大感震惊。接着，保加利亚宣布中立，但苏联照打不误，只是没有激烈的战斗发生。不过匈牙利展开顽强的抵抗，德国亦曾派兵协助。

　　轴心国的崩溃使德军的处境雪上加霜，北方的防线也开始动摇。不过，维斯瓦河仍是一大障碍，尽管有些苏军部队早在7月底便越过该河，但大部分皆暂时被挡了下来。另外，当苏联部队挺进到距离华沙近在咫尺的地方时即停滞不前，表面上看他们是要在补给线的末端进行整装。

　　苏军的推进部队离华沙只剩几千米而已，虽然他们确实需要应付一些德国部队的侧翼攻击，但在这么近的距离停下来是无法让人信服的，苏联或许想要借德军之手，除掉"波兰国家军"，顺便消耗德军的兵力。

　　在北方其他战区的苏联部队则持续挺进。10月10日，苏军夺回里加（Riga），两个星期前他们也攻进了东普鲁士。虽然柯尼斯堡直到1945年4月才攻下，但并不影响苏军稳健地向西方进攻。

诺曼底登陆

　　西方盟军在法国北部诺曼底（Normandy）的登陆行动是

"波兰国家军"的失利

　　波兰人精心策划了一场大规模的起义，打算驱逐德国人，并在苏军抵达之前重建波兰，成为一个独立的国家，这将关系到战后波兰的地位。然而，斯大林下令向华沙挺进的部队减缓脚步。

　　尽管波兰的起义大获成功，但"波兰国家军"（Polish Home Army）不得不独自对抗意欲夺回该城的德国人。当德军再次占领华沙，"波兰国家军"也被消灭殆尽。

史上最大规模的两栖登陆战。尽管跨越英吉利海峡的距离很短，但要运送这么多的部队至敌人掌握的彼岸，并建立滩头堡仍是极其艰巨的任务。另外，部队上岸后的后勤补给也是一项巨大的挑战。

盟军登陆欧洲大陆是无可避免的事，而且对希特勒和他的指挥官们来说，从英国本土展开行动是最合乎逻辑的选项。然而，盟军仍有办法误导德军，不让他们知道确切的登陆时间和地点。包罗万象的欺骗措施在"保镖行动"（Operation Bodyguard）下统筹进行，为的就是掩护部队的两栖作战。

除了各式各样的假坦克、假火炮和假车辆之外，盟军还利用无线电波制造大群部队出现的雷达影像来欺骗敌人。另外，假的登陆艇亦部署在加莱（Pas de Calais）海峡对岸，看似他们正准备由那里集结进攻加莱。当然这也是欺骗敌人的策略之一。同时，某些部队还进行极地和山地作战训练，误导德国人以为他们的主要目标是挪威。

因此，当盟军进攻诺曼底之际，德国的后备部队散布于欧洲各处，而且德军将领还在猜测这场攻击是不是佯攻，他们根本无法及时展开反攻，将盟军逐回海上。

不过，就算盟军成功上岸，要越过沙滩进到内陆也不是简单的任务。德国的"大西洋壁垒"（Atlantic Wall）或许是华而不实之物，因为它无法保卫西北欧所有的港口和可供登陆的海滩，但诺曼底一带仍有障碍物、地雷和混凝土碉堡来反制盟军建立滩头堡。况且，进攻部队还得应付敌人的机枪阵地和设在更后方的重型火炮。如果德国装甲部队向那里发动致命一击的话，对盟军而言更是一场灾难。然而，各种不确定性束缚了德军可调派的部队，他们发动的反攻也因此失去了效用。

一旦盟军在岸上建立据点，大量的补给与增援便迅速涌入

滩头阵地，部队也随之向内陆挺进。当地守军进行顽强的反击，可是希特勒却拒绝增兵，因为他认定盟军的主力部队会乘隙从加莱登陆。

到了6月12日，所有的登陆区皆已连接起来，盟军的战机亦可从法国海岸的简易跑道起降作战。虽然德军的反击力量越来越坚强，但登陆部队被逐出欧洲大陆的可能性已渐渐消失。盟军的进展在大部分地区都十分缓慢，可是即便他们遇上顽强的抵抗，德国的后备兵力已被迫投入战局而无法派往其他的地方。英军于6月18日至20日间发动新一波攻势，即"古德伍德行动"（Operation Goodwood），试图拿下卡昂（Caen）。尽管他们停滞不前，却牵制了德军的装甲部队，使美国装甲部队在"眼镜蛇行动"（Operation Cobra）中，能够顺利从占领区东边展开进攻，而且未受什么阻碍。

至6月底，科唐坦半岛（Cotentin Peninsula）顶端的瑟堡（Cherbourg）遭切断，被围困的德国部队投降，盟军亦得以集结足够的兵力从他们的占领区发动进攻。自7月25日的"眼镜蛇行动"开始，美国装甲部队由他们的阵地接连出击，很快攻进圣洛（St Lo），并打算夺

← 诺曼底登陆战前的日子对所有参与其中的人来说是十分难熬的。他们无法事先掌握登陆战展开当日的天气状况，而且部队必须一直保持高度戒备状态

下可让他们进一步取得突破的战略要地。美军也确实赢得了相当漂亮的胜利。

就在作战行动展开的前夕，空中的猛烈轰炸削弱了当地德国后备装甲部队的力量。由于所有的部队都调去反制英国的"古德伍德行动"，德军已没有多余的装甲部队可用。美军遭遇的阻挠不多，所以"眼镜蛇行动"大获成功，不但打开了一条通往布列塔尼（Brittany）的走廊，还让对抗盟军滩头堡阵地的德国部队面临断后的威胁。

7月30日，希特勒终于同意调派镇守加莱的部队前去支援。德军向"眼镜蛇行动"中的侧翼部队发动装甲反攻，却遭击退，到了8月7日，布列塔尼地区已被孤立。9月，布雷斯特

↓要派足够的部队登上欧洲大陆建立根据地，还要避免遭德军驱离是相当困难的任务。即使盟军拥有特别设计的装备，登陆行动仍是极大的赌注

"滑稽"扮演的角色

在诺曼底的作战行动中，盟军即使派出空降部队到内陆制造敌军的混乱，加上海军舰炮的支援，突击部队依旧遇上反抗，有些区域的战斗甚至十分激烈。两栖坦克和专用的装甲车"滑稽"（funnies）对盟军各部队越过部分障碍相当有助益。这批精心设计的现代化战斗工程车的先驱扫除了地雷，将障碍物铲除到一旁，并在软沙区铺设轨道，进而让传统的装甲车辆能够顺利地驶向内地，确保滩头堡的安全。

（Brest）港区的德军投降；不过，其他著名的潜艇基地圣纳泽尔（St Nazaire）与洛里昂（Lorient），还有海上雷达站则仅被包围，任其凋零。这两座基地至1945年5月才弃守。

接着，美军推向南方，再朝东边挺进；而英国与加拿大部队则继续往南进攻，对抗阻挠他们的德军。一旦美国部队以钩形攻势突进到敌人的后方，大批的德军即被包围在法莱斯（Falaise）一带。德国人的回应是向海岸发动一场装甲突围，企图切断美军的联络线。这场大胆的行动却因盟军出色的情报工作而挫败。截获情报，盟军加派部队守住阵地以反制德国部队的袭击。

德军的反攻于8月6日失败之后，"法莱斯口袋"即在8月20日封闭，数以千计的士兵被俘，还缴获大批重型装备。虽然大部分人员越过塞纳河（River Seine）逃脱了盟军的包围，但物资的损失非常惨重。同时，法国人的反抗导致巴黎爆发了一场起义，当盟军部队于8月25日进入巴黎之时，该城实际上已经得到解放。

到了这个时候，盟军开始向德国边界挺进。希特勒原本打算掌控英吉利海峡的港口，让盟军的行动受阻。如果在那里设

↓图为一门美军的轻型榴弹炮。虽然榴弹炮和其他类型的火炮相比，火力与射程都很有限，它的重量轻，能够随伞兵进行空投，因此赋予了部队不可或缺的间瞄火力支援能力

重兵驻防，便可形成要塞阻挡盟军的进攻。况且，少了这些港口，盟军便无法运来足够的补给支撑作战。这样的逻辑虽然动听，但盟军业已建立了人工港口，并越过英吉利海峡至诺曼底岸外。

尽管如此，德军占据港口仍给盟军的补给造成了困难，将领们也因此难以决定何时何地展开攻击。同时，德国也召集了后备部队来阻挡盟军的挺进，他们还采取英国人在1940年孤注一掷的防卫策略。德国的"人民冲锋队"（Volkssturm）由

一群"希特勒青年团"（Hitler Youth）的青年及老人组成，他们被派去防守"齐格菲防线"的机枪堡垒和混凝土碉堡。这道防线是面对法国边界的一连串坚固防御工事。另外，国民卫队还能得到二等甚至三等部队支援，他们中甚至包括残障人士，例如"胃病营"或"跛脚营"，相同病征的德国国民聚集在一起，共同捍卫家园。

接着，盟军推进到低地国家，在那里遭遇一连串的顽强抵抗。"齐格菲防线"固若金汤，若要突破势必付出高昂的代

↓ 作战时，一般部队从降落的滑翔机内走出舱门，而伞兵则从运输机上跃下。这些空降部队于挺进的主力部队之前夺取重要的战略目标，作战风险很大。他们仅能配备轻武器，且无法持续作战

价，即便由三等部队防守亦是如此。另外，该道防线的北边为鲁尔区（Ruhr），同样设有重防，而莱茵河本身即是难以跨越的天然障碍。

然而，盟军还是有机会跨越莱茵河的两条宽阔支流荷兰境内的瓦尔河（River Waal）和下莱茵河（Lower Rhine），绕过这些最坚固的防御阵地。他们必须迅速采取行动，攻占一连串的桥梁以越过河道障碍。西线的战事亦在夺取莱茵河各大桥之际达到最高潮。

这是相当大胆且艰巨的任务，但成功的机会不小。因此，"市场花园行动"（Operation Market Garden）于1944年9月17日展开，盟军的计划是派伞兵和滑翔机空降部队迅速攻占关键的桥梁，而装甲部队也会全速进攻，穿越空降部队与装甲先锋建立的通道，并跨过莱茵河，进入德军主要防线的后方。

这场作战将要成功之际，盟军遭到突如其来的强烈反抗而停滞下来。另外，伞兵部队亦无法守住目标，或是被德军的反攻驱离。空降部队的伤亡尤其惨重，"市场花园行动"也在9月26日宣告失败。

↓一群美军步兵正穿越俗称"龙牙"（dragon's teeth）的反坦克障碍区。保卫德国西部边界的齐格菲防线建造于1930年代，就包括许多这样的防御障碍

西部防线的最后缺口

1944年冬天即将来临，盟军正努力克服种种的后勤问题，

↑完好无缺地夺取莱茵河上的大桥是盟军进攻德国之际最重要的任务。尽管德军力守雷马根的铁道桥，之后又企图摧毁它，但美国第 9 装甲师仍顺利攻占这座桥梁

他们在欧洲大陆的前线部队越来越难得到补给。另一方面，希特勒总是有浮夸不实的计划，他打算击垮盟军部队，或许还能迫使他们进行谈判。于是，希特勒下令德国装甲部队穿越阿登森林，并派部队驶向岸边，希望切断盟军的补给线，让他们在整个欧洲大陆的部队陷入困境。

虽然希特勒的指挥官们对这项计划存疑，而且力劝缩小进攻范围，但希特勒仍坚信他的伟大计划可以让德国赢得战争，至少可以不被击败。结合当时的态势，很容易了解希特勒的赌

注有多么吸引人，因为没有什么能够比获得一场迅速且辉煌的
胜利更能拯救第三帝国的了，所以希特勒决定放手一搏。

　　于是，1944年12月16日，德军借助恶劣天气影响敌方战机
出击，展开"秋雾行动"（Operation Autumn Mist）。这场作
战于极机密的情况中进行，盟军完全没有料到会发生什么事。
更何况，他们面对的阿登森林是少有战事爆发的"静区"。

　　惊慌失措的美军遭到德军全力攻击而后撤，他们以寡

美国M7"牧师"式（Priest）自行火炮

类　　型：自行火炮	武　装：1门105毫米榴弹炮，1挺12.7毫米机枪
乘　　员：5名	
发动装置：1台大陆公司（Continental）9汽缸星型活塞引擎，输出功率27.96千瓦	性　能：最快平地速度41.8千米/小时，涉水能力1.22米，跨越垂直障碍能力0.61米，越壕能力1.91米
装甲厚度：最厚25.4毫米	
重　　量：22500千克	尺　寸：长6.02米，宽2.88米，高2.54米
最远行程：201千米	

→希特勒拒绝投降，迫使盟军一路攻进柏林，并给德国、匈牙利和奥地利的城镇带来不必要的毁灭之灾。德军坚守国土的每一个角落直到最后，无论会付出多么高昂的代价

敌众，守住了巴斯托尼（Bastogne）。此后，设法拖延德军的攻势成为这场战役的关键，由于德国装甲先锋无法及时拿下指挥官们所仰赖的盟军补给站，到了12月23日，许多坦克便因缺乏油料而瘫痪。

不久，盟军的增援赶来，随即发动反攻，巴斯托尼的盟军于12月26日得以解围。尽管德国的计划已经失败，但希特勒仍要求部队继续挺进，甚至授权一小批部队向阿尔萨斯（Alsace）展开牵制性的攻击。

1945年1月的第一个星期，盟军开始夹攻这场攻势所形成的突出部，"口袋"内的德军获准撤退。德国的大反攻虽使盟军感到惊讶，更打乱了他们的计划，却一点都没有让德国的战略态势好转。德军在这场行动中耗尽了最后的装甲后备力量，还有大部分可用的油料，他们的处境更加雪上加霜。

欧洲大战的结束

随着阿登大反攻的挫败，德军丧失了再次发动大规模攻势的能力。他们唯一的选择是强化一连串的防御阵地，拖延不可避免的战败。其中一道障碍即为"西墙"（Westwall），也就是盟军所谓的"齐格菲防线"。

早在德军建立"大西洋壁垒"之前，希特勒便下令强化"齐格菲防线"，打造他口中"史上最坚固的堡垒"。然而，随着德国装甲师占领整个欧洲之后，掩护德法边界的这道防御工事便遭遗忘。此刻，由于局势的转变，"齐格菲防线"又凸显出它的重要性。德国不断宣传这道防线是牢不可破的要塞，可是，尽管它难以克服，却绝非没有弱点。武器的进步代表坦克炮已能摧毁1936年时被认为坚不可摧的碉堡。不过防线上的壕沟、反坦克障碍和设置妥当的阵地能够让防守部队挡住盟军好一阵子，并造成他们更大的伤亡。

虽然希特勒自负地表示"齐格菲防线"是伟大的要塞，但它仍于1945年2月9日，首批盟军部队抵达那里的一个多星期之后被突破。一旦防线的缺口扩大到足以让主力部队涌进，盟军便开始向德国境内挺进。

另一方面，苏军也在1945年1月12日再次向前猛攻，直捣华沙。不过他们这次作战的主要目标已是柏林，附带的行动则为除掉次要的目标。

苏联派出大规模的兵力展开进攻，一路突破敌人的重重防线直抵华沙，并于1月17日拿下该城。希特勒下令坚守华沙到最后，但卫戍部队决定撤退而非死守，他们在被包围之前逃脱。接着，由于苏军的注意力转向西利西亚（Silesia），企图完好无缺地占领那里的工业中心，使得向西方的推进减缓下来。当西利西亚被攻占之后，跨越德国边界的最后一战旋即展开。

苏军在1月27日越过维斯瓦河建立根据地，而且一波次要的突进战让苏联于3月30日经由德累斯顿（Dresden）与波兹南（Poznan）攻占但泽（Danzig）。尽管机械化部队和装甲部队面临补给方面的问题，可是苏军的攻击力一点都没有降低。他们的机动部队和轻装甲部队继续在主力部队的前方驰骋，侦察并搜集情报，不让敌人有丝毫喘息的机会。

当德军的"春醒行动"（Operation Spring Awakening）反击失败之后，苏联军便继续向前推进，并于4月将德军逐出匈牙利。不过，德国部队在通往维也纳山区的隘口展开激烈的抵抗，虽然他们暂时挡下了苏军的攻势，但整个作战组织已经瓦解。4月初，苏联突破防线攻进维也纳的时候，发现城内的反抗活动十分有限，奥地利政府也被迫与苏联签下停火协议。1945年4月13日，苏军完全占领维也纳。

另一方面，西方盟军于3月5日抵达了莱茵河，首批部队亦在出其不意地攻占雷马根大桥（Remagen Bridge）后，于3月7日跨越这条河流，它是最后一道地形障碍。月底，局势已经很明朗，苏联人会首先到达柏林城，所以盟军的推进方向也转往其他的反抗地带。

盟军几乎拥有完全的制空权，还可以投入大量的坦克和人员对抗勉强凑在一起的德国战斗部队。而且，德军的活动很快就会被盟军的战机发现，并遭空袭摧毁。这代表盟军将领不用太过慎重地考虑如何运用他们的兵力。唯一的时间压力是苏军

"春醒行动"

匈牙利、奥地利和德国并肩作战几乎直到最后。尽管他们全力抵抗，让苏军付出惨痛的代价，但布达佩斯（Budapest）仍在1945年2月中旬失守。3月，德军发动了一场反攻，代号"春醒行动"，暂时挡住了苏军的挺进，可是未能达到逐退敌人至多瑙河的目标。如果德军达到目的，即可建立一道坚强的防线，阻挡苏联的进攻。

的推进速度，因为西方国家认为苏联想要尽可能地控制欧洲的大部分。

↓这是一张显示美国和苏联彼此视对方如兄弟的宣传照。然而事实有些出入。两国政治上的不信任导致他们缺乏合作，并严格地划清了作战界线

孤注一掷的手段

德国采取了一些孤注一掷的手段，例如把老人与小孩武装起来，要他们仅利用单发的"铁拳"反坦克发射器对抗敌人，或是处决任何擅离职守的国民卫队的队员。不过，德国的防卫者仍无法制止盟军一个接一个地攻占城池。

1945年4月1日，鲁尔遭到包围，盟军也随即发动一场歼灭战，扫除守卫该区的德国部队。鲁尔的最后一批德军在4月18日投降，同一天美军还占领了莱比锡（Leipzig），进攻柏林的行动亦如火如荼地进行。柏林之役于4月16日展开，苏联部队向三道防线逼近，并在4月20日挺进该城。

残存的党卫军迫使任何能拿步枪或可扔手榴弹的人起来对抗苏军的进攻，柏林城免不了爆发激烈的巷战。如同列宁格勒遭德军大包围时的情况一样，防卫者的武装是就地取材，防御阵地也是由瓦砾堆积而成，有些卫戍部队甚至利用下水道来机动作战。不过，其他人则试图溜到城外。正当党卫军和正规师团坚守柏林残余之地的时候，希特勒更加陷入妄想，他继续下达作战命。柏林的周边阵地一条街又一街地逐步崩溃陷落。

在其他地方，盟军持续向前推进，美国与苏联的部队在4月25日于易北河（Elbe）下游会师。双方还就各自的推进将至何处停止达成协议。4月29日，希特勒在德军将领们的最后一次会议上拒绝考虑投降。几个小时之后，他被告知那些企图突围的部队全退回了柏林城。4月30日，德国的帝国议会（Reichstag）遭到占领，尽管里面的残余反抗势力直到最后一刻才投降。不到一个小时，希特勒即自杀身亡。苏联人在5月1日得知此事，第二天，柏林也放弃抵抗。

同时，英国部队正越过德国北部，并在5月3日占领汉堡（Hamburg）。翌日，该地区附近连同丹麦的德军投降，萨尔斯堡（Salzburg）亦被美军占领，美国部队也继续往奥地利和捷克斯洛伐克迈进。

少数残存的德军将领来到穆尔维克（Murwick）镇上，那里是纳粹德国资深领导人的避难所。5月7日，约德尔（Jodl）

将军签署了全数德军投降的文件。

盟军宣布欧战胜利的三天后，残余的德国中央集团军群投降，他们是最后一批尚在布拉格一带垂死挣扎的德军。美军试图协助苏军消灭这群反抗势力，但苏联予以回绝。美苏双方还同意划分势力范围，斯大林坚持美军留在西方不得越界。

最后一群武装起来的重要德国反抗团体在被大军包围之后，于5月11日投降。虽然战后的余波延续了好几天，又因平民的动乱和国家主义者的复活而使态势更显复杂，但第二次世界大战的欧洲之战终究是结束了。不过，日本人还在世界的另一头顽抗。

向日本本岛推进

在太平洋上，美军从马里亚纳群岛出击，向菲律宾群岛步步逼近，并于1944年10月展开登陆作战。日本海军企图阻挠美国部队的登陆行动，双方爆发了莱特湾海战（Battle of Leyte Gulf），

←图为苏联士兵在柏林的帝国议会大楼上竖起胜利的旗帜。战争史上，少有国家是因为首都遭到直接攻占而宣告战败

↓在太平洋战场上，不少美国海军陆战队的士兵都配备汤普森（Thompson）冲锋枪。汤普森冲锋枪使用威力强大的 11.43 毫米口径子弹，可全自动射击，是近距离战斗的致命利器

结果，日本海军遭到毁灭性的打击。由于盟军取得了空中与海上优势，他们可以不受束缚地选择目标，攻占那些无法大规模增援甚至得不到足够补给的敌方岛屿。

菲律宾群岛上的日军进行了顽抗，但他们还是被轻易击败，因为盟军能够集中兵力，将他们的阵地逐一攻破。由于丧失了战略机动性，日本部队被孤立在各座岛屿上。不过，一小群日军仍会不时发动袭扰，即使是在有组织的反抗已被肃清的区域。

1945年3月4日，盟军收复马尼拉；4月底的时候，整个菲律宾群岛差不多已掌握在盟军手中。6月，澳大利亚部队挺进婆罗洲（Borneo），同时，对日本本土的进攻行动亦在准备当中。

为了打击日本本土，盟军需要设立前进基地。美国的指挥官认为硫磺岛（Iwo Jima）与冲绳岛（Okinawa）是最佳选择，尽管日军绝对会死守那里。对日本人来说，这两座岛屿的保卫战是给予敌人惨重伤亡的良机，并可向美国展示，如果他们打算入侵日本本土必将付出高昂的代价，这或许还能吓阻美国，甚至迫使他们谈判。

盟军经历了一番血战才夺取硫磺岛，而较大的冲绳岛则有更强大的兵力驻守，该岛的攻击行动于1945年4月1日展开，岛上的中央防区遭到猛烈的炮击。接着，美国部队攻向东北方，他们取得了不错的进展，冲绳岛末端的最后一批日军在4月21日即遭歼灭。然而，日军的主要阵地是在西南方，他们是相当难缠的对手。

日本部队不断进行强力的反击；防守的时候，他们躲在防空洞或掩饰完善的阵地后方，美军士兵得上刺刀，小心翼翼

猛攻硫磺岛

盟军进攻硫磺岛的先期作战包括持续两个半月的空袭以及海军舰炮的炮轰，可是抢滩行动展开之际依然引发了一场浩劫。当美国海军陆战队于2月19日登岸的时候，他们发现日军躲在隐匿良好的阵地里，等待敌人来袭。美军经过一番苦战，拿下折钵山（Mount Suribachi）固若金汤的碉堡之后，才继续向东北方推进，并将最后一批日军包围歼灭。硫磺岛浴血战终于在3月26日告一段落。

地接近日本阵地才能揪出敌人。因此进攻行动一度陷入困境。5月4日，日军又发动反攻，他们利用两栖登陆侧翼包围美军的阵地。不过到了5月11日，盟军再次展开进攻，并拿下两处关键的高地，日本的防线备受威胁。5月29日，首里（Shuri Castle）的日军主要据点被攻克。

然而，冲绳岛之役尚未结束，防卫者撤至背海的最后一道防线继续坚守岗位。6月17日，最后一批有组织的日军溃败。虽然这场战役的余波持续很久，但美军大致上已在6月4日掌控了冲绳岛，进攻日本本土的大门也因此洞开。尽管缅甸和暹罗（Siam，暹罗于1939年6月24日改名泰国，1945年一度改回，至1949年再度改为泰国）境内仍有强大的日军可以作战，从中国占领区亦能调回不少后备部队，但日本人依旧组织了自杀部队并计划由狂热的军队以及平民组成的非正规军准备在本土负隅顽抗。盟军已明白要结束这场大战势必要付出代价。

然而，两个事件使得盟军进攻日本本土的计划没有必要执行。其一为美国在日本的广岛与长崎投下原子弹；另一则是苏联向日本宣战，前者可以运用的兵力更加庞大。

日本投降

日本于1945年9月2日正式签署投降协议，尽管在那天之前，日军实际上已经放弃抵抗。光是

←日本的投降协议是在 1945 年 9 月 2 日于美国海军战列舰"密苏里"号（USS Missouri）上进行。如果盟军进攻日本本土的话，日本军民和盟军部队的伤亡将会十分惨重

两颗原子弹还不足以迫使日本人就范，苏联的威胁也仅是其中一项因素而已。不过，原子弹威慑的阴影始终挥之不去，大部分的观察家则认为，传统的军队已经过时了，未来的任何一场战争都有可能会动用核武器来进行。

虽然这么危言耸听的预测并没有成真，但我们可以说，第二次世界大战的结束也是工业时代战争寿终正寝的时候，核时代正式来临。或许，核武器不会在未来的冲突中被使用，可是它深深影响了战略的思维，以及进行战争的方式。

↓图为原子弹爆炸后的残破景象。在第二次世界大战结束之际，当时的局势似乎显示，相同的场景可能还会在其他大规模的冲突中上演

VISUAL HISTORY

陆战的历史
L A N D
WARFARE

从第一次世界大战到今天
From World War I To The Present Day

[英]马丁·多尔蒂（Martin J. Dougherty） 著

张德辉 译　李政峰　徐玉辉　审校

上海三联书店

目录
Contents

1

2

工业时代　　　　　　　　　　　1

20世纪，世人目睹了战争面貌最迅速、最深远的变革。就某些方面来说，这样的巨变在19世纪中叶即现出端倪，但直到20世纪人们才真正理解它的意义。

第一次世界大战：　　　　　　　7
1914 至 1918 年

20世纪初的几年，许多国家的人口与财富迅速增长。海外贸易和殖民帝国的建立是这些国家经济发展的重要一环。当时世人普遍认为大规模的战争不会爆发，因为其所导致的经济崩溃将是各国所无法承担的。

3

第一次世界大战对于所有卷入的国家来说是巨大的创伤。关于这个"迷失的一代"已有许多著述评论过。然而，战争造成的问题并非只有无数的伤亡而已。不少士兵返乡之后，尽管生理上没有大碍，但整个人已经变得不一样了。此外，对伤患和残疾者的照料又是一笔庞大的开销。

4

第二次世界大战波及的范围比第一次世界大战更广，西欧、斯堪的那维亚，还有非洲及远东都爆发了大规模的战争。而且，这些不同的战区都具有不同形态的作战特色。

目录
Contents

5

6

目录
Contents

原子时代

许多人相信，第二次世界大战的结束是和平稳定时代的开始。就某种程度上来说，这是事实，因为战后很长一段时间再也没有那么多的国家卷入冲突，也没有大规模的毁灭性战争发生。

第二次世界大战结束之际，同盟国彼此之间的关系骤变，而被称为"冷战"的非武装冲突旋即展开

　　第一次世界大战时曾有人相信，"一场巨大的战争会终结所有的战争"，可是历次大战的结束并未见到所有的冲突就此消弭。第二次世界大战之后的"和平"也是易碎且不完整的。

　　残酷的世界大战虽得以避免，但数不清的小规模战斗始终未曾停歇，有些甚至牵涉到局势的剧变，不少冲突更使生灵涂炭。这些冲突有许多是因为第二次世界大战之后政治态势的混

德国SDKFZ 251/1 型装甲车

类　　型：装甲运兵车	最远行程：300 千米
乘　　员：12 名	武　　装：2挺7.92 毫米（机枪）
发动装置：1台迈巴赫6汽缸汽油引擎，输出功率7.46千瓦	性　　能：最快平地速度 52.5 千米／小时，涉水能力 0.6 米，跨越垂直障碍能力 2.0 米
装甲厚度：6~14.5 毫米	
重　　量：7810 千克	尺　　寸：长 5.8 米，宽 2.1 米，高 1.75 米

乱。先前东、西方盟军间的关系日益紧张，世界各国开始分化，并成立对抗彼此的军事集团。

　　同时，殖民主义的时代尽管走入历史，可是它的后遗症开始发酵。很多殖民地得以和平建国，但一些地方则爆发了暴力事件。不少地区的殖民强权离开之际，激进的团体对其发动攻击。另一些国家则是为了他们的独立而战。

　　战后数十年，某些国家发生了革命、内战或低强度的动乱。几个国家亦是因为上述理由而引发战火，其他的则是当地的社会、经济与政治因素使然。所以，自1945年以后，传统的

↓第二次世界大战著名的"丘吉尔"式（Churchill）坦克与其改良型车于冷战初期继续留在部队服役，直到被更现代化的坦克取代。丘吉尔式的底盘服役更久，是作为机动桥梁的底盘

大规模冲突相对罕见，但军队仍涉入广泛的战斗，从暴动与游击战到革命和内战，以及等同于战争的冲突。本书后面的章节将试图区分大规模的国际战争和其他的冲突，包括所谓的"灌木丛战争""支持和平行动"与国内冲突。

自1945年以来，全球发生了多起战乱，本书不可能全部详述。尽管许多低强度的冲突由于历史利益的背景值得仔细说明，但本书将只略为一提或是省略，因为它们的军事特性在其他地方都是一样的。如果要罗列所有的战事会使本书的篇幅过长，导致枯燥无味地重复，所以本书仅就重要或不寻常的冲突，或是对世界有深远影响的战争进行说明。本书的省略或轻描淡写绝非刻意对那些牺牲奉献的斗士或蒙受战火之害的人不敬。

第二次世界大战后的余波

发生在1939年至1945年间的变化有十分深远的影响。大部

不新颖的装甲"战斗出租车"

装甲运兵车并非创新的概念。第一次世界大战期间，未装置火炮的坦克即运载部队越过"无人地带"，并展现出高效率。然而直到第二次世界大战，装甲运兵车才真正整合入机动部队里。原本的装甲运兵车只不过是附加装甲的卡车而已，还有许多是半履带式的车辆，但很快地，专为特殊目的而设计的装甲运兵车陆续问世。这类车辆一般是在坦克的生产线上组装而成，它们的装甲没有坦克厚重。另外，装甲运兵车也可以是轮式车辆，不过轮式车辆离开路面时的表现较差，可是造价便宜，而且速度较快。

分的军事概念和科技在大战爆发之前就已存在，不过需要一场大规模的冲突，让作战准则进一步发展，才能发挥功效。

从军事学说上看，第二次世界大战最重要的影响是各国利用快速机动的装甲部队来突破敌人的防线并加以拓宽。坦克是执行这项任务的绝佳工具，但光靠坦克无法克服所有障碍，还需要搭配其他战斗兵种和空中武力的支援。

因此到第二次世界大战结束之际，战术航空力量已成为地面行动不可或缺的一部分。另外，部队也需要某种形式的防空能力，所以特殊的防空车辆便出现在快速机动的装甲部队当中。

联合兵种的作战概念在远古时代就已经存在，当时拿着各式各样武器的人一起上场厮杀。在划时代的战争中，这个概念

↓一旦装甲运兵车的价值得到验证，各式各样的衍生型车辆便接二连三地出炉。基本型的装甲运兵车可赋予步兵部队机动性和一定程度的保护；其内部空间的运用也很多样化，可以作为指挥车，抑或图中的医疗护送车

显得更加重要。坦克虽结合了火力、机动性和防护力，可是它们并非万能。作战若要成功，坦克部队还需要步兵和炮兵的协助，而且他们必须跟得上坦克的脚步。

因此，自行火炮越来越常见，它们能够"边打边走"，所以不易遭受敌方炮兵的反制。步兵同样得赋予其机动性。一般的卡车用来战术机动（运载部队至战区）是相当合适的工具，但在战斗中十分脆弱。解决之道是为步兵制造一款既能运送又可提供保护的交通工具，于是"装甲运兵车"（Amoured Personnel Carrier, APC）应运而生。

装甲运兵车原本是作为"战斗出租车"之用，通常只配备一挺机枪，用来防空或于行进中自卫。此外，装甲运兵车还能作为一款机动火炮平台以支援步兵的行动。

一些装甲运兵车还设置了枪孔，让步兵在发动突击或遇袭时可留在车内一边行进一边射击。尽管车辆在行驶期间的

↓ 图中美制的 M47 型 "巴顿" 式（Patton）坦克是第二次世界大战期间设计的坦克系列之最后一款衍生车型。M48 型坦克则开启了新的时代。它摒弃了许多既有的概念，例如装置在车身的机枪

震动会影响人员的射击表现。但这样的作战方式颇具战术价值。不把装甲运兵车单纯视为运载士兵的工具已引起了一些使用者的兴趣，并开始发展出"步兵战斗车"（Infantry Fighting Vehicle, IFV）。步兵战斗车有时又称为"机械化步兵战车"（Mechanized Infantry Combat Vehicle, MICV），它的设计不只可以用来运兵，还能以自动填弹的加农炮或反坦克导弹来支援步兵作战。世界各国对于装甲运兵车或步兵战斗车应该具备何等的防护力和火力持有不同的见解。如果它们的装甲与武器愈佳，就会变得愈昂贵而无法大量部署，亦会减少乘员的搭载数；可是，若这些要素太差，它们又会丧失作战价值。许多国家认为步兵战斗车太过浪费，因为，国防预算多花一些在步兵运输车辆上的话，那么它们就得为部队的打击能力做出更大贡献，进而使步兵战斗车跟昂贵的坦克没什么两样。

装甲运兵车还衍生了一系列的车种，从野战救护车、指挥车到炮兵观测车和机动电子反制车等。它们通常是由同型车改装而成，外形相似，并被充分整合入战斗装甲部队的编制当中。

另一方面，装甲部队为了完成任务，有时必须跨越或移除障碍。为此，工程车辆和造桥车辆也在特殊工兵部队的发展下，得以发挥作用。在第二次世界大战期间，回收与修复故障或受损的车辆已证明值得一试。许多装甲车从战场上拖回修理，日后再上场作战。由于装甲车的价格不菲，军队也有必要设立特殊的装甲回收单位或野战工厂。

最后一点是关于后勤方面。就某种程度而言，它受到车辆数目和科技装备的影响，更确切地说，部队需要得到完善的补给。随着装甲部队发展成日益锐利的"牙"，他们即需要愈加庞大的"尾"来供应其油料与弹药。但是，后勤车辆本身也需要后勤的支援，要维持装甲部队的运作已是十分复杂且耗资巨大的任务。

然而，一个国家不能没有装甲部队。在第二次世界大战中，各国需要装甲部队来发动有效的攻势，更需要他们来抵御敌方装甲部队的进犯。固定不动的驻军步兵和堡垒作用有限，机动性才是制胜的关键。因此在战后的紧张年代，世界主要强权都在扩编坦克部队，而且这个"庞大威胁"也影响了各国的战略思维。

随着苏联和前盟友的关系逐渐恶化，"铁幕"（Iron Curtain）越过了欧洲，后来所谓的"冷战"（Cold War）也随之开始。1949年成立的"北大西洋公约组织"（North Atlantic Treaty Organization, NATO）囊括了大部分的西欧国家，还包括

↓每年的国际劳动节（5月1日），苏联红场（Red Square）上都会举行盛大的阅兵典礼，以展现军事力量，并威吓潜在的敌对国家及自己的友邦

美国和加拿大；而1955年的"华沙公约组织"（Warsaw Pact）则由苏联领导，与北约对抗。

北约与华约在某些方面有所不同，其中最重要的是北约是一个独立国家的联盟，他们共同合作处理国防与外交事宜，尤其是防范苏联。各个成员国自由取得或生产适合自己的武器装备。北约成员能够交换彼此的科技成果，但禁止输出到非联盟国家，而且他们也对武器的口径有标准化的规定，以利弹药的生产与使用。

然而，北约各成员也会因各自利益而发生争论。而华约组织基本上是把苏联与其盟友的既有条约正式化，并试图将他们纳入莫斯科的掌控之下。

装备的标准化

华约国家的武器装备标准化比较彻底，他们的兵员也远多于北约国家。华约的装备一般较简单，也没有北约国家使用的那样精密。这主要是因为华约采取大规模的征兵制；而西方国家部队的规模没那么庞大，军队普遍是由训练有素的志愿兵组成，所以对武器装备的要求亦较高。坦克的设计最能说明这两个联盟军事思维的差异。所有华约国家皆使用苏制坦克，它们的车身低矮且炮塔呈圆形，不易被击中，而且在战斗行进中的防护性也不错。苏联认为这样的坦克设计在大规模的运动战中最有效率。为了便于大批训练相对较差的乘员操作，并维持足够的数量，苏制坦克因此采用简单耐用的设计。

另一方面，西方国家的坦克数量远少于华约，但质量较好。他们的预设立场是进行防卫，对抗大群苏联坦克的攻击。因此，西方坦克的设计主要从防护性以及从防御阵地作战的角

度来考量，坦克的炮塔会比对手高一些，使它们在低于地平面的掩体内有较清晰的视野来迎战敌人。

第二次世界大战结束后的数年间，坦克是相当具决定意义的武器。在苏联军队里，它被视为最大的威胁，所以每一个部队，无论其作战性质为何，都必须能够对抗坦克。因此，最低限度的反坦克武器，例如 RPG-7 型榴弹发射器也配发到不具备反坦克能力的部队里。苏联人说："最强的坦克大国是不需反坦克武器的国家，但一支无法对抗坦克的部队也就是一点不会打仗的部队。"

北约面临同样的问题。如果"冷战"转为"热战"，他们就得防范数量庞大的坦克涌向西方。苏军在第二次世界大战末期的挺进已展现其势不可挡的力量。折磨北约作战策划者的就是如何抵挡苏联坦克部队的压境，更重要的是，计划是否可行。

←RPG-7 赋予了步兵和其他部队反制装甲车的能力。它是一款"前装火箭助推榴弹发射器"，可以通过配有瞄准装置的可重复使用发射具发射口径约70毫米的超口径火箭助推榴弹

提出想法

　　北约计划者提出了各式各样的想法，有些甚至十分怪诞。他们数次建议打造一连串的隐匿防御工事，由配备反坦克导弹的步兵驻守，并在联邦德国乡间设置防卫区。然而在近代战争中，防御工事的表现始终不尽人意，所以也没有理由相信它能在对抗苏联大军时会有多好的效果。

　　其他想法还包括，由联邦德国市民组成庞大的防卫队，让他们配备用后即丢的反坦克武器，它可在隐匿的防御阵地里或私人的敞篷车内操作。这个奇异的想法无声无息地遭到摒弃。

↓如果东方与西方国家之间爆发战争，德国将会是主要战场。英国、美国与联邦德国的装甲部队势必面临阻挡苏军压境的艰巨任务

或许，当防卫战已演变成设想中的全民作战后，胜负大概早已决定了。

如此一来，北约只剩下两个选择。第二次世界大战结束之后，西方盟军在德国境内驻留大批部队，他们可以成为反制东方国家入侵的基石。这批部队能够尽快得到支援，但在苏联的攻击中仍将首当其冲。重型装备会事先部署在西欧，以供美军到来时使用，这样即可加快增援的速度。不过要确保成功，还是得花上一段时间来集结兵力。

就某程度来说，此一策略和第二次世界大战爆发时苏联所采用的方式有异曲同工之妙，他们同样在波兰占领区内部署重兵，防范纳粹德国的威胁。若苏联真的遭受侵略，即可迅速派出主力部队支援前线。在这样的情况下，入侵的一方要取得初期胜利是有很高的概率，可是之后便很难说。如果危机升级到战争，军事专家不禁要问："华约部队侵占欧洲的速度是否够快而能制止对手增援，尤其是美军的到来？"

北约计划制定者的另一个选项是吓阻。有一段时期，美国采取"大规模报复"的策略来对付传统部队的进犯。亦即，假如西欧遭到入侵，便以核弹轰炸华约国家的城市。后来这项政

西欧传统部队

西欧传统部队的主要任务是击退敌人的入侵，尽管很明显他们能否逐退华约部队的大举进攻依然是个问题，但至少要拖延直到大规模的增援行动得以展开。除此之外，西欧传统部队还扮演非常重要的吓阻角色。无论这批军队的真正实力如何，只要他们能够让苏联的作战计划者产生不确定的心理，怀疑是否有能力迅速取得胜利即可，或许还可吓阻一场攻击。

策修改为"弹性反应"，只有在适当的时机才会动用核武。弹性反应策略并未排除遭遇传统部队攻击时使用战略核武器的情况，可是也一样能达到吓阻的效果。

尽管威胁动用**战略核武器**来保卫欧洲是可能的选项，但战术核武器的问世又让状况变得更加**复杂**。战术核武器的形式十分多样化，从原子引爆装置到原子弹、空投核弹和短程核导弹都有。

战场用的战术核武器于20世纪50年代和60年代蓬勃发展，包括核子榴弹炮，甚至步兵也可投掷专门设计的核弹头到只有3000米外的目标。这些核武器的研发背景是为了弥补传统毁灭性武器的数量差距，并吓阻敌人的攻击。不过，动用战术核武器总是有使战事升级的风险，进而让所有卷入的国家化为灰烬。因此，许多观察家认为传统部队的时代已经过去，未来的任何一场冲突都会演变成核子大战，而传统部队的唯一角色即是充当"导火线"来触发核战。

然而，20世纪下半叶的局势显示，核武器虽影响了战略思维，却没有掌控战争的发展。1945年日本的两起核爆炸开启了原子时代，但自此之后，核弹即未再发威。

←图为一具发射中的多管火箭发射器。尽管射程短，精准度差，而且火箭发射时所激起的大片尘埃很容易暴露其阵地，但多管火箭发射器的威力十分惊人

　　尽管如此，核时代的战争仍必须顾虑到核武器可能动用的影响。依照惯例，军队会集中兵力作战，可是在核攻击中，他们必须分散部署才有机会存活。各国的传统部队皆着手进行分散部署的演练以备不时之需，他们还要在核战幸存下来后，清除装备上的辐射尘污染。

　　核武器影响了战略思维，军事和战略行动都因此受到限制。20世纪后期的许多冲突皆是小团体之间的对抗，超级大国仅在幕后提供军备和支援。美国与苏联在冷战期间运用高明的手段从中获利，更让北约和华约不用直接涉入冲突。

　　同时，其他类型的战争也变得愈加重要。所谓的"灌木丛战争"在世界各地点燃战火，无论强权或次要国家的传统部队皆卷入了不少纷争。暴动只能以传统的方式解决，毕竟核武器无法用来对付友好城镇中的一小群暴动分子。

　　"灌木丛战争"是相对低强度的冲突，而且战火经常沉寂了一段时间之后，会再度燃烧。以这个术语来指海外殖民地的反抗尤为贴切，其实其他地区的暴动亦类似这

←图为美国陆军的一门原子榴弹炮，它具备发射一颗小当量核弹头的能力。战术核武器让北约国家得以抵消苏军的数量优势，但有可能进一步引发全面性核战争

原子时代的大规模冲突

尽管核时代并未引爆另一场世界大战，可是仍旧发生了几起大规模的冲突，例如马尔维纳斯群岛战争（英国称福克兰群岛战争）、两伊战争（Iran–Iraq War），还有一般所谓的海湾战争（Gulf War，虽然两伊战争的时候，在波斯湾区域进行的战斗也被称为波斯湾战争）。大批传统部队在这些冲突中相互对抗；而其他地方的战火则不同于此类型战争，比如美国陷身其中的越南战争。

样的战争形态。

这种形态的冲突具有相当高的不对称性。两个主要强权之间的战争都是以现代化的武器来进行，尽管数量方面不同，设计上亦有差异，但并非灌木丛战争中所指的不对称。只有某一方配备了现代化的坦克和战机，对抗装备拙劣的反抗部队时才具有明显的不对称性。

一般认为，拥有现代化科技的军队应该能够轻易赢得胜利。然而，战争史上总是有例外发生。交战的某一方经常会有更多的兵力、更佳的科技、更好的训练以及其他潜在的优势。不过，哪一项优势更具决定性始终难以定论。以出色的策略善用一切优势才是制胜之道，而且还要尽可能不让敌人从他们自己的优势中得利。

战争与政治

长期以来，战争与政治都是一体的两面。毕竟，战争就是以武力将某一方的政治意志强加于另一方。然而在"灌木丛战争"中，争斗的两方关系总是纠缠不清。在政府军掌控的区域，当地民众仍会窝藏游击队或是揭发他们，这取决于民众对政府军和游击队的态度如何。不过，军事上的挫败有可能会失去人民的支持，所以双方都会发动几起显然是没有意义的军事行动，来影响群众的意见。

作战行动的目的有时只是杀害或俘虏敌军而已。若指挥官把歼灭敌人视为唯一的目标，那么要赢得这场战争的胜利可能会付出不小的代价。暴动分子只要向群众证明政府无法保护他们或基本功能难以运作，诸如收税等等，政府便会失去支持。

这样的冲突必须考虑多方面的因素，任何一起行动皆有可能对战局产生重大影响。双方攻击彼此的部队之时，都会试图破坏对手在人民心中的信誉，他们可以在战场上或是媒体舆论中赢得这场战争。此外，"灌木丛战争"也有可能是以大规模作战的方式进行。现代随手可得的信息彻底改变了战争的本质，许多传统冲突都必须考虑到友方和敌方人民的反应。

就某种程度来说，"灌木丛战争"并非新颖的战争形态。好几个世纪以来，不少军事行动的目的皆是希望能够引起民众的反叛，对抗当权者，或是破坏统治阶层的信誉。然而在现代，照片或其他媒介所呈现的信息可以传送到全世界，使得这类形态的战争有了新的面貌。主要的差别在于，传统的战争中，对抗敌人的军事行动比舆论的影响更为重要；而低强度的冲突里，"客厅战争"（living room warfare）或许是某一方赢得最后胜利的唯一希望。

尽管有些人士预言，核武器将会淘汰传统部队，可是大规模的传统部队并未就此消失。第二次世界大战结束后没多久，大批的军队又在朝鲜战争中相互对抗，坦克战和重炮轰炸依旧如同以往那样进行。

到了20世纪下半叶，军事学家发现，核武器的实用性虽不断提升，但传统部队的必要性却仍然不减。确实，现代国家对于军队的需求似乎比过去更加普遍。各国除了要应付巨大威胁，即大量集结的主战坦克（MBT）和支援部队之外，还要能够处理次一等级的危机，包括维和、反暴动和低强度的冲突。

核武器确实改变了战争的本质，而且降低了20世纪下半叶冲突的强度，并进一步导致一些作战方式的变化。军队在21世纪的战斗领域比以往更加复杂，而20世纪中期之后的事件即可看出战争是如何演进的。

← 尽管军事学家预言，未来的冲突中会广泛使用核武器，但自1945年以来的战争尚未动用到它。而传统的武器，如坦克与火炮则发展得愈加精密

战后时代的游击战：
1945至1960年

游击战并非是新颖的概念，但在第二次世界大战后的数年里，这样的活动不再只是惹人厌的事情。当原先的政府遭到推翻之后，游击队即可成为正规军。尽管传统的军队似乎是稳操胜券，可是他们若无法适应新的作战环境，就得承担被击败的潜在风险。

←英军与马来亚部队深入丛林里扫荡游击队，使游击队没有安全的藏身之处

中南半岛的法军

正当中国的解放战争如火如荼地进行之时，东南亚各地也爆发了相同性质的战争。第二次世界大战结束以后，局势巨变，当地的居民开始觉醒，起身反抗殖民强权。不少在东南亚尚保留殖民地的西方国家声势已严重下滑，新的民族意识也在许多地区浮现。

共产党在东南亚各地得势，西方国家则对任何与共产主义有关的团体没有好感，除了第二次世界大战期间和共产党共同对抗轴心国的时候，他们接纳所有可抗衡共同敌人的伙伴。第二次世界大战结束之后，许多原先接受西方国家训练和武器的组织，反过来与他们为敌。

19世纪60年代至80年代，法国在东南亚取得了大片的殖民地，并建立所谓的法属中南半岛，将统治权强压在当地既存的王国之上。德国于1940年占领法国使得中南半岛的殖民政府遭到孤立断援，日军因此能够轻易地攻击该区。

第二次世界大战结束后，法国企图重新控制他们的殖民地，却迅速招致反抗。先前与日军作战的团体此刻转为对抗法国政权，那些为独立而奋战的人不愿继续顺从外来的统治者。在这些人当中包括胡志明（Ho Chi Minh）和武元甲（Vo Nguyen Giap），他们都是共产主义者。

1941年，各式各样的组织——有许多并非共产主义团

→胡志明年轻的时候即厌恶法国的殖民统治者和越南的世袭君主。他后来环游世界，充实自己的学识，再返回越南，成为革命领袖

体——在"越南独立同盟会"（League for the Independence of Vietnam，后来简称"越盟"）的名义下联合起来，寻求越南的独立。越盟在对抗日军的过程中获得了相当丰富的游击战经验。日本投降之际，越盟已控制了越南的北部，并于1945年9月在河内（Hanoi）成立政府。然而，西方强权决定该区应回归法国的掌控。到了1946年，法军也占领了越南的南部，与北方仅占有少数地区的越盟分庭抗礼。

正当胡志明着手整合政治上的支持团体之时，他的军事指挥官武元甲则协调各部队撤往安全的地方。这些部队是富有经验的正规军，并成为对抗法国统治者的核心。同时，一小批的法军也攻占了河内。

中南半岛战争

1950年2月，越南争取自由的战争展开。起初，越盟的行动非常谨慎，他们依循毛泽东的理论作战。法军的前哨基地为突击的目标，越盟集中兵力进攻，并在法国主力部队抵达之前消失得无影无踪。于是法军迅速派出伞兵营，支援像是东溪（Dong Khe）等地的驻军。

武元甲运用更佳的游击战术对抗法军，他们向某一阵地发动攻击，引诱法国支援部队前来，再设下埋伏袭击敌人。越盟对东溪的第二波进攻孤立了更北方曹邦（Cao Bang）附近的阵地，并迫使他们弃防。法国驻军在撤退期间惨遭歼灭，而派去支援的部队亦遇上埋伏攻击。

法军一连串的受挫让他们损失上千名的士兵，一些前进基地也不得不撤守。越盟迫使法国派遣少数的巡逻队巡视广大的土地，留下一

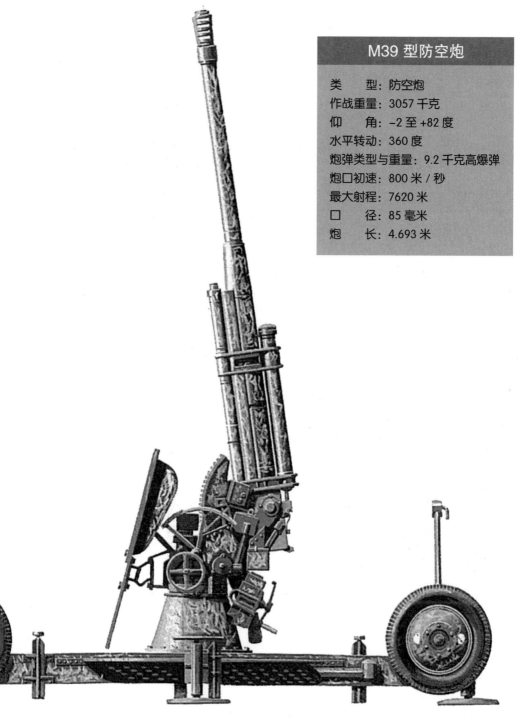

M39 型防空炮

类　　型：防空炮
作战重量：3057 千克
仰　　角：−2 至 +82 度
水平转动：360 度
炮弹类型与重量：9.2 千克高爆弹
炮口初速：800 米 / 秒
最大射程：7620 米
口　　径：85 毫米
炮　　长：4.693 米

小批神经紧绷的卫戍部队于孤立脆弱的阵地里。就某些方面来说，越盟在北方的初期行动类似1946年至1947年中国的情况，尽管规模比较小。然而，武元甲不久即犯下战略错误。由于越盟的正规军没有折损任何的兵力，并虏获了大量的法国装备，武元甲相信当前已可进入毛泽东作战策略的第三阶段，即派出传统的军队于战场上与敌人公开对决。

1951年1月，武元甲向红河三角洲（Red River Delta）的永安（Vinh Yen）发动一场传统作战，目标是夺取河内。不过，越盟采取攻势反而对法军有利，这并不是因为武元甲的兵力薄弱，而是法军早就为了防范这样的攻击做好了准备。很快地，武元甲遭到击退，3月与5月的攻势又接连失败。法军以弹性防御确保了红河三角洲的安全。那里的外围防线包括好几座固若金

←照片中为一批于越南西贡市行进的法军。在第二次世界大战期间，日本粉碎了西方殖民强权的优越感，法军向轴心国投降使得他们的声望荡然无存，而法国政府想要重新掌控殖民地的行动也更加困难

汤的前哨站，步兵和装甲机动部队亦能够就近机动，抵御敌军的入侵。这套防御体系非常有效，法国也因此得以转守为攻。

为了消灭越盟的各处据点，法军以伞兵为先锋向高地挺进。武元甲则切断这些部队的补给线，迫使他们撤离。很明显，法国若不部署庞大的人力便无法控制该地区，但他们的人力不足，而且几个月之后，越盟已逐渐掌握三角洲防御阵地外围的区域。

法军在1952年10月攻击越盟的补给线，大部分的机动部队都参与了这次行动。他们遇上的抵抗不多，并取得成功。然而，法军的部署过分延伸而不得不撤退。沿途后撤的法国部队又遭遇数次的伏击，他们在抵达三角洲防区之前已蒙受惨重的损失。

越盟的反击比法国预期得还快。法军指挥官则想出了一套计策，打算把敌人引诱到事先部署好的奠边府（Dien Bien Phu）阵地。这座据点筑有防御工事，且设有重兵驻守，他希望越盟会攻打那里，以消耗力量。

不过奠边府只能依赖空运的补给，随着越盟由中国手中获得一批防空火炮，并架设于阵地周遭的山丘，法国的空运行动变得越来越危险。尽管传统的格言说"大炮不会走动"，但越盟却能派大批的人力将防空炮推至山顶。

重新掌控乡间

法国人正确地警觉到，越盟重新掌控乡下地区是十分严重的问题，于是他们想出了新的对策，欲取得战略主动权。法国将设立一座前进基地，再从那里出击扫荡乡间的敌人。法军所选择的地点即为奠边府，并先派伞兵部队确保那里的安全。

法国严重低估了越盟的实力，他们的正规军有 5 个师包围着奠边府，并在1954年1月31日起展开连续不断的炮击。随着外围的阵地失守，越盟的火炮也一步步地往前移。到了3月的时候，奠边府外的机场跑道已在敌军重炮的射程范围之内，使得空运补给更加艰险。

奠边府包围战持续了8个星期以后，那里的主要据点和外围阵地已逐渐被攻占。尽管双方都蒙受了惨重的伤亡，但随着法军周边阵地一个接一个地撤守，进攻者能够集中兵力攻打另一座据点。

包围战术

越盟发动了几次大规模的进攻，可是皆以失败收场，并付出高昂的代价。于是，武元甲改为采用一套包围战术，利用重炮的掩护挖掘壕沟，侵蚀防卫者的防区。法国派出战机扫荡，却无法削弱越盟的炮轰或包围行动。

法军增援前来，并努力维持补给线的畅通，尽管伤亡十分惨重。然而防卫者的防区逐步缩小，最后于5月1日遭受四面八方的猛攻。不到一个星期，残存的守军即被迫投降。

中南半岛战争的成败是由后勤因素来决定，而非火力。在地球另一边的法军处于补给线的末端，一旦补给品由法国本土运到中南半岛，还得穿越敌区，沿着可预知的路线送往法军驻地。法国部队不止一次在野外攻占了越盟的阵地之后，却因为无法进行补给而被迫撤退。

沿着道路与河流运输十分容易遭遇埋伏，卡车与平底船的大量损失使得法军无力继续作战。法军使用的运输机多是过时产品，运输能力有限。另外，法军还有其他的问题，像是空

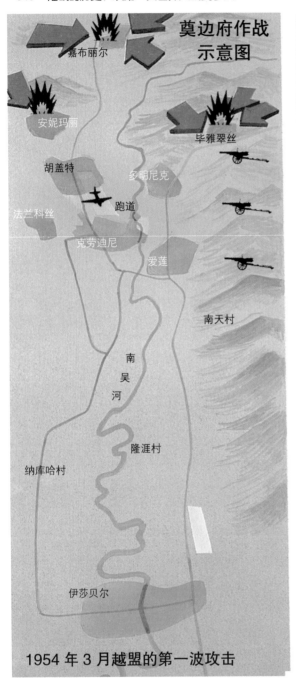

奠边府作战示意图

1954 年 3 月越盟的第一波攻击

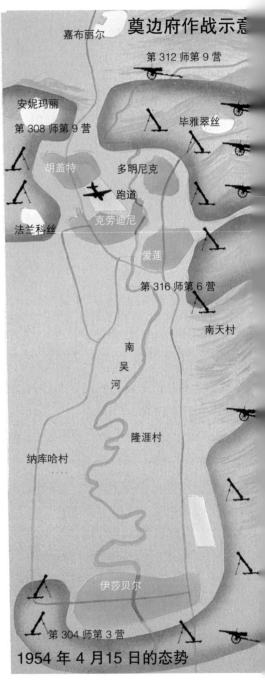

奠边府作战示意图

1954 年 4 月 15 日的态势

↑法军在奠边府基地四周设有坚固的防御阵地。然而越盟先除掉外围的阵地，让他们的重型火炮得以部署到射击机场炮道的射程范围之内，并支援部队朝法军基地的核心进攻

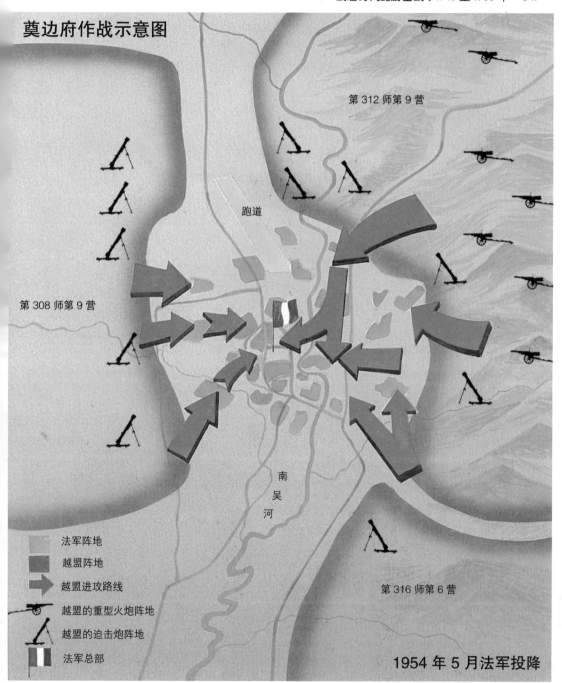

奠边府作战示意图

第 312 师第 9 营

跑道

第 308 师第 9 营

南吴河

第 316 师第 6 营

法军阵地

越盟阵地

越盟进攻路线

越盟的重型火炮阵地

越盟的迫击炮阵地

法军总部

1954 年 5 月法军投降

运的补给品必须送至野战机场，否则就得空投到其他的崎岖地势上，甚至会散布在乡间各地，让法国部队回收补给品的作业更加困难。在奠边府，许多补给即由于空投的困难，没有降落到防区内，最后落入越盟的手中。

武元甲深思熟虑地反制法国人为后勤补给所做的一切努力，并取得防空炮来击落运输机。他了解，向护卫队进行埋伏攻击不但可以阻止补给品送到战区的法军手中，还能降低他们整体的运补能力。

越盟的部队主要为步兵，所以补给作业简单，何况他们还可以自法国前哨阵地或护卫队手中虏获不少所需的军品。其余的大多数补给则由中国运至偏远的北干（Bac Kan），再从那里分散到各地。

此外，越盟的补给作业主要依赖人力，但也有大批的卡车可用。他们利用卡车迅速在奠边府周遭集结了庞大的部队。尽管法国派出战机，企图进行空中封锁，却仍无法切断越盟的补给线。

←直升机的引进为反暴动战争带来新的机会。直升机可以迅速运载补给至偏僻地区，或是撤离伤患。不过它的速度缓慢，容易遭到地面炮火击落

法国战败

法国于奠边府战役败北之后便无力再战，不得不承认越南、老挝与柬埔寨的独立。然而，越南不久即分裂为亲共的"越南民主共和国"（Democratic Republic of Vietnam，即北越）和亲西方的"越南共和国"（Republic of Vietnam，即南越），战火仍将继续延烧下去。

法国战败的原因和中国解放战争的情况相似，双方打的都是非常不一样的战争。法军打算在战场上赢得传统形式的胜利，而越盟则逐步推动乡间的政治控制。拥有强大火力的传统军队再次被装备欠佳但积极进取的游击部队击败。究其主因乃是越盟可以确保作战区域一带的安全，法军却未能有效渗透。为了对抗游击队，法军必须深入丛林里独自战斗，可是鲜少有部队具备丛林战的经验与能力，而且他们从未认真地想要打这样的战争。法国人太过依赖车辆与重装备，使他们的作战范围限制在道路和静止不动的基地附近，所以经常遭到埋伏攻击，并无法维持补给。

←随着奠边府周遭的阵地逐一被攻占，要从空中进行补给已是不可能的事情。1700多人的最后突围行动失败，幸存的士兵也成为战俘

数量与现实

在越盟的猛烈攻击下，奠边府的法军约折损了7000到20000人，甚至超过了这个数字。然而法军面临的不仅是数量上的损失。越盟的损失尽管更加惨重，但法国最精锐的部队也被消磨殆尽。法军欲施予敌人惨重伤亡的策略确实达到目的，可是最后仍输掉这场战役。

↑照片中为战胜的越盟士兵展开一场非正式的游行庆祝。尽管中南半岛的法越战争就作战的形态而论，为一场游击战争，但武元甲麾下的部队许多都穿着正式的军服

传统战争形态的结束

在中国和中南半岛的游击战争皆显示，传统的军队还没有准备好因应新的作战形态。对抗这样的非传统威胁需要改变方法，甚至政府当局的认知亦得跟着改变。若要赢得胜利的话，必须使有领导才干的游击分子失去游击的正当性，单纯靠传统的军事手段已不可行。

↓照片中为奠边府阵地的法军。法国打算设立前进基地后发动进攻，驱逐乡间的敌人。这样的策略原则上看似合理，可是越盟获得了大批的重型火炮和防空炮，法军反而因此落入陷阱

马来亚紧急状态

第二次世界大战期间，东南亚殖民地上的英军同样遭到日本帝国的部队逐退。当日军于1942年攻击马来亚的时候，英国便持续提供当地的抗日团体支援。其中最重要的是"马来亚共产党"（Malayan Communist Party, MCP），他们在日本人入侵之际，已建立良好的组织。

马来亚左派和其他团体组成的"马来亚人民抗日军"（Malayan People's Anti-Japanese Army, MPAJA）参与过一些对抗日本入侵者的行动，但第二次世界大战结束之际，仍没有大规模作战的经验。很快地，英国的势力重返马来亚，马来亚左派根本没有机会创立政府。不过，他们被承认为合法的政治团体，以交换

布伦 I 型（Bren Mk I）机枪			
类　　型：轻机枪		弹　　匣：20 发弧形弹匣	
重　　量：10.03 千克		口　　径：7.7 毫米	
枪口初速：744 米 / 秒		全　　长：1156 毫米	
循环射速：500 发/分钟		枪 管 长：635 毫米	

马来亚人民抗日军的解散和解除武装。

事实上，马来亚人民抗日军大批的武器被藏匿了起来，以备不时之需；而马来亚左派也暂时回归到纯粹的政治组织。接下来的三年里，左派在华人当中越来越有影响力，也获得部分马来亚人的支持，但"马来亚民族统一机构"（United Mayan National Organization）与之对抗，支持者大多是马来亚人。马来亚于1948年的时候人口约为500万人，其中40%是华裔，50%为马来亚人，剩余的大部分则来自印度。

1948年，中国与中南半岛的游击队组织皆成功击败正规军。差不多同时，缅甸、印尼与菲律宾都发生了反政府的暴动，可能是受到莫斯科当局的激励。接着，马来亚也爆发暴动，只是情况尚未达到革命的程度。

马来亚激进人士面临的问题之一是他们没有得到所有人的支持。尤其是英国政府已同意马来亚独立，一些民众也认为英

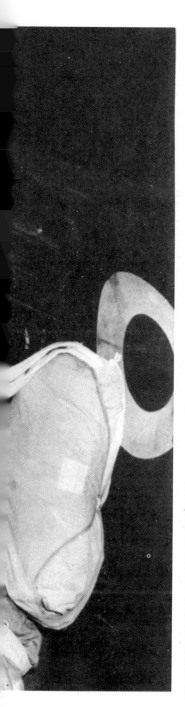

国言之可信，因为其他的前殖民地，包括印度与巴基斯坦的独立都获得了承认。

激进分子攻击英国的殖民地主，引发了这场战争，两天之内，马来亚宣布进入紧急状态，政府也开始采取一连串的措施，有些手段相当强硬，包括强迫居民迁移、限制活动和未审拘禁。不过，有关当局宣导这些举措是在保护人民，试图渐渐被接受。虽然军队出动扫荡游击队，但一般的民间行政机构并未因此停止运作。

紧急状态一开始的时候，马来亚的英军仅有六个廓尔喀营（Gurkha）和三个步兵营，加上一小批的火炮。此外，新加坡亦有军队驻防。这样的兵力根本不够应付马来亚乡间的大规模暴动，尤其那里大部分地区都是丛

←从运输机上跳伞至敌方游击队躲藏的丛林需要高超的战技与勇气。英国特别空勤团的贡献不只是对抗游击队而已，他们还获得土著居民的协助搜索游击队

马来亚的空中机动

英国特别空勤团发展出于丛林上空跳伞的技巧，使他们得以利用空中机动来肃清某区域。另一项战术是运用直升机快速运载部队至游击队撤退路线的后方，其他的部队亦会追击敌人。无论如何，游击队会于返回基地的途中遭到伏击，而且经常是在他们觉得已经安全的时候。

林，只有一座山脊和岸边的几块平原。

确保人民的安全

英军与相关当局称，其所采取的第一步是确保人民的安全。马来亚警方的装备欠佳，不适合执行此一任务。所以刚开始，英军可派的部队大部分都投入了卫哨工作，而且他们也赶紧训练其他的部队来继任守卫的角色。

地方上的安全由一些部队来承担。警察重新配备了武器，并征募一支特种警备队（Special Constabulary and Auxiliary Police Force）来强化他们的力量。警察人员还接受军事训练使他们有信心执行卫哨勤务，并可在军队赶来之前，抵御敌人的攻击。

此外，马来亚政府也召集了一支国民兵（Home Guard）来守护广大的农园；而地主与管理人则带领他们的劳动者保护彼此的生命财产。在这场战争中，英国和马来亚当局之间的良好关系十分重要，那些生活在殖民地的人发现，共同对抗游击队才合乎他们的最大利益。

同时，马来亚军队不断扩大，英国其他领地的部队亦前来支援。渐渐地，他们的兵力已足够发动进攻，还可部署机动后

←照片中为一些英国与马来亚的士兵展示他们所虏获的游击队旗帜。马来亚当局试图让游击队与共产党之间的关系产生隔阂

马来亚共产党的合法性

第二次世界大战期间马来亚共产党得到了当地华裔居民相当大的支持，尤其是因为他们公开抨击日本侵略中国的行为。其他的小团体也与马来亚共产党合组"马来亚人民抗日军"，而且英国还提供他们一些武器及派遣军事顾问。实际上，英国政府已承认马来亚共产党为合法的领导组织，以对抗日军的入侵。

备部队。这对英军来说非常重要，因为他们知道，部队得以随时援助警哨站或其他孤立的阵地，能够提升驻守人员的士气。

当局称，各种措施使居民得到了实质上的保护，防范游击队的袭击，并让军队能有更大的自由扫荡敌人。不过这样还不足以赢得战争。若要取得胜利必须先维持人民对政府的忠诚，其次才是消灭游击队，无论是以武力解决或是说服他们投降。

游击队的初期策略是打击执政者的士气，但他们利用的武器是1945年时藏匿起来的各式装备，所以仅能发动小规模的突袭。

为了反制游击队的袭扰，政府军移走了许多资源，并切断道路来打击游击队的后勤补给。英国皇家海军也派出船舰巡逻，防止军火走私，尽管游击队鲜少经由海路进行运补。游击队的支援大部分来自马来亚当地，他们让村庄或个人提供补给或鼓励与游击队合作。

马来亚当局还采取了大胆且冒险的一步，即实施未审判拘禁。尽管这个手段可能激起民怨，却让民间行政机关得以扣留嫌疑犯，无论他是否与游击队合作。其他的措施还有"连坐法"，所有的村民都有义务告知政府他们当中的激进分子或其支持者。为了进一步掌握乡间，各村落还被分为"白区""灰区"与"黑区"，视村民"通敌"的程度而定。

另外，马来亚亦引进身份证制度以防游击队的渗透，并将它与重要的民生制度结合，例如通行许可和粮食发配，同时让身份证的持有人获得好处，使他们都想要有一张。

严厉的惩罚

支持游击队的惩罚十分严厉，光是拥有成员证或文件就足

以判上10年的刑期。为游击队储粮也会受到严惩，非法持有武器更是会被判死刑。若嫌犯提供关于他伙伴的有用情报则能够减轻罪刑。其他的消息来源还有搜寻未经许可而移居的人。

↑1957 年，英国予以马来亚联邦独立

　　这样的做法可能会引发人民的不满，但马来亚当局试图以正面的方式来执行。被列为"白区"的村落鲜少见到严厉的管制，它代表政府对村民的信任。而背信与无法自制的村落则被列为"灰区"，那里会受到突如其来的搜索和约束行动等限制。

　　这些管制措施会逐步放松，但若村民继续支持游击队的话则会越来越严格。有关当局也想出了其他的办法来因应。解决之道是由哈罗德·布里格斯（Sir Harold Briggs）中将所独创，他提议将那些未经许可而定居的人迁移到为特定目的而建造的

村庄。如此一来，政府不但能加以控制，亦可改善他们的生计。那些人就是为了寻求更好的生活才会支持游击队，如果政府能够提供他们所需，或许就不会再支持游击队。即使不然，至少这些人已在相关当局的掌控之中。

在布里格斯的计划下，马来亚政府打造了150座"新村"，再强制非法的移居者迁入。这并非没有遭遇问题，游击队尽其所能地阻止。许多移居者也怀疑政府的动机，并以各式各样的方法抵制。然而，他们新的生活状况有所改善，因此一些人逐渐转为拥戴马来亚政府。

尽管施行了这些措施，马来亚的态势在1951年中期仍十分严峻。随着朝鲜战争如火如荼地进行，当地英军可派的兵力越来越少，而游击队的突袭活动则迅速增加。英国的地方行

← 在马来亚紧急状态期间，居住管制有时得强制执行，游击队会攻击一些人和破坏其住所。迁徙的居民可能得以过更好的生活

↓ 照片中为马来亚一座由沙包围成的警哨站。马来亚政府派遣后备军队和装备精良的警察执行维安任务，让英军专心对付游击队。英国依赖当地的部队与警察，也显示了他们对马来亚的信任

政官亨利·葛尼爵士（Sir Henry Gurney）甚至于10月遭游击队伏击身亡。

　　杰拉尔德·坦普尔（Sir Gerald Templer）将军接替了葛尼的职位，他同时掌管作战指挥与情报所。坦普尔的到来可视为是这场战争的转折点，尽管许多事情并非因他个人而发生。布里格斯的计划奏效，而且可派用的部队增加，包括"特别空勤团"（Special Air Service, SAS），他们对兵力的提升极有帮助。另外，同样重要的是当地安全部队的能力越来越强，使军方有更多的人力去扫荡敌人。坦普尔下令发放自动武器给予民兵，这表示信任马来亚人不会反过来对抗他们，而是提升守卫队的信心与忠诚。马来亚军队内由多种族组成的营级单位数量也不断增加。

←←在被怀疑支持游击队的村落里，英军与马来亚部队挨家挨户地搜索，如果找到证据即会施予严厉的惩罚。游击队遭清除的地区便不会进行搜索

向游击队开战

　　1952年年初，马来亚当局开始严肃看待这场战争，并积极打击游击队。英军亦愿意深入丛林扫荡游击队的据点，有时还长达四个星期之久。更重要的是，他们学到了丛林战的战技，且能找到游击队的基地来发动突击。袭扰的游击队再也无法撤离到安全的地区，进行休息或训练。此刻，他们蒙受政府军无

削弱游击队的支援

　　被怀疑援助游击队的村落称为"灰区"或"黑区"，视其程度而定。那里会遭受越来越严厉的管制，包括实施宵禁，甚至只允许居民一天外出两个小时而已。政府鼓励村民举发游击队的同情者，只要游击队不再受到支持，村落最后就会宣布为"白区"，并解除限制。

预警的攻击，兵力亦被迫分散，游击战的效率更因此大打折扣。

马来亚政府打的是两场战争，其一为对抗乡间的激进分子，另一是扫荡丛林里的游击队。

对抗游击队的战术十分传统，却相当适合于丛林里进行，像是派巡逻队到丛林搜索敌人活动的蛛丝马迹就是非常平淡无奇但有效的策略。英军也运用更巧妙的计谋，即从一支规模较大的巡逻队中派出一小批分队引诱敌军出来，并在他们可能行经的路线上埋伏攻击。

英国特别空勤团是得力的帮手，他们还获得马来亚内地部落居民的协助。土著受到引诱以找出和报告游击队的集结点，在许多情况中，他们亦十分乐意加入战斗。在冲突晚期的时候，有不少游击队员乃遭土著的吹箭伏击而毙命。另外，婆罗洲（Borneo）的土著也被带到该地区，利用他们的技能于马来亚的丛林里担任巡逻队的向导。

除了瓦解集结的游击队并使他们的行动越来越危险之外，马来亚当局还进行心理战。他们以喊话、在飞机上装设扩音器

←←照片中为一批在马来亚丛林涉水而过的英国与马来亚混合部队。在丛林里搜索游击队是既艰辛又危险的任务，而且大部分的巡逻队皆一无所获。不过，为了掌控乡下地区，这样的行动绝对是有必要的

马来亚政府的胜利

马来亚紧急状态最后在1960年正式结束，该国也终于获得自由与独立。许多"新村"现今成为繁华的都市，居民十分富足。马来亚当局借由给予非法移居者所想要的，成功地消弭他们起来抗争的欲望，也使得打算与政府作对的政治团体得不到支持，这是结束紧急状态的关键因素之一。

马来亚的游击队是被有效的军事行动和赢得大众的清楚策略所击败。政府并非是以捕杀多少游击队或逐退敌军的攻击来寻求胜利，而是在他们可以获胜的领域——即民众的态度，来进行这场战争。

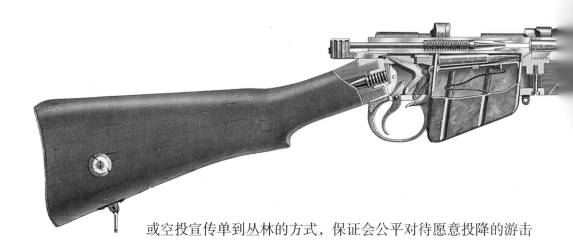

或空投宣传单到丛林的方式，保证会公平对待愿意投降的游击队员。

另外，马来亚政府甚至提供大笔的金钱给予那些有意带领游击队集体投降，或说服同伴换边站的人。许多的敌方投降人员觉得他们比较喜欢新生活，而不是在丛林里过那种仅能糊口的生活。

同时，马来亚左派也遭到清除。其党员被赶出村落，并逃进丛林里，以免遭揭发或被逮捕。马来亚政府精心策划了一场攻击，切断粮食来源，迫使他们冒险出来寻找补给品。不少人因此被俘或遇难，而类似的手段亦让许多游击队员落入圈套。

到了1955年，游击队已消散在丛林中，而且得花费更多的代价于那里的环境下生活，所以无力再战。马来亚左派开始和谈，政府予以大赦，他们要求再承认其合法政党的地位，但遭到拒绝，因此战火又起，尽管此时局势已很明显，马来亚政府占尽上风。事实上，"马来亚警察部队特种分局"（Special Branch of the Malayan Police Force）掌握了几乎每一位残存游击队重要人员的身份与大略所在，还有游击队可用的主要武器数量。

1957年，马来亚获得独立。

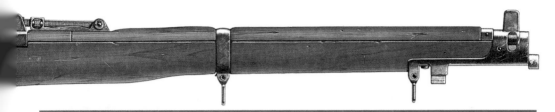

"恩菲尔德" II 型步枪（SMLE Mk II）

类　　型：步枪	口　　径：英式 7.7 毫米
重　　量：3.71 千克	全　　长：1132 毫米
装弹方式：后膛进弹	枪 管 长：640 毫米，五条左旋膛线
弹　　匣：10 发弹匣	

　　就军事部分来说，这场战争是赢得低程度冲突的最佳例子。在这种形态的战争中，大规模作战的效果有限，尽管偶尔游击队的基地暴露，能够从空中进行轰炸。整体而言，陆军的步兵若能学会如何识破游击队所选择的环境，并加以突击，即可获得胜利。

　　另外与军事行动一同进行的是，马来亚当局于乡间设立了安全卫队，使游击活动更加困难。安全卫队有时也会加入战斗；而一连串的政治措施则影响了舆论，让他们得不到支持。光靠军事或只仰赖政治手段无法击败游击队，这就是马来亚战争不同于中南半岛之处。马来亚政府并非以他们想要的方式进行这场战争，而是以必需的方式，因此他们最后赢得了胜利。

"茅茅党"① 暴动

　　当英国于19世纪末期，在现今称为肯尼亚的地方建立殖民地之际，很快便从马赛族（Masai）与基库尤族（Kikuyu）手

---

① "Mau Mau" 全称为 "Mzungu Aende Ulaya, Mwafrika Apate Uhuru"，意为"赶走外国人，恢复非洲的区域独立"。——译者注

中取得大片的土地。然而，这些交易引起了严重的分歧，殖民者有足够的理由相信，土地是由他们出价买下，而基库尤族则理所当然地认为土地只是租给欧洲人使用，当他们需要的时候，就得归还。会有这样的分歧，乃因双方都漠视彼此的文化差异，像是英国人根本不把土著买卖的仪式放在眼里。

　　相对来说，英国移民相安无事地居住在土著部落邻近的地区好几十年，但第二次世界大战结束后不久，基库尤族的生活条件由于战后经济的萧条而恶化。土著越来越不满，所以开始

↓要取得"茅茅党"的情报有时非常困难，没有被牵连的部落皆一无所悉，而那些或许知情的人则因为害怕遭到报复，所以不敢向政府透露任何信息

↓ "茅茅党" 暴动起
因于一些肯尼亚部落
与白种人居民之间的
纷争，双边都有正当
的理由认为是对方先
挑起战端

向英国人要回土地。然而，英国的殖民者已将他们"购得"的地视为唯一的家，拒绝归还。双方都有自己的理由相信自己才是土地的所有者，越来越深的积怨终于引发了冲突。

真正的动乱于1952年年底发生，尽管先前暴力事件层出不穷，而且愈演愈烈。许多人遭到谋杀，房产被焚毁，就连家畜也遇害或伤残。当政府开始重视这些事件时，暴动者的组织已逐步成形。

1952年10月，肯尼亚政府宣布国家进入紧急状态，英国也向当地空运了军队，以遏制暴动。不过当地的土著展开一场突袭，让嫌疑犯得以逃脱，还虏获了一批武器。

越来越多的英军投入该地区镇压暴动，可是他们需要时间来调适新的任务。由于这批英国部队缺乏抗暴的经验，又不熟悉肯尼亚山地森林的环境，使得情况恶化。一支团级部队甚至意外伏击了他们刚抵达的军官。

然而，肯尼亚政府开始实行

←肯尼亚当局祭出种种措施，使部族的人能够保护自己对抗"茅茅党"分子，激励了更多民众支持政府。大批的基库尤族人也协助军队扫荡乡间的暴动者

一连串的反暴动措施。马来亚战争的经验显示民间机关亦能在紧急的军事行动中发挥作用。该国被划分为几个区域，在禁区内，军队允许采取战争状况的手段，闯入的土著格杀勿论。这虽使暴动者的活动受到限制，而且武器的取得更加困难，但"茅茅党"还是从不同的来源获得补给。一些军火是偷来的，另一些则是"土法上马"，像是投掷门闩。他们还广泛运用传统的兵器，如矛、刀、棍棒与勒绳。

"茅茅党"的咒语及报复迫使其他的部族予以补给，或至少对他们的行踪守口如瓶。不过，肯尼亚政府仍从一些基库尤族的派系中得到情报和支持，他们提供的人力协助军队进行包围与扫荡行动。这包含一部分的军队组成封锁线或哨兵线把进攻区隔离，而其他的部队则发动搜索和进攻。

自1953年之后，随着越来越多的英军来到肯尼亚，他们得以进行更密集的扫荡行动。这导致更多的嫌疑犯被捕，小规模的冲突也不断增加，偶尔还会与大批的"茅茅党"军发生战斗。最久的一起行动甚至持续了四天，并造成几乎150名暴动者丧生或被捕。

1954年4月，英军在肯尼亚的首都内罗毕（Nairobi）发动一场出其不意的围剿行动，该城内的"茅茅党"支援网络几乎全遭

←对嫌疑犯搜身相当费时，还会让民众产生反感，但为了防范敌方随心所欲地行动，并携带武器或爆炸物进入非管制区，因此仍有执行的必要性

肃清，他们于战场上作战的联系与补给能力因此瓦解。同时，肯尼亚政府仿照马来亚战争的策略，鼓励村落的居民举报"茅茅党"。其中一个有效的措施即是派巫医为"茅茅党"的支持者解咒，还有特赦提供情报的人。

另外，支持政府的基库尤族派系被编成了"基库尤卫队"（Kikuyu Guard），并且获准发放武器来保护自己的族人。不少基库尤族人憎恨且害怕"茅茅党"，所以政府的信任不但使他们得以抗拒"茅茅党"的胁迫，还能提高民众对政府的忠诚度。在乡间持续不断的巡逻与扫荡虽然没有减少暴动者的活动，亦未造成"茅茅党"更多的伤亡，但政府终究使住宅区安定下来。到了1955年，"茅茅党"已蒙受惨重的损失，而且普遍失去人民的支持。然而他们还没有认输，并转移攻击的对象。"茅茅党"的主要目的不再是驱逐白人，却是施加破坏以迫使政府让步，他们似乎有机会达到目标。

找出并消灭"茅茅党"的方式之一，是采取类似马来亚政府运用的手段，即诱使投降的敌人提供情报，但肯尼亚当局试了新的花招。改变立场的前"茅茅党"成员渗透到其内部，然后再回传情报给政府。

暴动的失败

到1955年年底，英军已可返国，残存的"茅茅党"军无法在乡间久留，而肯尼亚小规模的部队于掌握情报的状况下出击，也能逐步消灭"茅茅党"军。该国的紧急状态终于在1960年解除。"茅茅党"的行动由于政府进行相当传统的巡逻与扫荡而受挫，但最后乃是遭伪暴动者的渗透才瓦解。

"茅茅党"暴动的失败是因为他们未能建立广泛的民意基

"茅茅党"的咒语

"茅茅党"的一个主要特征是他们利用既极端又血腥的誓咒来约束支持者。这个要素不得不重视，因为基库尤族人相信，若不守誓约，厄运就会降临。

"茅茅党"针对效忠国家的部族或毁约的族人之迫害，比袭击白人的情况还严重。他们攻击一些人，并迫使其他人发下毒誓对抗政府。许多攻击事件十分残酷，像是拉里（Lari）就有一百多人被砍杀，而且死无完尸。

础，那是任何一场成功革命的必要条件。肯尼亚政府的胜利主要归因于当局采取了有效的措施，鼓舞并保护忠心的部族，而利用巫医来解除"茅茅党"的咒语同样非常重要。这显示出政府若了解民众的态度即能够消弭暴动活动。

7

传统战争的复活：
1950至1970年

第二次世界大战之后，有不少人认为原子武器的问世将使传统战争的时代结束。然而，战后的5年内，许多国家再次卷入大规模的冲突中。20世纪50年代和60年代的大部分战争所运用的战术，都可回溯到1939年至1945年这段时期，而且还经常出动传统的重型装备作战。

←照片中为美军士兵正在发射一门无后坐力炮。这种轻型火炮在朝鲜战争中十分管用，由于它够轻，又可由步兵携行架设至山丘上，因此证明是非常有效率的近距离支援武器

朝鲜战争

第二次世界大战接近尾声之际，苏联投入了大批的部队对抗日军，并由北方迅速推进到朝鲜半岛。如同欧洲，苏联也同意在远东划下进攻的停止线，他们将接受北部日军的投降，而美国部队则会登陆朝鲜半岛南部，确保该地区的安全。

然而，美苏对于朝鲜半岛的未来争论不休。和东欧国家一样，苏联亦在其占领区组成亲苏的政府，结果亲苏的共产党政权掌控朝鲜，亲西方的政府则统治韩国，朝韩于北纬38度一带划下停战线分割彼此，双方都认为自己才是唯一的合法政府。

在1948年至1949年间，美国与苏联的军队撤出了朝鲜半岛，而朝韩政府则不断进行宣传战。边界擦枪走火的意外屡见不鲜，双方有时甚至会进一步侵犯彼此的领域。最后朝鲜乃决定以武力统一全国，他们的部队于1950年6月25日越过边界，并向汉城（2005年韩国政府宣布改称首尔）推进。

朝鲜半岛的战略地位

由于朝鲜半岛从中国大陆沿岸向日本延伸，半岛的东岸也几乎全为山脊所覆盖，尽管那里并非工业要地，自然资源也不丰沛，却拥有重要的战略地位。这就是历史上朝鲜半岛发生多次战争的原因。

韩国无力招架朝鲜的攻势，他们的军队仅配备美军撤离时所留下的装备，而且规模也不大。在边界一带，只有四个步兵师驻守，还有四个后备师，但兵力都不足。另一方面，朝鲜则有十个步兵师，兵力大部分皆为满编，亦有较佳的火炮支援。更重要的是，朝鲜的武力是由经验丰富的部队为核心组成，他们都曾协同苏军或人民解放军作战。此外，苏联还提供了朝鲜约150辆的 T-34 坦克，得以编成一个坦克旅。

朝鲜的进攻达到出其不意的战略效果，许多韩国士兵并不在岗位上，而其余的完全没有准备好承受敌人的来袭。他们亦

↓ 在朝鲜战争爆发的隔天，即1950年 6 月 26 日，美国掌控的联合国投票通过派兵对抗朝鲜的决议。与此同时，美国开始调派部队至韩国

缺乏有效的武器以抵挡性能出色的 T-34 组成的先锋部队，仅有美国先前提供的火箭筒可用，但这根本无法阻挠坦克大军压境。

朝鲜的军队分为三支主力向汉城挺进，他们迅速穿过朝鲜半岛的中央高地，沿着狭窄的东岸平原进攻。朝鲜亦于东岸进行两栖侧翼包围战，显然是受到苏军战术的影响。这一点都不令人意外，因为苏联已训练朝鲜部队长达5年之久。美国的支援很快就来到朝鲜半岛，"联合国"也立刻决议派兵协助韩国。然而，他们未能及时采取行动阻止韩国首都的沦陷。

残存的韩国军队慌忙撤往南方，而此刻美国海军的部队正航向朝鲜半岛，并得到授权予以韩国补给。不过美军的道格拉斯·麦克阿瑟（Douglas MacArthur）将军私下评估，美国若不部署大批的地面部队，就无法阻止朝鲜的挺进。麦克阿瑟在他的职权范围内，采取了大胆的一步，即下令海军战舰与战机轰炸朝鲜部队和北边的目标。

准备欠佳的部队

麦克阿瑟被授予邻近所有可供派遣部队的指挥权，可是他们在日本经过数年的"软性"占领之后，兵力已大幅下滑。然而美国别无选择，只得派这些部队上场。因此，三个师的美军登陆到朝鲜半岛东南角的釜山，并开始挺进

←美军在麦克阿瑟的指挥下，及时赶抵韩国，避免了全面的溃败。接着他着手策划极其危险、最后却十分成功的仁川登陆行动

与朝军交火。

这批部队尽其所能地战斗，重整旗鼓的韩国军队亦予以支援。虽然他们无法抵挡住朝鲜的攻势，并撤回釜山港，却让朝军的推进速度减缓下来。到了1950年8月初，美军与韩国部队守住了一小块区域，那里称为"釜山周边阵地"。这个阵地尽管摇摇欲坠，但一直坚持到增援部队赶来。美国和英国的部队先抵达朝鲜半岛，其他国家的部队亦接踵而至。

一开始，朝鲜的T-34坦克所向无敌，许多反坦克炮都对它们无可奈何。然而，美国装甲部队登陆之后，局势便开始逆转。美军步兵还发配了一款改良的火箭筒作为防御之用，它的威力更强，尤其适合于近距离的城镇战中操作。此外，"联合国军"亦部署了越来越多的坦克。有些军事专家原本认为朝鲜半岛的地形不适合装甲作战，但朝鲜军队成功运用坦克，使这样的想法改观。

美国、英国与菲律宾出动他们的装甲部队，其他国家则部署了步兵和支援部队。有些国家仅派出一个连参战，其余的则为营级以上的部队。

朝鲜在面临越来越强烈的压力之下，仍试图发动最后一击，将敌人赶回海上，但他们的攻势遭到逐退，釜山周边阵地

朝鲜战争的武器

朝鲜战争期间，双方所使用的武器大部分都是第二次世界大战遗留下来的，或是那个时期发展的装备。不过，由于这些武器是为了在大规模的冲突中对抗装备精良的敌军而设计，并且受过战争的洗礼，所以整体来说，这批武器的水准非常高。相较于其他国家，韩国军队的装备不足，因此伤亡也格外惨重。

也逐渐巩固。到了1950年9月，"联合国军"已准备好发动进攻，他们的行动是由麦克阿瑟将军策划，可是这场大胆的作战显得有些鲁莽。在开战的第一个星期，麦克阿瑟即打算进行两栖登陆战，希望引开朝鲜军队的注意力。这样的构想进一步发展为夺回汉城，并切断于南方作战的朝军。

↓虽然驻日美军是第一批抵达朝鲜半岛的部队，但英国和英联邦的部队也很快赶来协助韩国。最后，"联合国军"部署到了朝鲜半岛

大有问题的计划

这个作战计划有一些重大的问题。突击部队必须登陆到仁川，这代表他们得对抗驻守在岸外岛屿上的朝军，还要克服登陆点外浅水区的暗礁。那里没有合适的海滩，所以登陆行动将直接以登陆舰靠上码头的墙边来进行。

整场登陆作战看似自杀，但麦克阿瑟仍说服了他的上司。这有一点好处，那就是要在仁川登陆似乎是不可能的，所以他们肯定能够达到出其不意的效果。

M40 型自行火炮

类　　型：自行火炮		性　　能：最快平地速度 38.6 千米 / 小
乘　　员：8 名		时，涉水能力 1.067 米，跨越垂
发动装置：1台大陆公司9汽缸星型活塞引		直障碍能力 0.61 米，越壕能力
擎，输出功率294600 瓦		2.26 米
重　　量：36400 千克		装甲厚度：最厚12.7 毫米
最远行程：161 千米		尺　　寸：长 9.04 米，宽 3.15 米，高 2.84
武　　装：1门155 毫米炮		米

1950年9月，为此次行动而编成的美国第 10 军展开登陆，这支武力包括海军陆战师和陆军步兵师，还有一批韩国部队来强化兵力。不过，韩国部队的一些单位充其量只是国民军而已，他们的训练十分草率。

战舰的火力支援和船运补给由几个国家提供，包含美国、英国、法国、澳大利亚、加拿大、新西兰与韩国。民间船只也被租来执行补给作业，总共有230艘船参与了这次行动，让7万名的部队登陆，以及支援他们作战。

"联合国军"于9月12日至13日在群山进行牵制攻击之后，仁川登陆战即于9月15日展开。尽管计划是在极仓促的情况下拟定，而且面临巨大的挑战，但突击行动仍然十分成功。这归因于奇袭效果，还有先遣部队率先登岸回报水域的情况。

在部队登陆之前，海军战舰猛烈炮轰岸上的防御阵地。炮击行动虽然可以持续地进行，但登陆的时机十分短暂。因为只有在海水的最高潮期，船舰才能驶进目标区，这使登陆行动限制在早晨与傍晚的三个小时里。

在晨间的高潮期，一个美国海军陆战队的营登上了岸外的月尾岛，以确保主力部队侧翼的安全，后者则在黄昏展开登陆。月尾岛的抢滩过程完全没有遭遇抵抗，尽管美国海军陆战队登岛以后才引来朝军的攻击，可是他们很快便巩固了岛上阵地。这十分重要，因为直到傍晚的高潮期之前，不可能再派来更多的部队，即使突击失败，也无法撤离生还者。

主力部队于黄昏的登陆行动遭遇一些阻碍，但他们仍然可以向内陆挺进，并攻占仁川的山丘。到了凌晨1时30分，朝鲜军队通往汉城的道路即被"联合国军"切断。

翌日，陆续登岸的美国海军陆战队和步兵已确保了占领区的安全，并开始运来补给，汉城亦于9月22日夺回。而朝鲜军

队如同麦克阿瑟所预料地撤向北方，使他们遭受汉城的两栖部队与从釜山反击的部队夹攻。

经过9月下旬至10月初的战斗之后，"联合国军"似乎已稳操胜券。朝鲜军队撤过了边界，并被逼退到自己的领域深处。然而，中国人民志愿军此刻加入战局，态势迅速逆转。中国的这一步棋让"联合国军"完全出乎意料，他们也不得不退回北纬38度线一带。

由于中国这几年来经历了对日抗战和国共内战，士兵的作战经验相当丰富，而且共产党政委的到来也提升了部队士气。中国人民志愿军的师级单位"尾巴"很短，亦即他们的后勤与支援部队不会拖行太长。相较于"联合国军"所需的补给，他们仅需要十分之一而已。不过，这也代表中国人民志愿军在行进当中必须沿途搜寻粮秣，使作战的效率下

←仁川的登陆行动是在几乎一切可想象的困难中进行。许多运兵舰的状况不佳，它们是临时由后备部队抽调至前线。另外，商船也被军方租来执行运补作业

滑。支援中国部队的后勤线是由征召的农民组成，他们直接扛着补给品上前线，再来回搬运。就连铁路运补也是由农民来扮演重要角色，庞大的工作群就驻守在铁道线的附近，所以他们能够迅速修复空袭后的损失。

中国的参战让"联合国"和美国政府面临严峻的问题。他们争论这场战争应该局限在朝鲜半岛或是把中国也视为交战国，将战火延烧到该国境内。麦克阿瑟主张攻打中国，他相信唯有向中国发动决定性的攻击，将之击溃，才能确保朝鲜战争的胜利。

然而各界担忧直接攻打中国会触发战争升级，甚至迫使苏联参战，所以决定作战行动只局限在朝鲜半岛，激愤的麦克阿瑟也因此遭到解职。

"联合国军"不断撤向南方，汉城也再次失守，可是他们重整旗鼓，展开反攻，并于1951年3月又夺回韩国的首府。不过，朝鲜与中国的军队在临津江发动强力的反击，"联合国军"的攻势也停滞了下来。

朝鲜战争中的中国人民志愿军

中国部署到朝鲜半岛的志愿军大多数是从乡下地区征召的步兵。由农民组成的志愿军相当吃苦耐劳，可以长时间行军，而且所需补给不多。主要由农民组成的中国人民志愿军缺乏坦克与重装备。大部分的部队除了迫击炮之外，根本没有反坦克炮或重型火炮，仅配发了装炸药的背包与手榴弹来对抗坦克。

中国人民志愿军善加利用手边所有的轻兵器作战，而且武器种类繁多。虽然就许多方面来说显得没有效率，但总比没有武装来得好。

"人海战术"

中国人民志愿军拥有庞大的人力可以派遣，使他们能够采取"人海战术"，派出一波又一波的部队进攻。这批部队以小组的方式冲锋，相互掩护彼此的行动。"人海战术"的用意是要维持整体部队的挺进，前一波遭打击的部队幸存者会加入下一波越过他们的部队。只有最勇敢善战的士兵会以这样的方式作战，但中国就是有办法在不少场合上运用人海攻势。的确，"联合国军"发现，要阻挡中国的人海攻势，唯有以强大的火力来压制，瘫痪一切的进攻者。所以"人海战术"使中国蒙受

↓照片中为一批美国海军陆战队成功登上月尾岛。一旦登岛之后，部队将会有好几个小时得不到增援，亦无法撤离，所以这次作战是场不成功便成仁的行动

志愿军在朝鲜战争中运用的战术

中国人民志愿军缺乏精密的装备，但步兵战的技术十分高明。他们最偏好的战术是迅速集结具压倒性数量的部队，从不同的方向发动攻击，而且经常是于夜晚秘密行军。派一小批部队进行渗透作战也是中国人民志愿军惯用的，他们从意想不到的方位进行突击，攻占敌人的阵地。

了巨大的损失。尽管如此，这套战术勇敢善战，并让装备不佳的中国人民志愿军能有机会战胜"联合国军"。

1951年4月和5月，中国再次发动攻势，但未能取得决定性的成果。"联合国军"能够施予他们足够的伤亡，以挡下中国人民志愿军的进攻。这场战争最后也陷入痛苦的僵局。和谈展开，不过双方仍试图占领更多的领地或赢得战役来增加谈判筹码。这导致一些战役在没必要的地方发生，像是攻占"猪排山"的行动。

朝鲜战争中最严重的伤亡就是在僵局期间发生。许多战役是为了与谈判有关的政治理由而进行，并非从赢得胜利的军事观点。到了这个时候，态势很明显，"联合国军"无法仅靠军事手段赢得战争。若企图以武力取得胜利，他们就必须进攻中国，但这样的行动早已被拒绝。

←在朝鲜战争中，大部分的战斗都是于野外进行，但也有巷战发生。步兵的任务是占领或防卫城镇，他们必须逐一肃清街道与建筑物，还得面对敌人的反攻或狙击手的狙杀

　　成功解决纷争的希望唯有在谈判桌上进行，所有的战役都仅为了一个目标，而这个目标几乎始终是政治性的。因此若占领某一块地区对谈判者的立场有利，它就真的对整体的战局有益。

　　尽管核武的威胁是让中国停战的因素之一，但核武只有在更危急的情况下才会获准使用。"联合国军"愿意继续进行传统战争，可是最后仍划下了底线，美国即准备用自己的方式冒险将战争升级，包括动用核武，企图让对手无法承担。最后，双方于1953年7月签下停火协议，朝鲜战争的战火亦暂

M4A3 型谢尔曼坦克（Sherman）

类　　型：中型坦克		机枪	
乘　　员：5 名		性　　能：	最快平地速度 47 千米 / 小时，涉水能力 0.91 米，跨越垂直障碍能力 0.61 米，越壕能力 2.26 米
发动装置：1台福特（Ford）GAA 型8汽缸 V型柴油引擎，输出功率 335600 瓦或 373000 瓦			
		装甲厚度：	15~100 毫米
重　　量：32284 千克		尺　　寸：	至炮管长 7.52 米，宽 2.68 米，高 3.43 米
最远行程：161 千米			
武　　装：1门 76 毫米炮，1挺 7.62 毫米同轴			

一无所获的朝鲜战争

随着和平谈判持续拖延，而且伤亡越来越惨重，德怀特·艾森豪威尔（Dweight D. Eisenhower）取代了杜鲁门（Truman）当选为美国总统。他决定结束战争，并威胁会采取任何必要的手段，包括攻击中国境内的目标，甚至动用核武。当时中国的核武尚未发展出来，亦无机会投射核弹到遥远的美国。最后停火协议在1953年7月签订，以北纬38度线分割了朝韩。尽管经过数年的战争，但局势完全没有变化。

时平息。依照上述的见解，朝鲜战争乃是第一场"有限战争"（limited war）。在这场战争中也重演了第二次世界大战期间所运用的大规模作战方式，破解传统战争已成为过去的幻想。传统战争或许会因核武的吓阻而受到限制，但国际间的大战绝不会因此销声匿迹。

苏伊士与西奈半岛战争

第二次世界大战结束后数年，世界发生了巨变。其中之一为以色列建国，成为犹太人的家园。英军从中东的撤离也是另一件大事。

几个世纪以来，犹太人与阿拉伯人于现今的以色列生活在一起，平时相安无事。的确，当地人对于由来已久的冲突印象实际上只追溯到纳粹德国支持的反犹太活动。当然，该地区存在着不同的宗教与种族派系，而且情况在数以千计的欧洲犹太难民来到之后恶化。犹太家园的建立或多或少是以武力实现的。

如果犹太人没有建国的话，局势的发展便很难说。不过，

以色列毕竟是诞生了，而且被充满敌意的阿拉伯国家所包围，他们试图将这个新生的小国从地图上抹杀掉。各方都有正当的理由对以色列的建国发牢骚，而遭受纳粹屠杀的犹太人也不再容忍未来可能的任何威胁。

脱离英国的控制

同时，英国的殖民地开始摆脱控制。有些国家和平独立，但更确切地说，许多新国家仍为英联邦的一分子。其他国家的政治转型则爆发动乱。然而，尽管英国不再是殖民强权，可是苏伊士运河（Suez Canal）对他们来说，仍有重要的战略利益。

英国干涉埃及内政的历史可以回溯到数十年前。在19世纪80年代，英军即占领埃及以保护苏伊士运河，而且一直到第二次世界大战期间该国始终是英国海军舰队的关键基地。不过自1954年起，英军也逐步撤离了埃及。

然而在英国撤军的两年前，埃及国王法鲁克（Farouk）遭到罢黜，迦玛尔·阿卜杜尔·纳赛尔（Gamal Abdel Nasser）上校夺取了政权。此刻，他打算重建埃及的威望，并视自己为阿拉伯

←朝鲜半岛划分苏联与西方势力范围的北纬 38 度线。这一带的局势反复无常，导因于第二次世界大战结束后双方的不信任。军事上的摩擦最后引爆了战争

在世界舞台上的领袖。所以纳赛尔决定与苏联结盟，并取得大批的苏联军事装备，却也激怒了英国和美国对他们实施经济制裁。

最后一批英军离开埃及的数个星期之后，纳赛尔总统宣布将苏伊士运河国有化，严重损害到英国的战略利益。这位军事领导人似乎怀有巨大的野心，许多英国观察家视他为威胁，并希望拉他下台。由于全球才刚走出第二次世界大战的阴霾，有人争论这场惨绝人寰的战争就是因为姑息野心家而起，所以支持对纳赛尔采取更严厉的行动。

法国同样倍感威胁，战后他们失去了不少殖民地，当前还为阿尔及利亚的叛乱弄得焦头烂额，因此不希望纳赛尔再来搅局。为了塑造纳赛尔是阿拉伯世界领袖的形象，开罗电台（Radio Cairo）宣称阿尔及利亚的革命是由埃及鼓舞领导。这样的说辞并非事实，但当时世人还搞不清楚真相。所以对抗这位"教唆者"符合法国的利益。

英国与法国都决定采取军事行动对抗纳赛尔，却无法立即付诸实行。他们必须先在该区的空军基地部署战机，以反制埃及刚获得的一批米格"喷气"式战斗机。另外，担任先锋的伞兵部队亦得接受进一步训练。伞兵部队有一阵子被视为是步兵部队中的精英，可是他们尚未准备就绪，无法发挥作用。所以尽管1956年7月的时候是发动进攻的最佳时机，但作战行动一直拖到10月底才展开。

→→纳赛尔上校是1952年埃及革命的发起者之一，他们推翻了君主政权，建立共和。纳赛尔还促进了一些经济与工业的改革

以色列的关键角色

以色列感受到埃及的威胁，并认为此刻是发动决定性作战的良机。埃及在1956年10月的声明里表示，他们会在未来对抗

以色列的战争中领导约旦和叙利亚联盟，而且隐约透露他们计划在任何选定的时间进攻以色列。

以色列认定他们遭受明确的威胁，因此，如果能够使自视阿拉伯世界领导者的埃及威信扫地的话，或许就可吓阻未来的任何入侵。先发制人的行动是以色列小规模部队击败庞大邻国的唯一策略，而两大强权也正计划攻打埃及，所以这个良机绝不可错失。

埃及在靠近以色列的边界上部署了大批的部队，他们大多数都配备苏制的现代化装备。然而埃及的作战策略是静态防御，因此没有多余的后备部队来进行机动反攻。另外，埃及士兵的训练水准不佳，作战指挥亦有问题，难以成为井然有序的强大部队。

1956年10月29日，以色列军队开进西奈半岛（Sinai Peninsula）。这块地带本身没有什么价值，却是进入苏伊士运河的重要通道。一支伞兵部队的突击夺下了战略要地米特拉山

以色列的军事体系

以色列的军队是以征兵制为基础而创立，确保了国内大部分人民都受过一定程度的军事训练，在役期结束之后，便会编入后备部队。所以尽管以色列的国土不大，但人民一接获国家的召集即可迅速组成庞大的部队。另外，若要维持一批常备军的话，可能会拖垮以色列的经济，因此他们的作战策略是进攻性的，强调速战速决。

以色列军队的武器早期大部分是第二次世界大战的装备，由美国、英国与法国提供。尤其是"谢尔曼"坦克为其机动打击部队的主力。这批坦克由搭乘半履带车的步兵支援，还有英制的二十五磅野战炮。

口（Mitla Pass）的东端，那里是少数可跨越广大西奈沙漠的通道之一。

　　10月30日，其他的伞兵部队担任步兵的先锋，越过沙漠的中央地带。他们克服路上一切阻碍之后，即与米特拉的伙伴会合。不过，以色列部队还未能穿越山口，打通前往苏伊士运河南端的道路。同时，以色列的装甲部队也开始从北方横越西奈沙漠，但他们于阿布阿韦吉拉（Abu Aweigila）遭遇顽强的抵抗，最后由侧翼绕到艾尔阿里什（El Arish），那里大致在越过西奈半岛的中途。

　　10月31日，以色列伞兵试图打开米特拉山口的通道，而一批步兵则沿着东南岸向沙姆沙伊赫（Sharm el Sheikh）港进攻。翌日，由于埃及预料英法联军即将展开登陆，所以撤出了西奈半岛的军队来防卫国土要地。

　　埃及下令撤军让以色列部队的推进任务变得轻松许多。尽

↓这张照片可能是在第二次世界大战期间所拍摄，尽管有人认为是10年之后的某场军事行动一景。以色列军队配备了大批的第二次世界大战时期的武器，都是自美国和战时的盟友手中取得

管那里爆发了几起坦克战，但埃及军队急于赶赴苏伊士运河区，而非在沙漠中与以色列部队决战，因此双方都没有取得决定性的成果。

以色列部队继续推进了一阵子，可是差不多在11月3日被抵挡下来，除了沙姆沙伊赫的进攻行动例外。这座港口遭受以色列步兵的猛攻，伞兵亦从米特拉山口南下，沙姆沙伊赫于11月5日落入以色列人手中。而这个时候，埃及的另一边也遭到攻击。

英国与法国于10月30日向埃及和以色列发布最后通牒，要求双方停火，并强迫埃及允许他们派兵保护至关重要的苏伊士运河区。英法早就料到埃及绝对不会同意，如此一来，即可取得干涉的正当理由。两天之后，英军与法军也展开了行动。

英法联军先发动空袭，航空母舰上的航空部队为主力，其他的战机则从马耳他与塞浦路斯（Cyprus）的空军基地出击。空中攻击行动由10月31日持续到11月4日；接着在11月5日的时候，伞兵部队搭乘直升机踏上埃及的领土，但国际的抗议声浪也开始响起。尽管如此，英法的两栖部队仍于11月6日至7日展开登陆。

←照片中为西奈半岛战争期间，以色列国防军（Israel Defense Force, IDF）的坦克与装甲车。机动性在以色列军队的战术中扮演着重要角色，使他们能够绕过坚固的阵地或发动奇袭

英国与法国部署了500架战机和130艘战舰，这些大部分为英军，因为法军经历第二次世界大战的损失之后尚未恢复到战前的水准。在英国的侵略部队当中，包含了改装的航空母舰，以担任运输突击队的角色。舰上载着大批的直升机，以载送部队逼近海岸进行突袭。这是相对新颖的概念，尽管先前的战争中已应用过许多次。

利用空中机动部队在地面主力部队来到之前先夺取目标并非新鲜事，但过去这样的行动经常失败。直升机的运用使空降作战的方式改观。英法原先的目的是派伞兵占领苏伊士运河上所有的战略要地，但随着国际的压力排山倒海而来，他们不得不修改计划，大幅缩减投入的兵力。新的作战计划要求伞兵孤立无援地守住阵地，而且占领任务也比原先预设的时间还长。

↓ 照片中为英军进攻苏伊士运河期间，位于加米尔机场的英国伞兵团第3营士兵。利用伞兵部队由海上进攻或进行陆上突击，已成为作战的典范

作战方式的对比

在塞得港的攻击行动中，英军突击队大部分是搭乘直升机展开突袭。他们遭遇狙击手的猛烈狙杀，但大多数的武装平民很快就放下武器投降。在战争期间，英军并没有完全掌控塞得港，这主要是因为他们不愿造成民众的伤亡。相形之下，法军的任务是占领苏伊士运河另一边的福阿德港（Port Fouad），他们的作战方式就没有那么拘谨，法军直接以压倒性的火力扫除一切的反抗。

这让人联想到1944年的阿纳姆（Arnhem）夺桥行动，当时奉命攻占莱茵河上桥梁的英国伞兵也面临同样的困境。不过这回英法联军的作战行动十分成功。

英国伞兵从他们的训练与装备中发挥到极限，而在筹备期间就有所保留的法军则依照教科书上空降突击的方法作战，攻占拉斯瓦（Raswa）的桥梁。他们的伞兵穿越防空火网，直接空降到一处防御阵地上，法军成功占据目标，而且蒙受少许的伤亡。另外，加米尔（El Gamil）的机场亦迅速遭英国伞兵夺下，但他们遭遇坚决的反抗，并被迫采取防御姿态。

英国伞兵按计划必须挺进攻下塞得港（Port Said），虽然

法国的动乱

苏伊士战争结束之后，法国的处境比英国还要糟糕。他们的军队在阿尔及利亚的反叛中陷入泥沼，而派往苏伊士运河作战的部队虽然赢得胜利，却又被迫接受停火并将取得的成果吐回，使他们感到被出卖。1958年，法国军队内部的一场动乱导致法国政府改制，成立第五共和，由夏尔·戴高乐（Charles de Gaulle）担任总统。

他们尚未展开行动，可是塞得港惊慌失措的驻军指挥官已向英军要求投降。投降的请求遭到拒绝，防卫者也发放武器给予市民，准备在无可避免的战斗中对抗敌人。次日，英国部队由海上进攻，他们有海军轻型舰炮的掩护。尽管英国舰队拥有巨型火炮，但为了减少不必要的损失所以并未允许开火。第一批抵达岸上的是英国皇家海军陆战队的突击队，"百夫长"式（Centurion）坦克则跟随在后。他们与拉斯瓦的法军会合，可是兵力仍不足以完全攻占塞得港。

AMX-13 型坦克

类　　型：轻型坦克		武　　装：1门 75 毫米炮，1挺 7.62 毫米机枪	
乘　　员：3 名		性　　能：最快平地速度 60 千米 / 小时，涉	
发动装置：1台索芳（SOFAM）8汽缸汽油		水能力 0.6 米，跨越垂直障碍能力	
引擎，输出功率186000瓦		0.65 米，越壕能力 1.6 米	
重　　量：15000 千克		装甲厚度：10~40 毫米	
最远行程：400 千米		尺　　寸：长 6.36 米，宽 2.5 米，高 2.3 米	

控制塞得港

随着塞得港大部分的区域为英军掌控，他们也开始清除港内故意凿沉的阻塞船，好让补给舰直接入港。正当英军着手肃清塞得港区之际，一批英国坦克与法国伞兵混合部队也向南方挺进，直到他们遭遇阻碍。黑夜很快降临，部队停了下来，却不知道伦敦方面已打算停火。

随着停火的可能性迫在眉睫，夺取更多的土地以增加谈判筹码就显得越来越重要，况且他们必须避免处于不利之地，以防万一谈判破裂。英军与法军强行征收当地的车辆来运载步兵和伞兵，并在作战的最后几小时内扩大占领区。除了塞得港一带持续发生骚扰之外，他们并未遭遇抵抗。

虽然英国与法国的军事行动成功，但政治谈判的情况又是

↓苏伊士运河的作战行动一开始就受到政治因素的影响而注定失败。尽管英国与法国的军队达到目标，但最后仍在国际压力下被迫撤离，空手而回

另外一回事。由于世界各国的反对，尤其是美国，使英法无法漠视他们所承受的压力。联合国提出的解决方案要求所有卷入冲突的国家撤军至战前的起始线，就连英国国会也产生了分裂，并引发激烈的论战。

英国与法国在苏伊士运河的军事行动无法迫使埃及就范，反而在军队开销或其他方面损失了一笔庞大的资金。联合国的解决方案让一批维和部队进驻到西奈半岛，使当地的局势维持一段时期的稳定。除了埃及总统纳赛尔的声望更加高涨以外，那里的情况实际上没有什么变化。纳赛尔成功地宣传他在抵抗英法入侵时的角色，并低调避谈埃及军队败在以色列人手中。

以色列在这场战争中是最大的赢家，埃及领导的阿拉伯联盟可能入侵之威胁烟消云散。尽管停火协议要求以色列军队撤离西奈半岛，但他们已经证明能够在必要的时候保卫自己的国家。然而和平并没有长存，不久之后，战火又再度燃起。

←照片中为车载的多管火箭发射器。埃及相当偏爱这样的武器，并从苏联手中取得大量此类装备。尽管其精确度差，也无法持续不断地发射，却是为进攻行动铺路的出色武器

"六日战争"

十分吊诡地，数个世纪以来，一块遭人遗弃的地方也会发生数次战争，但就是有足够的理由为它开战。毕竟地理不会有任何变化，而适合军队行进的路线数百年来亦始终不变。军队，还有商贸队伍都只有那几条路可走。

从这样的观点来看就不难了解，为何某些荒凉的地方会数次成为部队厮杀的战场。以色列在1967年挺进西奈半岛的路线和1956年进攻埃及时的路线差不多，那里的地理条件正反映出冲突的原因。

以色列遭到敌对国家的包围，他们公然打算联合起来消灭这个犹太国家，而且也有很好的理由相信这样的威胁并非毫无依据。

由于以色列在1956年进兵西奈半岛，导致联合国维和部队驻守到该地区。理论上，这确保了双方侧翼的稳定；然而当1967年5月以阿的紧张关系再度升温之

←照片中为一整批遭摧毁或被遗弃的卡车和坦克零散地躺在西奈半岛的道路上。在现代战争中，赢得胜利的一方能够从战场上拖回敌军的车辆，有时还会再派它们上场作战

机械化运输使以色列部队得以迅速挺进并维持补给。在第二次世界大战初期，驮运仍十分普遍，但到了20世纪60年代后，战场上已看不到那样的景象

际，埃及要求维和部队撤离，于是问题也浮上台面。

大量的埃及军队开进西奈半岛，同时，埃及亦关闭沙姆沙伊赫外的蒂朗海峡（Straits of Tiran），不准以色列的船只进入。这实际上封锁了以色列通往印度洋的唯一港口，即埃拉特港（Eilat）。此刻，阿拉伯国家发生龃龉，争论是否该终止封锁、化解冲突，或是继续进行封锁，然后引爆战争。埃及的官方立场则是，封不封锁无关紧要，问题只是何时与如何消灭掉以色列而已。

若威胁真的如想象那么严重，以色列绝不会坐以待毙。况且，围绕以色列的阿拉伯国家正在组织联合指挥体系，他们因此面临严峻的抉择。如果以色列不立即发布军事动员令，国土可能会遭到攻击。然而军事动员有损国家经济的发展，除非军队能够在两个星期内解除戒备状态，让后备部队的士兵返回原来的工作岗位。不过，以色列还有另一个选择，他们可以单凭两项优势来进行一场豪赌。第一项优势是以色列的地理位置居于各个敌国的中间，理论上可以先击垮一个国家，再去对付其他的国家。第二项优势则与第一项息息相关。以色列拥有强大的部队，而且1956年的战争验证了装甲突击战可作为迅速取得

不堪一击的埃及军队

虽然埃及拥有出色的军事装备，包括大批的苏制坦克和火炮，可是他们的部队却不堪一击。在埃及军队中，受过教育的军官和由农民组成的征召士兵之间存在着巨大的鸿沟，彼此缺乏信任。相形之下，以色列军人团结一致，而且非常专业。或许从一项统计来看即可说明一切——以色列军队三分之一的伤亡都是军官或士官，而埃及军官的伤亡数字几乎是零。

决定性胜利的途径，以色列军队亦依此进行整编。

以色列遭到敌国包围，使它别无选择，只有率先发动攻击。然而因为不同的理由，阿拉伯国家认定以色列不会如此莽撞。所以，当以色列发动后来所谓的"六日战争"（Six Day War）之际，他们的攻势达到了一定程度的奇袭效果，尽管各界以为这是不可能的事。

以色列必须先攻打埃及，其他边界地区亦会留下一些部队镇守。可是为了让以色列军队的主力迅速越过西奈半岛击溃埃及，其他防线上的兵力相对薄弱。何况，如果以色列无法速战速决的话，进一步的行动也就无所谓了。

"六日战争"以孤注一掷的空袭作为开场，以色列空军的战机几乎是倾巢而出，进行先发制人的攻击，压制埃及空军。以色列的空袭完全达到出其不意的效果，埃及的战机还来不及升空即遭摧毁。发动奇袭的以色列战机又迅速返回基地补充油料与弹药，再回到战场上继续执行任务。埃及的盟邦虽然也有自己的空军，但随着最大且装备最佳的埃及空军无力再战，以色列的航空部队已经占了上风，并在接下来的几天里取得制空权。

缺乏战略纵深的以色列

世界上许多国家都有一定的"战略纵深"，亦即当他们遭受入侵时，会有一些天然障碍来减缓敌人的攻势，而且防卫者也有足够的空间能够后撤，以空间换取时间来进行反击。然而以色列缺乏这样的战略纵深。事实上，若约旦在以色列国土最狭窄之处发动一场装甲突破作战，他们不到一个小时就能抵达地中海，并将这个国家一分为二。

↓坦克驰骋的时候，会扬起尘埃，不但让视线模糊不清，还会阻塞引擎的进气口。照片前方是一辆美制的M3型半履带车，以色列部队大量配备了这款过时却仍然堪用的装甲车

不久，以色列地面部队的攻势也展开。他们的目标是以典型的突破与扩张战术粉碎埃及陆军。以色列的装甲先锋将在埃及防线上打出一块缺口，并切断敌人的补给线、攻击总部，还有制造最大的混乱。

尽管埃及军队（尤其是炮兵部队）奋力反击，以色列的装甲先锋仍迅速实现目标。然而为了完成任务，以色列装甲部队已超出他们的补给线之外，补给部队有时还得停下来，与遭装甲部队瓦解但未被歼灭的敌军作战。埃及的残存部队导致以色

列军队蒙受没有必要的损失。在接下来的战斗中，同样的错误仍会重复上演。

随着埃及空军退出战局，以色列的战机便可全力支援地面部队作战，他们经常替代为装甲先锋抛在脑后的炮兵部队，执行火力支援的任务。另外，直升机也运载部队到敌人阵地的后方。这样的作战方式在阿布阿韦吉拉特别有效，以色列伞兵甚至能够渗透到埃及的火炮阵地。

以色列的主力部队利用1956年进犯埃及的相同路线横越了西奈半岛，他们还派一支分遣队往南去攻占沙姆沙伊赫，以解

除埃拉特港的封锁。此外，一支伞兵部队与以色列小规模的海岸防卫艇队亦协同他们进攻。

6月8日，埃及军队开始后撤，并遗弃重型装备和火炮，赶紧撤向安全的苏伊士运河一带。埃及损失了上百辆的坦克，以及更多的火炮。到了残存部队越过苏伊士运河进行重整的时候，将近有七个师已不复存在。一旦埃及军队开始溃败，以色列的部队便得从战斗中撤回，急驰向北与向东对抗叙利亚和约旦。这些地区一开始是计划采取防御姿态，但以色列若能攻占一些领土，将对他们大有助益。如果以色列部队能够夺取约旦河西岸，该河即可成为天然屏障，而面对叙利亚的戈兰高地（Golan Heights）也有相同的功用。不过，他们得先挡下任何从这些地区而来的攻击。

↓照片中为一群等待许可越过苏伊士运河的埃及平民，以色列的士兵则在监视他们。以色列部队于1967年以迅雷不及掩耳的速度击败埃及，却也陷入自满的危险当中

"六日战争"的结束

以色列攻占了足够的领土来建立缓冲区或以自然地形为疆界之后，乃同意停火，"六日战争"亦于1967年6月11日画下休止符。仅仅六天而已，埃及的部队便溃不成军，约旦和叙利亚也被迫放弃战略要地。

准备不足的约旦和叙利亚

对以色列来说，幸好他们采取了先发制人的策略。约旦和叙利亚还没有准备好向以色列发动大规模的进攻，尽管这两个国家都与埃及签订条约，将在战争中共同对抗敌人。埃及宣称他们的部队会攻击以色列，说服其盟友加入战斗。然而实际上的情况根本不是如此，埃及军队的处境十分不乐观。

约旦军队于6月5日展开小规模的攻击，却遭逐退。以色列反攻，并包围耶路撒冷，最后攻占该城。以色列的战机也扫除了前来干扰的约旦部队。

在这场战役中，空中优势十分重要。以色列的战机使约旦军队的行动无效，地面部队再来重创他们。尽管约旦军队尤其是阿拉伯军团（Arab Legion）进行顽强的抵抗，却仍被逐出约旦河西岸。

轻信埃及宣称已赢得胜利的叙利亚展开十分谨慎的行动对抗以色列，他们先发动炮击，推进速度相对缓慢。当叙利亚军的阵地与空军基地遭到以色列空袭之际，真实的战况才现出端倪。叙利亚的航空部队和约旦空军一样，很快就被歼灭，但戈兰高地的严峻地形使他们的地面部队得以避开遭受重创的命运。接着，叙利亚军队决定停止前进，从高地的阵地里射击炮弹越过边界，炮击以色列境内的目标。这样的炮击一直持续到

6月9日，当以色列部队驶进戈兰高地为止。以色列的行动充满危险，因为他们得对抗为了反制敌人进攻而设置的阵地。

虽然叙利亚的阵地确实坚强，但以色列的突击也极其猛烈。以色列部队使出浑身解数，沿着三条主轴进攻，还有层层的空中近距离支援。进攻行动的第一天晚上，他们已有所突破；到了第二天，即6月10日，以色列部队登上高地，而叙

M24 型坦克

类　　型：轻型坦克		最远行程：281 千米	
乘　　员：4 或 5 名		武　　装：1门 75 毫米M6 型炮，1挺 12.7 毫米机枪，两挺 7.62 毫米机枪	
发动装置：2台凯迪拉克（Cadillac）44T24 型8汽缸 V 型引擎，输出功率82000 瓦		性　　能：最快平地速度 55 千米 / 小时	
重　　量：18371 千克		装甲厚度：38 毫米	
		尺　　寸：长 5.49 米，宽 2.95 米，高 2.46 米	

利亚也及时撤军，避开了敌人于高原上发动的一场典型装甲夹攻。以色列在"六日战争"中的辉煌胜利归功于积极进取的装甲部队，以及空军的有效支援。以色列铤而走险的豪赌毕竟是成功了，他们还进一步确保了国家的安全，亦能送士兵回家，继续和平时期的工作。

印巴战争

当英国放弃他们的殖民帝国之际，印度洋的北方也诞生了

↓巴基斯坦的总统阿加·穆罕默德·叶海亚·汉（照片右方）从前任手中接下了一堆烂摊子。他下令实行的一连串措施尽管看似合理，可是为时已晚而无法发挥功效。之后他便转为采取强硬的手段

两个国家。最大的即为印度，另一个则是巴基斯坦。

巴基斯坦在1947年建国的时候，是由相对富庶的西巴基斯坦与较小且较穷的东巴基斯坦组成。前者位于印度的西北方，后者则在东北，两个地区由于印度广大的领土而相隔甚远。另外，东巴基斯坦也被印度包围，除了孟加拉湾（Bay of Bengal）一带。

东巴基斯坦境内大部分是由三条大河，包括恒河冲刷而成的肥沃平原，以农业出口为主，照理来说应该相当富有，然而人民所获不多。西巴基斯坦在政治方面较为重要，那里不但是政府机关的所在地，亦是经济中心。

20世纪50年代与60年代，东、西巴基斯坦的关系逐渐紧张，国内的政治局势也每况愈下。东巴基斯坦的代表先前只向政府争求更好的待遇，此刻则开始认真考虑独立。

选举

1970年12月，东巴基斯坦举行选举，但结果不符阿加·穆罕默德·叶海亚·汉（Agha Muhammad Yahya

←由于东巴基斯坦的战况已不成问题，印度军队便挥军向西攻打西巴基斯坦。印度的装甲部队与敌人的装甲集群交锋，并在巴基斯坦南部取得胜利

Khan）总统的期待，他后来指望取得权力平衡，可是穆吉布·拉赫曼教长（Sheik Mujibur Rahman）领导的党派显然得到多数的支持。叶海亚·汉提出一项政治交易，却遭拒绝，他随即逮捕教长，并在东巴基斯坦实施戒严。

　　军队开始迫使东巴基斯坦就范，他们大部分调自西巴基斯坦。东巴基斯坦别无选择，只得试图反击。

　　叶海亚·汉派出增援，造成大量难民越界涌向印度。他期望当时的国际政治态势可以使巴基斯坦避开外国的干涉。就这点来说，叶海亚·汉满足了他的心愿，世界强权正忙着处理其他的问题，但印度却越来越感到不安。

↓ 照片中为印度军队撤离巴基斯坦。印度与巴基斯坦之间长久以来问题不断。尽管1972 年的"西姆拉协议"（Simla Agreement）试图化解两国因土地纷争而恶化的关系，但双方依旧不睦

难民潮涌进东印度使得当地的资源吃紧，并引发区域的不稳定。更糟糕的是，巴基斯坦军队也开始越界扫荡反叛分子，更在印度的领土上执行军事行动。

巴基斯坦与印度的关系向来不睦。印度在1965年由于边界的冲突而丧失土地。此时，随着巴基斯坦发生严重的国内问题，印度的领导人也决定采取行动。印度先试着以外交途径解决，可是联合国的协助并未获得有效的结果，印度唯有寻求武力。

一开始，印巴的军事摩擦还算轻微，印度军队只在巴基斯坦士兵侵犯领土时才开火。不过，印度政府已决定进行大规模的战争，击败巴基斯坦。他们的战前动作越来越明显，可是在1971年12月初，巴基斯坦空军发动了一场先发制人的空袭，打算于地面上摧毁印度的战机。

巴基斯坦希望能够仿效以色列在1967年击败埃及的辉煌胜利，最后却彻底失败。他们于夜幕低垂时发动空袭，许多攻击机错失了目标。况且，印度的战机还有强化掩体保护。这场行动也宣告印巴战争就此开打。

印度的计划是尽快拿下东巴基斯坦，并防范西巴基斯坦的部队取得任何重要成果。印度军队将从四个方向攻进东巴基斯坦，然后于首府达卡（Dacca）会合。不过，主力部队进攻的路线受到地形影响，那里有许多河道，所以兵力远低于印度的东巴基斯坦能够预料到敌人会从何方攻来，并设立防御阵地。然而，印度也准备好反制这样的问题。印度军队不直接攻打东巴基斯坦的防线，却先利用渗透战术，派一小批部队溜进他们前线阵地的后方。

开始攻击

　　印度军队在12月展开攻击，他们绕过一些坚强的阵地，并利用机降部队或伞兵至敌人的后面。巴基斯坦的阵地死板地沿着边界部署，士兵察觉自己根本没有机动性可言，于是从一些阵地撤离，丝毫未做抵抗。其他进行奋战的阵地则遭到削弱，最后被攻陷，像是北方的博格拉（Bogra）便于12月14日失守。

　　印度广泛使用苏联提供的两栖轻型坦克和架桥设备，渡过了该地区许多条河流，尽管他们不时遭遇阻碍。如此一来，再加上渗透战术，印度军队切断不少巴基斯坦部队的后路，使他

↓巴基斯坦的战败导致原东巴基斯坦独立成为孟加拉国。这并未影响到西巴基斯坦的局势，巴国大部分的经济与工业中心都集中在西部

们无法撤到达卡，并于那里重整旗鼓。

尽管如此，还是有部分巴基斯坦部队驶进达卡，准备进行防卫战。不过，他们遭受包围，而且先前巴基斯坦军方在该城犯下的暴行，使他们得不到支持。12月7日，巴基斯坦军队在拒绝印度的招降之后，展开顽强的反抗，最后却不得不在12月15日要求停火。翌日，达卡的巴基斯坦部队即被迫无条件投降。

同时在西部，巴基斯坦的战况稍微顺遂。印巴当初在划定西边界线之时，由于他们试图按历史来界定，导致该地区边界的划分非常武断，而且蜿蜒曲折。双方都打算拉直疆界，或许还想依地形特征来多争取一些土地。

巴基斯坦军队在西部有12个师可以作战，其中2个为装甲师，其余为步兵师。印度的兵力不详，但一般认为是旗鼓相当，甚至略占优势。巴基斯坦先发动攻势，就在他们的空军展开轰炸之后出击。在北方的克什米尔（Kashmir）地区，巴基斯坦大多数的攻击均被击退，但他们在敌方防卫力量强化之前，于钦巴（Chamba）一带取得一些斩获。

不过在靠近海岸的地方，巴基斯坦军队遭遇真正的麻烦，

难以防守的巴基斯坦阵地

战争一开始的时候，巴基斯坦军队的处境即十分不利，因为他们必须在相隔遥远的两地作战。巴基斯坦从来没有机会打赢东部战役，但如果他们施展良好的防卫策略或许可在其后的谈判中占优。到头来，东巴基斯坦企图沿着边界守住稀疏但坚强的防御阵地证明是拙劣的策略；一旦遭到渗透或侧翼包围，这些阵地便难以防守。况且，巴基斯坦也无后备部队可进行机动防御。

无用的固定阵地

尽管巴基斯坦部队推断出东巴基斯坦的地形会迫使印度军队沿着可预知的路线行进，并在那里设置固定阵地，但未预留机动预备队。虽然要越过东巴基斯坦多条宽阔的河流是困难重重的任务，印度军队还是成功绕过了固若金汤的阵地，由后方进行攻击，或是切断其补给线。如此一来，印度即可避免大规模的伤亡，并使巴基斯坦的策略失效。

他们的一个装甲旅陷入软沙里，然后遭到原本应该在先发制人空袭中歼灭的印度空军重创。印度部队驶进1968年割让的地区，加以占领，并进一步夺取大片的巴基斯坦土地。被印度攻占的区域大部分是没有用的沙漠，而且为了越过这道障碍，印度的攻势减缓了下来。当停火协议生效之际，巴基斯坦的部队便急驰南下，防范敌人再次入侵。

在西部的作战中，印巴双方都有失去土地，但印度取得的领土远多过其损失，而且大多数的战役也是由印度获胜。这场战争的结果导致边界重划，印度与巴基斯坦的军事敌对亦更加严重。东部局势的变化更大，东巴基斯坦获得独立，成为现今的孟加拉国（Bangladesh）。对印度来说，难民与巴基斯坦军队越界的问题因此得到解决；而该地区巴基斯坦的军事统治则宣告结束。

另外，印度空军在西部的近距离支援对地面部队的作战十分有助益。取得制空权即可施展有效的空中打击，就算奇袭行动失败，近距离支援依然管用。西部的陆战方式相当传统，由于那里有高地可作为炮击的前进观测阵地，所以双方的一小批步兵无所不用其极地竞相攻占这些地点，可以说是有别于传统战争的特色。

另一场有限冲突

　　1971年的印巴战争展现了另一种形态的有限冲突。战斗十分短暂，而且作战结束之后西巴基斯坦并未产生多大的变化。尽管他们损失了大片的领土，但因为该国的政治与经济状况完全没有改变，所以结局不至于令巴基斯坦政府无法接受的地步。就某些方面来说，这样的有限冲突让人联想到早期的战争，那时有一句格言："尽其所能地夺取，然后要求和平。"

↓虽然现代坦克与枪械让照片前方手持战斧的士兵显得不合时代潮流，然而各民族的尚武精神对于现代化部队的作战素质来说仍十分重要

8

革命与动乱：
1956至1995年

成功革命或暴动的基本要素之一是必须有一定比例的群众给予支持。有些革命家比如格瓦拉主张，革命行动本身能够创造这样的人群。不过，这是有待商榷的说法，如同南美洲的事件所显示，光靠暴力无法为成功的革命制造有利条件。

←在拉丁美洲的小镇里，照片中的士兵正在路旁设置机枪阵地。斜披在射手肩上的弹带是携带机枪弹药最简单的方式

　　在一场传统的冲突中，只要有一部分的人民支持，暴动团体即可组建一支正规军队为目标而奋战。然而有些案例显示，与暴动团体友好的党派依旧自行其是，甚至在共同的敌人被消灭之后反目成仇。有的时候，暴动者不仅要对抗敌人，还得为争夺指挥权而内斗。

中南美洲的革命

　　1956年12月，当菲德尔·卡斯特罗（Fidel Castro）和他的伙伴们，其中包括埃里克·切·格瓦拉（Enrique "Che" Guevara）踏上古巴之际，革命成功的条件已经存在。古巴的独裁者巴蒂斯塔（Batista）将军主掌贪污腐败的政权，让民众普遍感到不满。卡斯特罗等人似乎不用施展多少革命暴力即可激励人民起义。

古巴革命：典型的暴动策略

　　卡斯特罗所运用的革命模式乃典型的乡间暴动：攻击军方的前哨站，贬损政府的声望的同时夺取武器；毁坏制糖磨坊以及其他的资产；利用伏击来对抗安全部队。虽然卡斯特罗声称他的革命策略有别于毛泽东与武元甲的思想，可是他们作战的方式都十分雷同。

↓菲德尔·卡斯特罗生于古巴，他在大学时期即参与学生政治团体。当巴蒂斯塔夺权的时候，卡斯特罗是一名实习律师，而且为国会议员的候选人

↑埃里克·切·格瓦拉出生于阿根廷，他在南美洲到处旅行增广见闻，然后在墨西哥加入卡斯特罗领导的团体。切·格瓦拉后来于卡斯特罗的古巴政府里效劳，并试图在刚果继续实践他的革命目标

　　然而，号召革命的人士很快便遭逮捕，卡斯特罗的支持者大部分都被古巴军队处决。于是，他和12名左右的幸存者逃往马斯特拉山区（Sierra Maestra）避难，然后卷土重来。一开始，卡斯特罗的游击队所能做的只有骚扰突击而已，虽然他们召集了一些人马，但为数仅有几十人，而非所需的几千人。卡斯特罗和他的手下之所以能够存活乃因巴蒂斯塔政府的腐败无能。他们罢黜了有能力的军官，偏好派政治亲信去搜索革命者，使得军队的士气低落，而且没有效率。

　　巴蒂斯塔的军队和政府的作风如出一辙。基本上，它是一个恐怖组织，经常利用可怕残酷的手段来确保政府高层掌握政权。因此，卡斯特罗和他的手下被视为对抗邪恶独裁者的英雄，并不断得到民众的支持。

　　奥利恩特省（Oriente）的乡民是卡斯特罗的大力支持者，因为那里的地主利用政府军把农民逐出他们的土地，革命者的势力亦因此水涨船高。而且到了1958年年初，要消灭卡斯特罗一伙人的机会尽失。虽然政府军的人数仍远多于他们，但数目庞大并不足以弥补部队的无能。

　　1958年5月，巴蒂斯塔派出了17个营的部队去搜索并消灭卡斯特罗，他们还有战机与装甲车的支援，结果却是彻底失败。一个营遭到全歼，其他的则无功而返，甚至伤亡惨重。

↑一场成功的革命需要人民的广泛支持。照片中这些民众所扛的标语描绘了卡斯特罗驱逐巴蒂斯塔政权，这也显示古巴革命不乏群众的声援

这激励了卡斯特罗向其他省份发动突袭，作战大多马到成功。士气低迷、领导无方的古巴军队未能击败或逮捕一小群革命者，使得巴蒂斯塔政府信誉扫地。到了12月，古巴领土差不多已在卡斯特罗的掌握之中，巴蒂斯塔则大费周折地想要逃跑，而非试图扑灭叛乱。同时，乡间与城镇的公开叛意也越来越高涨。

　　卡斯特罗的游击队不只从人民手中获得补给、兵员与情报，民众还开始活跃地阻击安全部队，消磨他们的资源。更重要的是，安全部队已没有意愿再挑战革命者了。

实力失衡

随着双方的实力失衡，巴蒂斯塔的部队企图在圣克拉拉（Santa Clara）附近站稳脚跟。然而战斗尚未展开之前，巴蒂斯塔即下令装满贵重物品的飞机随时待命，并于1959年1月1日逃离该国。一个星期之后，卡斯特罗和他的伙伴在人民的热烈欢迎下进入哈瓦那（Havana）。人民希望卡斯特罗当政，也热烈期望摆脱巴蒂斯塔政府的控制。

输出革命

尽管古巴革命的成功主要归因于革命条件早已存在的事实，但是格瓦拉仍然做了一些似是而非的结论。他的理论是，一国成功的革命能够激励其他国家的人民起来抗争，而成功革命的条件能够由革命本身来创造。

虽然美国政府的确担忧古巴革命的骨牌效

←照片中为 1956 年马坦萨斯（Matanzas）附近的军营遭到一群革命者攻击，现场的景象一片狼藉。有11名革命者被军方杀害，他们针对政府军发动袭扰

从乡村到都市的暴动

在20世纪60年代，革命者企图于拉丁美洲的乡间发起数次暴动，却遭到政府镇压，有些暴动甚至不费吹灰之力即被镇压。对幸存者来说，显然他们得改变策略。当时南美洲许多地区正在进行都市化建设，但土地收购等问题引发了社会人士的不满，所以都市即成为革命者发动暴动的合理场所。

应，可是切·格瓦拉的理论在遥远的玻利维亚（Bolivia）证明失败。这位革命家相信安第斯（Andes）地区可以作为革命基地，而且乡村的居民都会支持他，所以展开新一阶段的革命。但切·格瓦拉却在1967年被安全部队杀害。

拉丁美洲的另一位革命家卡洛斯·马里格拉（Carlos Marighela）也相信都市游击队或暴力革命者引发的革命暴力，能够产生适当的革命条件。革命暴力会使政府采取严厉的手段，进而导致人民不满。然后，心生叛意的群众便会需要一场大规模的革命。马里格拉还相信，都市的游击活动会迫使政府调离乡间地区的军队，使那里的暴动行动得以顺利进行。

马里格拉模式

马里格拉决定运用切·格瓦拉在玻利维亚的革命方法，于巴西发起暴动，只是换成在都市中心进行。一支武装精良的游击队能够带来毁灭与破坏，迫使政府采取严厉的措施而与民众疏离。他还加了一点有用的要素，即任何行动，无论使用暴力与否，都得尽可能地宣传。利用公开宣传是他对革命理论的主要贡献。马里格拉在巴西多座爆发暴动的城市之一进行验证，结果态势变得一团

→古巴军队的问题不仅在于他们曾效忠巴蒂斯塔政权，其作战表现也低于一般的水准。革命之后，新政府必须想办法让古巴军队忠诚，还得提升其作战能力

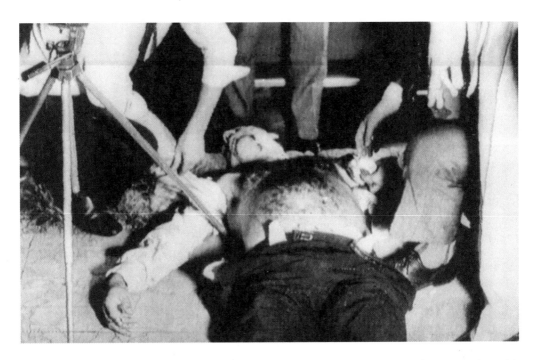

↑卡洛斯·马里格拉是一名巴西人，他成功激起政府进行镇压。马里格拉相信如此会引发人民的不满，进而支持革命。不过他却为警方所伏击，于1969年身亡

混乱，而且发挥不了作用。都市的革命者经常发生龃龉，暴动团体一个接一个地瓦解，马里格拉也在1969年身亡。

在危地马拉（Guatemala），那里的游击队发动了一连串的恐怖攻击之后遭到血腥镇压。乌拉圭（Uruguay）的革命者则采取不同的策略。他们从乡间发起革命，再慢慢移往市镇地区，因为超过三分之二的人口都居住在那里。乌拉圭的革命者虽然也使用暴力，但整体的目的为嘲讽政府。许多的"攻击事件"是无害且充满幽默，并引起海外的正面关注。

都市游击活动

在阿根廷的都市里，亲政府与反政府的游击队活动使街道变成战场，并让国家陷入混乱。的确，阿根廷无法维持政治

局势的稳定，直到1976年军事集团夺权，且获得人民的支持为止。

其他的国家亦发生了革命暴力，尽管有时事态严重，却未引发成功的革命。主要原因是安全部队进行有效的反制，而那些相信光靠暴力即可带来革命的人错估了两项要素。在一个稳定的国家，政府比较能够应付革命者的暴动，但像是古巴贪污腐败的军队则不然。另外，若一个国家内部没有不满的社群，革命者不但得不到支持，反而容易遭受政府的扫荡。结果，暴动者虽然能够迫使政府进行镇压，并祭出严厉的手段，可是官方成功宣传这些措施是在保护一般的市民，不受一小群麻烦制

↑照片中为危地马拉游击队的武器与旗帜。注意旗帜上的切·格瓦拉肖像，他已成为革命的象征。事实上，切·格瓦拉与更有能力的卡斯特罗分道扬镳之后，他的行动一直不是很成功

委内瑞拉的失败革命

在中南美洲各国，游击队皆试图于都市发起革命。像是委内瑞拉的城市革命活动就十分暴力，而且乡间亦同步发生暴动。尽管造成大量的伤亡，但游击队一无所获。其中的一个原因为：委内瑞拉的总统宣示，可通过民主的方式带来改变，使暴动失去支持。

造者的骚扰。在许多案例中，政府的严厉措施还未达到令人萌生叛意的程度，即足以瘫痪革命者的活动。

尽管有部分国家产生分裂，并造成政治局势的变化，但结果甚少是符合革命者所期望的。有些革命的失败是因为遭到镇压，其他的则是政府"软性"的方法奏效。共同点为革命者无法只依赖制造麻烦来发起成功的革命。如果革命的条件存在，如同古巴，那么才有可能成功。反之，暴动注定会失败。

非洲的独立与内战

扎伊尔（Zaire）这个国家许多年来一直是比利时的殖民地，过去称为比属刚果（Belgian Congo），于1960年独立。当时，刚果正受到国内问题的困扰，但仍有一丝机会可以转危为安。然而，尽管选举和切实可行的宪法皆在推行，暴力事件却立刻爆发。

白种人成为攻击的目标，许多人被迫逃离，或是受困在当地。世界各国不得不赶紧采取行动，救出那些突然身陷绝境的公民。比利时伞兵旋即进入加丹加省（Katanga）保护该地区的白人，可是情况迅速恶化。由于担忧刚果政府将与苏联结盟，加丹加省的省长宣布独立。中央政府向苏联和联合国寻求协助，驻守在非洲及中东的联合国维和部队也迅速赶来，试图稳定局势。同时，一些苏联部队亦飞抵该地区。当西方国家斥责苏联为机会主义式的帝国主义者时，冷战似乎正在"变热"。

这个问题在联合国向外界关闭刚果的机场之后（只有联合国批准的班机可以降落）得到解决。然而9月的一场政变进一步使情况复杂化。12月，刚果再出现了一个平民政府，他们宣称是近来公正选举下的继承者。

整个国家都陷入了低强度的冲突，通常规模非常小。伏击与袭扰司空见惯，军队也经常与人数不到一百人的武装团体交火。结果皆是无决定性的，却相当血腥。另外，部落的暴力事件亦层出不穷，因为先前他们遭受殖民政府的压抑，此刻冲突全爆发了出来。

刚果内战几乎没有歇息地一直持续到1965年，在那个时候，中央政府或多或少经过重建，而且叛乱领袖大多已逃离该国。然而，他们在动乱中举行选举，战斗还不时发生。蒙博托（Mobutu）将军随即罢黜选举出来的政府，并设法采取措施来稳定局势。

刚果的复杂形势

刚果的政治局势原本就十分复杂，又因国际采矿公司以及东西方阵营的大国干涉而更加混乱。比利时部队亦与不同的派系交火，但他们的行动大部分是营救受困在战区或沦为人质的欧洲公民。

雇佣兵

　　蒙博托面临各方的反对，他旗下的军队也发动了一场叛变。在刚果作战的雇佣兵于这些行动中为多方效劳，而且其中有一支雇佣兵后来亦参与一起推翻蒙博托的行动，可是没有成功。

　　在刚果，雇佣兵十分普遍。"雇佣兵"这个字眼令很多人反感，但实际上，他们只不过是为其他组织而非自己国家战斗的士兵。诚然雇佣兵是为了报酬而战斗，但所有的职业军人也是如此。

　　第一批进入刚果的雇佣兵是为了保护比利时的矿场和那里的欧洲人。他们接受训练并领导一支警察部队，保卫乡间易受攻击的族群，还有进行传统的作战。大部分的雇佣兵在联合国的压力下离开了刚果，但另一支雇佣兵则在那里扮演相当重要的角色。

　　1964年，一支雇佣兵在绰号"疯狂麦克"（Mad Mike）

←照片中为一批比利时伞兵正要确保恩迪利（N'Dhilli）机场的安全。控制机场让联合国维和部队得以尽快进入刚果

的霍尔（Hoare）领导下，受雇执行一系列的任务。更重要的是，他们被派去封锁苏丹的边界，以防止武器走私到叛军手中，这使叛乱分子的活动几乎陷入瘫痪。

葡萄牙的殖民地

刚果的局势动荡不安是因为殖民强权突然撤离，导致当地权力真空而陷入一团混乱。不过，刚果的情况有别于其他非洲国家的冲突，因为一般都是为了独立爆发战火，而非独立引爆内战。葡萄牙殖民地的独立战争即是最好的例子。

葡萄牙在非洲的殖民地比其他国家维持更久，而且他们在第二次世界大战时期保持中立，代表那里少有动乱以制造独立活动的条件。不过，20世纪50年代，当地的人民越来越感到不满。

攻击和市民抗令的事件不断增加，相关当局采取的控制措施则愈加独裁。1959年8月，军队甚至向几内亚（Guinea）的码头工人开火。其他的葡萄牙殖民地，安哥拉（Angola）与莫桑比克（Mozambique）也都发生了意外事件。1961年安哥拉北部还爆发武装叛乱，那里的反叛分子得到由刚果南部入境的军

以独立缩减成本

葡萄牙殖民地面临的主要问题之一是成本，无论是金钱或人力上的花费。若要继续掌握殖民地的话势必会使财政枯竭，而且许多资深军官对政府也越来越感到不满。1974年，葡萄牙本土发生了政变，不久之后，其殖民地便获得独立。

队支援，后者近期才获得独立。上千人遭到屠杀，第一起针对安哥拉政府的袭击更让他们措手不及。战火蔓延到莫桑比克之际，有关当局立刻采取镇压行动，外来的叛乱团体亦无法深入该国境内。不过，到了1970年时，几内亚超过一半的土地已落入游击队的手中。

"萨拉丁"装甲车（Saladin）

类　　型：装甲车	最远行程（平地）：400 千米
成　　员：3 名	最快速度（平地）：72 千米 / 小时
发动装置：1台劳斯莱斯（Rolls-Royce）汽油引擎，输出功率 126700 瓦	武　　装：1门 76 毫米炮，2挺 7.62 毫米机枪
	装甲厚度：最厚 8~16 毫米
重　　量：约 11590 千克	尺　　寸：长 4.93 米，宽 2.54 米，高 2.92 米

政治解决的失败

　　葡萄牙政府企图安抚民众来挽回局面，并做了很大的让步，但情况仍旧失去控制。三年之内，葡萄牙的三个殖民地全部爆发游击战，反叛者经常由邻近的地区渗透进入。

↓联合国的维和部队企图保护非战斗人员的安全，并在世界各地的冲突区维持秩序多年。在维和部队的行动中，轻兵器与轻装甲车通常比坦克更为实用

越界攻击

越界攻击是反葡萄牙游击队的特点。许多叛乱分子甚少待在葡萄牙殖民地境内，却从邻近国家迅速跨越边界发动袭扰，再立即撤离。只有相对小规模的游击队会深入该区或长期留在那里。另外，几个不同的叛乱组织也会一起加入战斗。他们的共同之处是渴望建立安全区来种植食物或是以他们的思想"教育"民众。然而，这些叛乱团体的成果有限。大部分区域的游击队无法逼近经济与人口密集的中心，所以未能取得成功。

在叛乱期间，游击队的武装不断精进，但葡萄牙军队亦是如此。尽管一开始葡萄牙殖民政府乱了方寸，可是他们逐步改

↓许多叛乱团体都善加利用挑夫。不少情况中，能够于车辆无法通行的地带行走。这样的行进速度虽然缓慢，但叛军通常可以不被发现地进入某一地区

↓照片中，一名葡萄牙士兵将轻机枪抵在腰部来射击，并利用背带维持武器于突击状况下的稳定。高耸的杂草提供了绝佳的隐匿性，因此难以命中敌人

善不少战区的生活条件，企图赢得民心。安全的村落不但设立了学校与医院，还有道路相连结。同时他们也利用空中封锁，以切断游击队的补给。

在前线作战的葡萄牙部队为一批伞兵、海军陆战队和步兵，他们于美国接受反暴乱作战训练，而这些训练模式则汲取了越战的教训。借由这套反暴乱模式，葡萄牙的地面部队得以减少损失。不过，叛乱活动直到20世纪70年代中期仍没有结束的迹象。

美国卷入越战

法国的势力被逐出越南之后，该国旋即分裂为北方和南方。南方政府刚成立的时候政局动荡不安，但仍努力维持国家的稳定，而北方的领袖则冀望南方政府垮台，好让他们掌控全国。想要以南方的方式统一是不可能的事，因为北方的人口众多，几乎占有绝对多数，所以南方拒绝选举的提议。随着南方建国，美国立刻予以支持，他们热切协助任何可能遭受共产主义威胁的国家。北方无法接受，于是决定动武。事实上，越共早就在施展武力颠覆的手段，其武装团体"越盟"虽然尚不活跃，可是亦无兵力损失。1959 年，该区的大规模游击战再度爆发，但这次针对的目标并非法国，而是南方。

在整场冲突期间，游击队利用穿越老挝与柬埔寨的小径和泥路组成的通行网络，来进行人员及补给的运输，它在北方称为"长山路"（Truong Son Road），但国际社会普遍将其称之为"胡志明小道"（Ho Chi Minh Trail）。美军和南方部队企图封锁这条小径，却为浓密的丛林和复杂的国际关系所阻碍。

拥有十分安全的后勤路线对北方极为有利，并使他们能够进一步向南推进。如果没有胡志明小道，北方的行动将会大受限制。

不同途径的战争

战争爆发之际，南方拥有一支由美国训练与配备的传统军队，以进行朝鲜战争式的战争。他们最有可能的对手是北方，所以"越南共和国军"（Army of the Republic of Vietnam, ARVN）的建立并非是为了对抗大规模的游击队。当时世界各国的军事思想还受到第二次世界大战和朝鲜战争的极大影响。

→→照片中的这名越共正在埋设地雷。越共相当精通"打带跑"战术，他们利用游击战的优势，以地雷或伏击骚扰政府军

　　大致而言，北方拥有两支武装。"越共"（Viet Cong）一般指的是轻武装的游击队；另一支则是传统的军队，即"越南人民军（北方军）"（North Vietnamese Army, NVA）。这两个组织几乎是相互独立，但都发展自越盟，而且皆由强悍、实战经验丰富的战士组成。他们先前还曾击败过法军。

　　北方采取毛泽东的策略作战，试图以渐进的方式逐步掌控全国，而非在短期内发动决定性的军事对抗。在战争初期，北方陆军保留了实力，越共则进行低强度的暴动，并慢慢扩大范围与力量。

　　一开始，北方的游击队尽可能地渗透到南方地区，并让代表潜进村庄，立下支持的基础。然而，此举遭到"战略村"（strategic hamlet）计划的反制，这样的模式于先前的许多冲突中就已经运用过，可是20世纪60年代初期的越南，政府为战略村所做的努力仍旧不足。

美国的协助

　　很明显地，如果南方得不到国际间具体的支持，无可避免地会落入北方中。虽然美国早就提供他们支援与协助，但自

越南：理想的游击之地

　　如同马来亚，越南亦是游击队的天堂。那里不但有浓密的丛林，还有数条山脉。道路穿越紧密的地形，给予了游击队无数埋伏攻击的良机，更能够迅速逃进丛林里。越南和老挝与柬埔寨绵延不绝的边界亦让游击队有机可乘，因为政府军无法越界进入他国进行追击或拦截，而游击队却不用理会是否得到入境的准许。

1965年起才大量部署战斗部队，并派出战机联合南方的航空部队进行空袭。

以后见之明来看，美国所采取的作战方式无法赢得战争。对抗北方的行动受到政治考量的妨碍，打击北方后勤路线的空袭也证明没有效率。在陆上，越战变成一场消耗战，各起战役的成功与否竟以敌军的死伤人数来衡量。

这样的作战方法有许多瑕疵，北方能够承受严重的伤亡，而不会引发政治上的不良效应；反观美国，华盛顿当局就无法承担长期的轻微损失。越战在美国国内得不到支持，人民质问为何要让美国的士兵在外国的战争中牺牲。然而，美军参战有一个立即见效的好处，那就是"越南共和国军"很快便摆脱了最糟糕的战况，美国施展的强大火力亦帮助他们扳回一城。

如同"越南共和国军"，美军也依赖强大的火力作战。这用来对付传统的部队非常有效，可是对北方陆军和越共所采取的战术，却起不了多大效果。

为了控制该国偏僻的乡下地区，美军建立了前进基地以进行巡逻，并火力支援野外的作战部队。这些基地有各式各样的步兵武器防卫，包括迫击炮与重型火炮，有时甚至部署坦克。基地周边设有刺铁丝网和人员杀伤地雷，还有定向爆炸的"阔剑"地雷（Claymore）。然而，由于基地就位于丛林的旁边，使得游击队能够渗透到接近基地的地点发动狙击。

美军亦实行其他的措施，有时候得到不错的效果，像是沿着河畔巡逻和利用气垫船于湄公河三角洲（Mekong Delta）一带作战。气垫船的运用让美军得以

←越南的道路穿越浓密的丛林，因此很适合进行伏击。在大部分地区，车辆若离开道路的话根本无法行驶，对于没有丛林战经验的部队来说，步行相当困难且缓慢

合理却无效的措施

南方的军队实际上不适合用来镇压游击队活动，所以南方政府派遣轻装步兵和民防单位去执行安全任务，并采取一系列适当的弹性手段反制游击队。照理来说，这些应该都是有效的措施，但由于国内的政治问题（包括叛变）和北方对这样的战争形态已充满经验，局势愈发不利于南方方面。

穿越一些无法通行的区域。另外，美国也尽力争取越南人的支持。在大部分地区，其成果互有消长，但中央高地上的"蒙塔格纳德人"（Montagnards，法国人所指的山地居民），则十分愿意协同美国人作战。

一般说来，美军与"越南共和国军"在野战中无往不利，他们甚至以为胜券在握。若以伤亡数据、逐退敌人的来袭次数和虏获的武器作为指标，美国和南方似乎正逐步赢得胜利。然而，这场战争必须争取越南的民心才打得赢，他们在这方面的进展并不是非常顺利。

美国国内的舆论也不支持越战，反战情绪导致社会的分裂并引发大规模的示威活动。一个极权国家可以漠视这样的情况，但民主国家则不然，无论政府是否打算重新选举来取得支持。越共还能进一步利用这个良机而得利，借由造成美军无法承受的伤亡，并挑动美国士兵采取极端的反应，使美国民众更加反对越战。北方还为美国反战人士提供素材炮轰美国政府，导致美军不得不撤离越南。

"新年攻势"

在1967年年底，美国似乎正要赢得这场战争。他们沿着南方的北部边境集结了大批的部队发动攻击，并取得一些成果，差不多把北方陆军赶出南方境内，尽管渗透袭扰依旧是个问题。然而，1968年1月，北方展开"新年攻势"（依照越南的历法而称）之后，美军的评估就不再那么乐观。

北方"新年攻势"的范围十分广泛，它的目的不只是军事性而已。这场作战是由武元甲将军独自策划，他打算发动传统的战役，在越共游击队和人民军渗透部队的策应下，一举夺取上百座城镇。大规模袭击的用意是要让南方当局负荷不了，并引发普遍的叛乱，使北方从中获利。

尽管新年攻势的时间安排不佳——它只考虑到规模与范围——却完全出乎防卫者意料。多起攻击行动取得初步胜利，可是大部分很快就遭到逐退。持续进行的游击战导致南方平时的安全与备战状态超过负荷，这代表即使在"安全"区，守卫部队也得维持警戒，更重要的是，他们尚未做好战斗的心理准备。

顺化（Hue）的战斗持续了四个星期左右，那里曾是越

交战规则

美国的部队由于一连串的政治考量以及随时改变的交战规定而无法发挥兵力。虽然在越南的美军无论身在何处都会遭受攻击，但于北方接近中国边界的地带，他们获准反击的情况受到诸多限制，而在南部较为友善的区域就没有太多的顾虑。

南的首都。虽然进攻者无法掌控全城，却能困住一小批美国与南方部队于一小块区域里。双方都派出增援，直到美军于该城四周建立封锁线，使得北方军队无法再进入顺化。而就在那个时候，美军与南方部队也开始进行激烈的巷战，扫荡城中的敌军。

同时，在边界附近，北方陆军向溪山（Khe Sanh）的美军基地发动长达两个月的攻击。如同奠边府之役，这座基地遭到围攻，北方企图以炮击逐步压缩那里的周边阵地。不过，溪山基地内的美军炮兵部队战技高超且配备精良，还有空军战机的支援，北方的阵地反受重创。美国空军的补给行动比法军在奠边府战役成功，主要是因为他们有大量的飞机可以派用。

最后北方陆军不得不撤离溪山。由于武元甲蒙受高昂的损失，他们需要一段时

← "越南共和国军"的创立是为了进行传统战争，所以不太适合用来反制游击队的活动。很快地，地方防卫单位和轻装步兵便加入军队的行列，他们比较适合执行反游击队的任务

间才有办法重启攻势。到了5月，北方军队再攻美军基地和西贡（Saigon），这次作战并未达到奇袭效果，大多数的部队皆在野外遭截击。

8月，北方仍打算发动最后一次的尝试。越共游击队由于伤亡惨重，需要时间恢复，所以未参与作战。北方陆军于边境一带展开更多起的攻击，可是大部分皆遭击退，并蒙受巨大的损失。

改变策略

在美国国内，反战的声浪越来越高涨，所以华盛顿当局改变了策略，企图使越战越南化，并试着与北方展开谈判。虽然美国逐渐缩减投入越战的部队，却能同时强化对乡下地区的控制。这主要是因为越共的兵力有所下滑，他们已难以再进行有效的游击战了。

"新年攻势"是北方的挫败，越共游击队遭到打击，因此被迫依赖传统的部队作战。

←越南中央山地的"蒙塔格纳德人"（指山地居民）在文化上不同于其他的越南民族，政治方面亦无倾向。在越战期间，不少蒙塔格纳德人协同美军作战

→顺化作战示意图
在"新年攻势"期
间，顺化是北方的
主要目标之一。攻
击行动刚开始很成
功，但在美军和南
方部队的增援赶来
之前，北方未能掌
控全城。接着双方
便展开漫长的攻防
战

新年攻势——顺化

IE

1

1 月 31 日，北方陆
军和越共向顺化西
部与北部的南方部
队发动火箭及迫击
炮攻击。

4

2 月 12 日，美国海
军陆战队第 1 营搭
乘登陆艇与直升机
部署到旧城区，打
破那里的僵局。挨
家挨户的激烈扫荡
持续了两个多星期。

美国海军陆战队进攻路线

共产党部队进攻路线

5

2 月 24 日，美军和南方部队展开最后一击，并重新取得顺化的控制。

2

一支派去协助南方的美国海军陆战队虽然越过香江（Perfume River），却遭北方部队强力的反击而撤退。

新 城

3

2 月 1 日，南方反攻旧城区，而美国海军陆战队也开始扫荡新城。到了 2 月 9 日，美军已控制住香江南部的新城。

照片中为当敌人的攻击展开之际，美军士兵紧急采取掩护措施。即使在相对安全的区域，狙击手和迫击炮的攻击使防卫者的性命备受威胁；而在战况激烈的地区，火力支援基地与前进巡逻基地更像是在敌海中的孤岛

"新年攻势"的结果

整体来说，北方军队在"新年攻势"中遭受挫败，他们的损失惨重，却没有取得太多成果。不过，美军方面显然未能立即得知北方部队的损失情况，所以这场攻势反而激发了美国国内更强烈的反战浪潮，并让美国的政治和军事领袖信心顿失。美国可能蒙受无法接受的代价才能打赢越战，导致政府高层寻求谈判。

北方在1972年3月再度发动跨界攻击时，是由北方陆军的正规部队来主导。另外，苏联也提供他们更多的坦克与火炮。

"越南共和国军"最初的训练和配备，即是为了应付这样的作战形态。在美军的协助下，他们证明能够胜任。尽管北方取得了一些成果，但不久便陷入停滞，最后遭到逐退。北方陆军又蒙受了惨重的损失，而南方军队的兵力得以维持。

由于美国的反战激进团体所造成的国内问题日益严重，美国政府不得不与北方重新展开对话。最后双方达成了一项停火协议，美军也开始撤离越南。然而，美国认为北方没有遵守协议，却乘机重建他们的军队，并派更多的渗透部队至南方。

一旦时机成熟，北方旋即发动新一场攻势，其规模是"越南共和国军"无法抵挡的。北方的第一波攻击于1975年3月展开，整场越战不久便在4月底结束，北方政权终于统一了全国。

尽管在越南的美国陆军大部分是由欠缺热诚的征召兵组成，但一般说来，他们的兵力十足。在许多行动中，部队成功运用直升机来进行机动作战，而重武装直升机则担任"飞行坦克"或"机动火力"予以支援。不过，深入丛林巡逻和搜索敌人的行动并非那么顺遂。整体来看，参与越战的美军以纯熟的战技与决心执行任务，就军事上而言，他们是强大的。

然而有两个方法可以击败美军：摧毁他们进行战争的工具，或侵蚀其作战意志。后者乃是导致美军最后撤离越南的原因。"让士兵回家"的政治口号使得撤军势在必行，无论这对世界政局会造成什么样的后果。在越战中，北方有110万人丧生，60万人负伤；相形之下，美军只有不到6万人阵亡，30万人受伤。然而，这样的伤亡数字仍不为美国人接受。美国最后分析，美军是被选民的意志所击败。

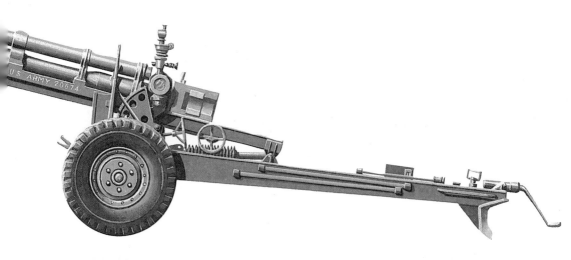

M101 型榴弹炮

类 型: 拖曳式榴弹炮	射 速: 每分钟10发
重量（运送与射击）: 2258 千克	水平转动: 46 度
仰 角: −5 至 +66 度	口 径: 105 毫米
最大射程: 使用 M1 型炮弹 11270 米, 使用 M548 型炮弹 14600 米	尺寸（运送状态）: 长 5.99 米, 宽 2.16 米, 高 1.574 米

阿富汗：苏联的越战

　　尽管阿富汗境内大部分是荒芜之地，却因战略位置重要，长期以来一直是国际利益的冲突区，阿富汗人民对抗外国势力的干涉已有悠久的历史。

　　早在19世纪，英国和俄国就为了阿富汗问题发生冲突，但自从英军撤离印度之后，那里对英国人来说便不再那么重要。

M50 型 "奥图斯"（Ontos）

类　　型：轻型自行无后坐力炮	最快速度（平地）：48 千米 / 小时
成　　员：3 名	武　　装：6具 106 毫米无后坐力膛线
发动装置：1台通用汽车 302 型6汽缸 V 型排列汽	炮，1挺 7.62 毫米机枪
油引擎，输出功率108200瓦	装甲厚度：13 毫米
重　　量：约 8641 千克	尺　　寸：长3.83 米，宽 2.6 米，高 2.13
最远行程（平地）：241 千米	米

然而，苏联于阿富汗仍有利益存在，当该国政府因动乱而向外国请求协助的时候，苏联即打算将它占领。苏联的侵略促使美国暗地支援阿富汗反抗军，期望削弱苏联的影响力。

20世纪60年代，阿富汗的左翼势力兴起，1973年的叛变一度改变了政治的局面。1978年，阿富汗军方内部的左派又发动一场政变夺权。不久，苏联的顾问及援助即来到阿富汗，态势也开始有了变化。

虽然新政府有意把阿富汗重建为现代化的国家，其所实施的一连串改革或许也能改善民众的生计，然而一切都进行得很不顺利。一项免除农民对地主债务的计划失败，并为农业经济带来广泛的灾难，而几项提升女性社会地位的革新也触犯了一些人敏感的神经。

整体来说，阿富汗新政府的改革立意良好，但执行不力，进而导致民怨，这对原本就已十分穷困的国家经济造成更严重的伤害。许多阿富汗人面临生计上的威胁，于是决定反抗。暴动迅速扩散，情况如同其他亦发生过叛乱的国家。阿富汗政府设法掌握重要都市的中心，而叛军则逐步控制了农村地带。

苏联以提供阿富汗政府军武器装备的方式来作为回应，并敦促他们实行更深思熟虑的改革计划。新的改革或许可以成功，但对阿富汗政府内的行动派来说，他们倾向采取极端的措施镇压。强硬派人士杀害了总统以确保他们的权势，并安插自己的人马于重要职位。

直接干涉

由于苏联的顾问已经遭到攻击，而且阿富汗的新领导人毅然决定持续进行会加剧暴动的举措，莫斯科当局认定，直接干涉是唯一的选择，因此在1979年12月展开行动。

　　苏联早已派大批的人员到阿富汗，使侵略行动变得轻松许多。驻阿富汗人员能够回报政府军的位置和兵力。另外，欺敌策略也发挥功效。苏联在维修的掩饰下，先设法移除了阿富汗军车上的大批火炮。同时，苏联的部队假扮为盟友，飞抵喀布尔（Kabul）附近的巴格拉姆（Bagram）空军基地。一旦他们取得机场设施的控制之后，大量的增援便迅速空运而来。第二天，苏联军队即攻占了首都的部分地区。

　　苏联的部队必须向阿富汗总统府发动攻击以掌握控制权，但这会造成严重的政治后果。因此，在这个节骨眼上还有可能迫使阿富汗政府改组，让亲苏的领导人上台，并对外

↓照片中为苏联的BTR装甲运兵车，拍摄于阿富汗。BTR装甲车装置了人力驱动的机枪炮塔，车身亦有枪孔供里面的士兵射击，是有效的反暴乱车辆

干涉的代价

　　在阿富汗战争中，就伤亡的代价而言，苏联比美国更不会考虑这项因素。他们较能够隐瞒令人不快的事实，并以强硬的手段控制异议。不过，旷日持久的战争导致苏联经济窘迫，而且他们显然无法赢得胜利。此外还有国际压力，这些都是干涉国外战争的代价。

T–54/55 型坦克

类　　型：主战坦克

乘　　员：4 名

发动装置：1台 V–54 型12汽缸柴油引擎，输出功率 388000 瓦

重　　量：约 36000 千克

最远行程（平地）：400 千米

最快速度（平地）：48 千米 / 小时

武　　装：1门 100 毫米D–10T 型炮，2挺 7.62 毫米DT 型机枪，1挺 12.7 毫米 DshK 型防空机枪

装甲厚度：最厚 203 毫米

尺　　寸：车身长 6.45 米，宽 3.27 米，高 2.4 米

阿富汗政府的垮台

　　经过一段时期的外交协商之后，阿富汗政府好不容易稳住了其国际地位，苏联部队亦在1989年撤离。阿富汗政府军一度能够凭自身之力对抗游击队，甚至取得一些胜利。然而，战争造成的经济与社会损伤太过严重，政府维持不到3年即宣告垮台，国家也陷入一团混乱。阿富汗各地军阀割据，塔利班（Taliban）亦于20世纪90年代中期乘势崛起。

宣称，是他们请求苏联军队的协助。然而一旦战斗爆发，侵略无可避免地就是侵略。

　　大批的苏联军队开进阿富汗境内，并迅速穿越伞兵先锋所占据的道路。近年来，阿富汗视苏联人为盟友与教导者，所以大部分的军队都被说服不插手管事，但情况十分混乱。一些部队展开反抗，可是立刻遭到压制；其余的部队则因许多士兵皆

ASU–57 型自行反坦克炮

类　　型：自行反坦克炮		最快速度（平地）：65 千米 / 小时	
乘　　员：3 名		射　　速：每分钟十发	
发动装置：1台 ZIL-123 型6汽缸汽油引擎，输出功率 82000 瓦		武　　装：1门 57 毫米M–55 型坦克炮 装甲厚度：15 毫米	
重　　量：约 7400 千克		尺　　寸：长 3.73 米，宽 2.2 米，高 1.42 米	
最远行程（平地）：320 千米			

在抵抗行动中阵亡而解散。

1980年1月，苏联军队已确保了进入阿富汗的要道和通往主要城市道路的安全。然而，乡间的反政府游击队未受影响。到了冬天结束的时候，这些游击队便将注意力转向新的敌人。

阿富汗的游击战

阿富汗的反苏联游击队拥有各式各样的装备，从家中陈列的老旧粗糙毛瑟枪［他们称为吉塞尔步枪（Jezail），多年前用来对付过英国人］到由美国提供或虏获自苏军的现代化武器都有。在市镇地区，阿富汗反抗分子甚至使用刀具偷袭苏军。

苏联军队或多或少控制住都市中心，却无法有效地将他们的力量伸进野外。由于阿富汗的主要道路穿越荒芜的山区好几千米，所以那里不乏埋伏攻击之地。游击队很容易沿途以火

箭袭扰巡逻队或护卫车队，当苏联队伍的成员试图清除障碍的时候再加以狙击。崎岖难行的地势还让游击队能够在敌人展开追捕前逃之夭夭。

要保护整条山区道路是不可能的事情，所以苏联人只得另寻反制策略。他们利用直升机以蛙跳的方式派遣部队守卫一座又一座的制高点，因此苏联车队经过的时候，部队能够掌控高地。然而这样的措施非常耗油，并容易使机械磨损，干涉阿富汗战争的代价也更加高昂。

这是相当紧迫的问题。如果阿富汗游击队能够让苏联的占领代价超过其收益，就会迫使他们结束战争并撤军。况且，苏联不太可能利用拉拢的策略，因为反抗军分属于一大堆不同的团体或派系，他们只有一个共同目标，却缺乏统一的指挥体系。

身为外来的入侵者，苏联在当地得不到多少支持，更没有机会赢得民心。所以他们唯一的选择是以军事手段粉碎反抗的游击队。不过，光是要找出他们的位置就已令苏联军队十分头痛。一旦苏军确

← 照片中为山上的阿富汗游击队。在几个世纪前，这些人的祖先对抗过英国与俄国部队，由于山区可通行的道路不多，他们或许在与祖先相同的地点伏击入侵者

火控系统

T–54/55 坦克的早期车型装备手动型目标瞄准系统。在后来的车型中加装了自动化设备，但即使如此，它们还是比不上同时期的 NATO（北大西洋公约组织）目标瞄准设备。

主武器

T–54/55 系列坦克最原始的主武器是 D–10T 100 毫米的线膛坦克炮。该火炮与更现代化的武器相比更逊一筹，最终被 D–10T2S 所取代，而后者在炮口附近安装了 1 个火炮抽烟装置。

装甲保护

虽然它的保护装甲相对较薄，T–54/55 坦克还是为炮塔里的车组人员提供了 203 毫米的装甲保护，而车体前部倾斜的装甲则厚 100 毫米，车体侧面装甲厚 70 毫米。

炮塔

T-54/55 坦克由于其独特的类似于倒扣汤碗的炮塔设计方案使车身相对较矮。然而，其内部狭窄的空间，以及早期车型没有安装炮塔吊篮使其车组人员操纵坦克变得极其困难。

悬挂装置

改进的克里斯蒂悬挂系统并没有回送轮，而履带也像同时期的西方坦克一样更换了两次。不过该型坦克更换履带仍比西方坦克频繁。

发动机

早期 T-54 坦克的 388 千瓦 V-2-54 柴油发动机很容易发生故障和着火，因为金属挫末很容易堵塞输油管路。这种发动机主要由镁合金制成，在 T-55 车型中被更换为马力更大的 V-12 发动机。

认一处据点之后，便会立刻派出大批部队扫荡该地区，其他的部队则掩护侧翼。试图抵抗的游击队会遭遇强大火力的镇压，可是他们大多数能够安然脱身。

除了摧毁游击队的大本营和试着截断其食物与弹药的补给之外，苏联无计可施。此外，苏联的部队也无法持续占领某一区域。一旦他们离开以后，游击队又会再回来。

到了1985年左右，态势已很明显了，苏联不可能赢得最后胜利。停止损失的唯一方式为结束这场战争，亦即撤离阿富汗。然而，撤军的政治代价也是非同小可，所以他们采用美军撤离越南的类似手法。苏联人开始协助阿富汗政府建立军队，并逐步让后者接管，来对付游击队。

巴尔干的内战

欧洲东南部的巴尔干地区总是充满麻烦，由于政治、经

←T–54/55坦克指挥塔上安装的12.7毫米口径防空机枪在演习中快速地射击。在超过30年的时间里，苏联共生产出超过80000辆的该型坦克以及变形

济和宗教种族的不同，那里已发生了无数次的大小战争，而其他大国的野心亦使得当地的混乱局势雪上加霜。

第二次世界大战末期，巴尔干地区的各个民族组成了南斯拉夫社会主义联邦共和国（Socialist Federal Republic of Yugoslavia）以对抗纳粹德国的占领。然而，该国内部的紧张关系依旧没有化解，每一个族群都在寻求更大的影响力，或是和其他的族群取得权力平衡。另外，有些族群想要自治，有些则意图统治全国。

政治上的粉饰太平并未真正解决问题，最后斯洛文尼亚（Slovenia）与克罗地亚（Croatia）乃决定脱离联邦。斯洛文尼亚于1991年6月25日宣布独立，联邦政府则派兵作为回应。冲突的程度还算轻微，双方经过几起不严重的交火之后，同意休兵，条件是斯洛文尼亚在三个月内不得有进一步的独立动作。

然而不久，南斯拉夫的战火又起，这次是因为克罗地亚境内的塞尔维亚人（Serb）不愿随克罗地亚独立，而宁可继续留在南斯拉夫联邦。他们宣布自克罗地亚脱离，冲突也立即爆发，塞尔维亚人很明显地占了上风。由于克罗地亚没有自己的军队，而那里的地方部队亦早已被联邦政府解除武装，所以在战斗中，克罗地亚的士兵未能击退武器精良的塞尔维亚人。

随着其他的族群卷进冲突，巴尔干的态势迅速恶化。1992年，波斯尼亚（Bosnia）的塞尔维亚部队加入战局，他们和克罗地亚人与穆斯林作战。尽管国籍相同，但因为种族宗教的差异加上新仇旧恨，导致多方之间爆发血腥争斗。南斯拉夫缺乏清楚的种族分界线，使得内战的情况更加复杂，有时克罗地亚人和穆斯林也会相互为敌，其他的时候则联合起来对抗塞尔维亚。克罗地亚逐步建立了自己的军队，并以武力夺回失去的土地，然后实行稳定措施，这又使许多塞尔维亚人被迫逃离家园。在冲突期间，种族净化和大屠杀是司空见惯的事。后来，克罗地亚的胜利让他们得以在1995年停火，该国的独立亦于同年年底获得承认。不过，与此同时，科索沃（Kosovo）和马其顿（Macedonia），还有塞尔维亚部分地区的种族与政治冲突愈演愈烈，那里的战火一直延烧到21世纪。

类似这样的冲突是以最简单的方式进行，小规模的部队很容易组建，也不会有太大的开销，他们的目标有时只是邻近城镇而已。一场大型的战争可借由瘫痪敌国的工业或后勤能量来取得胜利，但一小批机动性高的游击队不需要多少补给，而且难以掌控。往往一个团体同意停火之后不久，又遭受另一团体的某一派系攻击，接着战火便再度燃起。

渐渐地，其他国家的军队被派到类似情况的冲突区，以保护难民或协助工作人员或执行维和任务。这或许是所有军事行动中最令人沮丧又危险的差事，地面部队试图维持似乎是没有人想要的和平或其他协议，而且受到交战规定的束缚，使他们经常身陷极大的危险当中，或是让叛乱分子在不远之处为所欲为。

内部冲突的解决

南斯拉夫的一些族群在数个世纪以来彼此为邻，都坚称对某一块领域拥有主权，类似这样的冲突是所有形式的战争中最棘手的。冤冤相报的恶性循环难以止息，尤其是发生了残暴的行为之后，要解决这个问题没有那么简单。若谈判未能取得结果，终止暴力的唯一方法即是强迫反对的一方接受，但未来，冲突将无可避免地再度爆发。

执行维和任务一点都不令人觉得荣耀，其危险性更不低于大规模的传统战争。然而即使是吃力不讨好，维和任务仍有进行的必要。

←照片中为巴尔干半岛上的联合国维和部队。他们的处境十分艰难，试图在充满仇恨的地方带来和平

现代的传统战争：
1973至1991年

有句格言说："失败促进革新；胜利滋生自满"，这一点儿都没错。然而，少有战争是一帆风顺的，世界各国的军队大部分都是从最近一次的冲突中脱胎换骨，至少获得了一些教训来改进其作战思维。尽管如此，他们学到的教训并非总是正确的。

←伊拉克的步兵配备各式各样的苏制武器，包括照片中的 AK 突击步枪和 RPG–7 火箭。后者的威力足以破坏 20世纪80 年代设计的坦克

第一次世界大战之后，英国坦克的设计倾向打造得防护力更佳且跨越障碍能力更好，但火力却相对不足，不适合进行堑壕战。在许多案例中，这样的设计也无法对抗其他的坦克。同样地，以色列国防军在1967年的"六日战争"中所汲取的经验为，没有步兵支援的坦克部队依然能够应付任何对手，而且阿拉伯的兵力不佳。不过，后来的战争乃显示，这样的结论还有待商榷。

在20世纪迈向尾声之际，似乎未来的所有冲突都会以极不对称的方式进行，正规军对抗游击队将会成为日后战争的普遍形态。或许，大规模的装甲部队威胁已不复存在；而且，坦克的时代大概已经过去，军队应该开始配备更适合执行安全任务的轻型装甲车。

然而事实显示，这些都是模棱两可的说法。大规模的战争尚有可能发生，一支能够进行并打赢大规模战争的军队依旧有存在的必要，以确保国家人民的安全。

→→照片中为一辆埃及的两栖坦克横越苏伊士运河，向一座土堤的缺口驶去。这座土堤的通道是由高压水柱冲刷而成，此一新颖的技术大大减少了部队越过苏伊士运河的时间

"赎罪日战争"

以色列部队两次迅速穿越西奈半岛，击溃埃及的军队，迫使埃及人重新思考他们的军事战略。另外，埃及在未来与以色列的任何冲突中还得面临一个很大的问题，即以色列当前占据了西奈半岛，并在苏伊士运河的彼岸设置防御阵地。所以，埃

及的装甲部队若要发动突进战，必须先越过这道可畏的障碍。

由于以色列占领了埃及与叙利亚的土地，冲突再爆发的可能性很高。埃及和叙利亚都打算夺回他们的领土，而且声明不会与以色列谈判，亦不承认这个犹太国家的存在。因此以色列别无选择，只有粉碎敌人的任何企图，所以他们在苏伊士运河的另一边建立了强大的阵地，并以主导的将军命名，称它为"巴列夫防线"（Bar-Lev）。

这道静态防线有机动后备部队的支援来进行反攻，看似牢不可破，但以色列人已心生自满。由于埃及军队在1967年的溃败，叙利亚部队也于同样一场战争中显现缺乏积极进取的精神，以色列推定无论何者的进攻行动都是庞大笨拙、执行不力。这是非常危险的假设。尽管如此，以色列不止一次宣称，他们的一名士兵可以抵挡数名阿拉伯人。

↓照片中为一辆埃及坦克及其乘员。"赎罪日战争"前不久，埃及军队从苏联手中取得大量的装甲车、反坦克导弹和防空武器，苏联还派军事顾问训练埃及部队如何运用这些装备

相对地，埃及了解他们对抗的是世界上最厉害的军队之一，而当前以色列部队的装备精良，又掩蔽在坚固的阵地里。此外，以色列是为生存而战，所以若敌人看似有胜算，就会不顾一切地奋战。

面对这么艰难的任务，埃及人没有心存妄想，他们做好准备，并由苏联获得新式武器，包括便携式反坦克导弹和两栖突击装备。更重要的是，埃及军队发展了新的战术，以解决跨越苏伊士运河的障碍。

以色列人了解，利用推土机破坏运河旁的土堤，好让坦克攀爬需要一段时间。可是他们没有料到，埃及会运用高压水柱来冲刷土堤。这样比挖掘法快上许多，埃及部队便可轻易地跨越运河，绕过以色列的防御工事来加以攻击。

或许更重要的是，埃及采取了诡谲的行动安全与欺敌策略，他们在演习和例行活动的掩饰下隐瞒作战的准备。另外，埃及先借由挑衅再化解紧张的手法，某种程度上扰乱了以军的判断，使得对方低估了埃军攻击准备的威胁性，认为一些不寻常的现象先前都发生过，应该不至于会导致什么意外。

同时叙利亚也准备发动攻击。他们的部队于开赴边境的时候虽然被发现并引起关注，但以色列的战略分析却认为没有埃及的协助，叙利亚部队不会擅自行动，况且埃及的军队亦无发兵的迹象。这样的看法在其他消息来源的警告下开始改变，1973年10月5日，以色列的领袖便认定即将遭受攻击。

进攻的时间点对以色列极其不利，因为第二天乃赎罪日（Yom Kippur），是犹太人一年当中最神圣的日子，许多部队的士兵都不在作战岗位上。尽管以色列当局发布了部分动员令，却对是否发动先发制人的攻击犹豫不决。一般说来，以色列的防御策略仰赖这样的奇袭，趁敌人进攻之前瓦解其兵力。

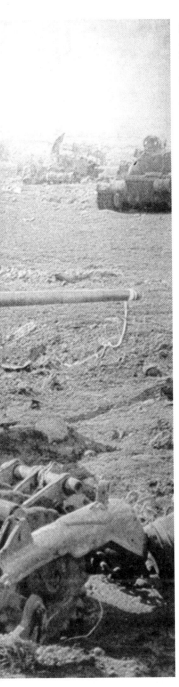

然而当时的政治局势十分复杂。以色列非常依赖美国的援助，承受不起华盛顿方面的冷落。如果他们挑起战端，美国便有可能制裁。因此以色列决定让敌人先下一步棋，再想办法因应。以色列做了这样的决定后不久，美国也表明立场，若以色列发动先发制人的攻击，他们将不再予以援助。

叙利亚的进攻

"赎罪日战争"爆发之际，叙利亚军队的兵力远高过防卫者，坦克数量为1300辆对180辆，其他装备的状况相仿。就在直升机运载的机降部队攻击以色列雷达站的同时，叙利亚大军也开始向前推进。对以色列来说，他们的处境岌岌可危。

所有的以色列后备部队都被派往戈兰高地，他们一抵达目的地便仓促编成战斗单位，投入行动。很快地，训练有素的坦克兵全数就位，准备迎战敌人。然而为了节省装甲部队于前线集结的时间，以色列并未部署步兵或炮兵等辅助部队。如此一来，以色列的部队虽然能比预期中更快登场作战，但组织却出现明显的缺陷。无论

←照片中为一辆瘫痪的苏制坦克歼击车。在以阿战争中经常可以见到西方和苏联装备的较量，尽管许多武器都是上一代的设计

西奈半岛
1973年10月6日至8日
"赎罪日战争"作战示意图

塞得港

"巴列夫防线"

苏 伊 士 运 河

艾尔坎塔拉

伊斯马利亚

3 以色列装甲部队的初期反攻被埃及的 RPG "耐火箱"（Sagger）反坦克导弹小组击退，以色列的士兵和坦克损失惨重。

1 1973 年 10 月 6 日，埃及向巴列夫防线发动猛烈炮轰之后，十个师的埃及军队越过了苏伊士运河。

4 10 月 14 日，随着叙利亚在戈兰高地上的攻势减弱，埃及向西奈半岛发动大规模进攻。这是严重的失误，以色列空军和训练精良的坦克部队毫不留情地扫荡埃及军队。

5 以色列部队沿着艾尔塔沙（El Tasa）的路线进行大反攻，并越过苏伊士运河，在大苦湖西岸建立桥头堡。

米特拉溢口

6 自 10 月 18 日至 22 日，以色列军队扩张苏伊士运河西岸的占领区。一系列的调停终于使双方在 10 月 25 日停火。

大苦湖

苏伊士

防空导弹阵地

2 苏伊士运河的以色列部队被迫撤退。埃及立刻建立防线，并于防线后方部署大量防空和反坦克武器。

如何，戈兰高地上的以色列国防军得奋战15个小时才会有其他增援赶来。他们确实是杰出的军队，资料显示，戈兰高地上的以色列坦克全数投入战斗，没有一辆不曾向敌人开火。另外，尽管那里的地势不适合飞行，以色列的战机亦尽其所能地予以支援。

虽然以色列部队尽了全力，却仍遭到击退，并蒙受惨重的伤亡。一些部队的指挥官战死沙场，部队显得群龙无首，士兵就地抵抗他们发现的敌人。另一些部队则径自展开自己的冒险。最著名的是兹维卡·格林戈德（Zvika Greengold）中尉所领导的作战，他的坦克独自出击，并在一处未设防的道路上遭遇一支挺进中的叙利亚主力部队。

格林戈德孤军奋战，直到其他的部队加入战局。然后，他开始横冲直撞地攻击敌军，使其坦克小组赢得"兹维卡战队"（Zvika Force）的美名。格林戈德的坦克虽遭击毁，他仍抱伤

过时的以色列战术

"赎罪日战争"的时候，以色列的作战理论显得过分自信，而且它是依照装甲部队能够驱散敌军的假设来制定。这样的战术在过去非常有效，可是此刻，埃及已做好准备因应。随着攻击的进行，以色列装甲部队预料会进入敌方坦克与重炮的射程范围之内，却没有想到还会遭隐蔽起来的埃及步兵以"耐火箱"（Sagger）反坦克导弹攻击。埃及取得了大量的这款早期制导武器，它在宽阔的沙漠地带运用十分有效。况且，以色列装甲部队缺乏其他兵种的支援，无法反制埃及的步兵。因此，后者能够以多枚反坦克导弹对付每一辆以色列坦克。另外，埃及步兵还配发了苏制的RPG-7火箭推进榴弹来击毁更逼近的坦克。

登上另一辆坦克继续作战。据说，格林戈德在这场战役期间共换了6辆坦克，且参与12次左右的战斗。

　　格林戈德并非唯一孤军奋战的英雄，但他的行动或许可以代表以色列部队在这几个小时里的积极进取精神。在恶劣的态势下，由于意识到战败所带来的毁灭，以色列人别无选择，只有尽可能地放手一搏，并希望其他人也能全力以赴，或许还可在混乱中确保胜利。

"百夫长"式坦克

类　　型：主战

乘　　员：4名

发动装置：1台"流星"式（Meteor）12汽缸 V 型汽油引擎，输出功率484700瓦

重　　量：约43182千克

最远行程（平地）：192千米

最快速度（平地）：35千米／小时

武　　装：1门 105 毫米炮，1挺 7.92 毫米同轴BESA机枪，1挺 20 毫米波斯登（Polsten）机炮

装甲厚度：17~127 毫米

尺　　寸：长 7.82 米，宽 3.39 米，高 3.01 米

↓照片中为一枚苏制的 SA-2 型"标线"（Guideline）防空导弹。阿拉伯国家决心不再重蹈 1967 年"六日战争"的覆辙，于是从苏联手中获得现代化的防空装备。当时以色列空军几乎可以肆无忌惮地扫荡阿拉伯地面部队

危急的情况

在某些地区，情况仍十分危急，尤其是在纳法（Nafah）附近，那里的以色列国防军第 7 装甲旅失去了许多资深军官，该旅的下属单位在防御作战中几乎被打乱建制。然而到了10月8日，增援到来，顽强抵抗的部队亦已削弱了叙利亚的攻势，使他们得以发动反攻。

至10月10日，以色列已迫使敌人退回战前的边界，但此刻却面临困难的抉择。他们应该采取守势，调派部队到西奈半岛，或是继续推进？当时西奈半岛的战况也很不妙。

　　以色列乃决定，继续向叙利亚境内挺进对长期的战略较有利。调派部队到西奈半岛得花上好几天才能影响战局，而且到时若停火协商展开，他们的处境将是在南方遭受埃及重创，于北方又一无所获。这对以色列来说不可接受，他们需要赢得一场胜利来增加谈判的筹码。因此，戈兰高地的以色列部队再向前挺进一些，直到叙利亚的首都大马士革于重炮的射程范围之内。不过，以色列无法取得进一步的成果，并在敌军的反攻下稍微退却。尽管如此，在战争剩下来的日子里，他们并未被逐出叙利亚境内。

PT-76 型坦克

类　　型：轻型两栖坦克

乘　　员：3 名

发动装置：1台 V6 型6汽缸柴油引擎，输出功率 179000 瓦

重　　量：14000 千克

最远行程：平地 280 千米，水上 65 千米

最快速度：平地 45 千米 / 小时，水上 10
千米 / 小时

武　　装：1门 76.2 毫米炮，1挺 7.62 毫米机枪，有时配备1挺 12.7 毫米防空机枪

装甲厚度：5~17 毫米

尺　　寸：长 6.91 米，宽 3.14 米，高 2.255 米

以色列退却的原因之一为伊拉克军队加入战局，他们的到来比预期得还快，并在以色列发觉之前展开进攻。然而接下来的战斗中，以色列国防军守住了大部分攻占的领土，这对日后的谈判十分重要。

突破"巴列夫防线"

与此同时，埃及军队亦在进行他们完美的计划，其攻势于炮轰"巴列夫防线"的阵地及一些突击队跨越苏伊士运河之后展开。埃及部队向以色列的防御工事之间发动技术高超的攻击，他们越过运河并建立桥头堡的地点远在以色列部队能够迅速反应的范围之外。一旦防线设立，埃及军队很快便攻击了许多防御力量相对薄弱的阵地。

苏伊士运河和防御工事都没有如以色列人预期的减缓埃及军队的攻势。不过，他们迅速采取行动反制。仅仅在3天之内，从10月6日至8日，以色列发动了23次左右的反击，大多数的目的是避免重要据点失守，或扫除埃及军队的桥头堡。然而，他们遭遇意想不到的问题，

←在 1973 年的"赎罪日战争"中，叙利亚装备的若干加装红外夜视器材的苏制坦克给以军造成了相当的麻烦。以色列坦克并未配备这样的装置，所以让阿拉伯人大占上风

↑ "赎罪日战争"晚期，一整批的埃及军队遭到以色列分割。他们唯一的补给来源，包括水与食物的供应，都必须通过以色列夺取的检查站

埃及成功利用步兵反坦克武器重创了以色列的装甲部队。

由于装甲部队的组织缺陷，各兵种无法发挥协调功能，以军在反击中付出了高昂代价，又未能逐退敌人，这代表埃及可以继续按计划作战。埃及军队小心翼翼地不超前挺进，他们打算待在苏联提供的防空导弹网内，它有效制止了以色列空军如同"六日战争"时恣意妄为地扫荡其地面部队。另外，有限的推进亦是埃及计划的一部分，他们企图引诱以色列进行消耗战，这对人力与装备大占优势的埃及来说比较有利。然而，随着叙利亚军队在北方的作战失利，他们不得不考虑进一步发动攻击。

数个世纪以来，米特拉山口一直是军队穿越西奈半岛的要道。它是半岛上的少数通道之一，若派重兵驻守，即是难以跨越的障碍

机动作战

　　到了10月10日，以色列不再进行组织欠佳的反攻，而改采防卫姿态。埃及则试图调派大批的部队越过苏伊士运河，并准备从桥头堡进攻。这并非埃及原本的计划，但由于戈兰高地的态势，他们似乎必须这么做。

　　以色列正确预估到埃及会发动进一步的攻势，所以也做好准备迎战。当埃及军队于10月14日展开攻击之际，即遭遇麻烦。

"酋长" 5型坦克	
类　　型：主力坦克	最快速度（平地）：48千米/小时
乘　　员：4名	武　　装：1门120毫米炮，2挺7.62毫米机枪，1挺12.7毫米机枪
发动装置：1台礼兰多重燃料引擎，输出功率559200瓦	
重　　量：约55000千克	装甲厚度：不详
最远行程（平地）：400~500千米	尺　　寸：长7.52米，宽3.5米，高2.9米

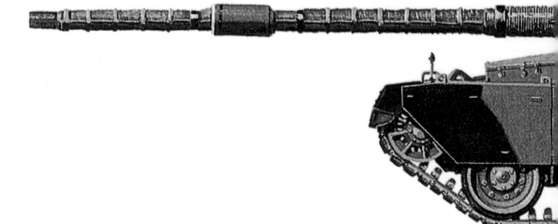

埃及坦克横越宽阔的沙漠地形，却遭受车体掩蔽在地平面下的以色列坦克的猛烈炮轰，他们此刻已有步兵的伴随掩护。以色列的步兵尤其能够以密集的机枪火网，逐一扫荡埃及步兵的反坦克武装阵地。由于埃及的反坦克导弹是手动制导，所以受伤或因情况危急而畏缩的士兵便无法命中目标。

随着埃及坦克部队的突击失败，组织也渐渐瓦解，以色列装甲部队旋即向敌军的侧翼发动攻击。另外，由于埃及军队已超出了防空导弹网的保护伞之外，以色列空军又可进行有效的近距离支援。

以色列不采取先发制人的策略此时终于得到回报。美国的援助到来，包括一批有线制导的步兵反坦克导弹。这些武器被用来对付

"酋长"主战坦克的显著特征就是其倾斜的炮塔以及威风的120毫米口径L11A5线膛炮。部署于冷战鼎盛时期的"酋长"坦克是英国对抗苏联重型坦克而出现的产物

埃及的装甲部队，而且证明非常有效。

埃及的攻势溃败，以色列军队则开始挺进。他们不再过分自信，并施展出色的兵种联合作战，因此得以推进到苏伊士运河，甚至派一些部队越过大苦湖（Great Bitter Lake）。尽管以色列欠缺架桥设备，但由于运河东岸的埃及军队力量逐渐衰弱，越来越多的以色列部队便成功渡河。

另一方面，一批以色列部队亦沿着苏伊士运河西岸向伊斯梅利亚（Ismailiya）推进，只有在河水泛滥的地区才停下来。到了10月20日，运河东岸的埃及军队已陷入危机，他们于战争即将结束之际遭到切断，而且背靠运河，饮用的淡水也快要告罄。

停火

如此一来，政治局势有了重大的转折。埃及向来拒绝和以色列谈判，甚至不承认其存在。但此刻，埃及开始与以色列直接对话，实际上也承认了其国家的地位。

政治因素持续发酵。从以色列不采取先发制人的策略到强制停火，还有世界强权和联合国的态度皆是重要的政治因素。美国要求以色列接受停火的压力，有部分乃因为阿拉伯产油国对美国等亲以色列国家实施石油禁运所致。

迈向和平

尽管以阿双方同意停火，但实行过程却是困难重重。停火协议在10月22日正式生效，可是接下来的数日当中意外冲突不断。尽管如此，叙利亚不再发动计划好的攻势，和平谈判也随之展开。

　　"赎罪日战争"凸显了政治因素在现代战争中的重要性，军队不只要在陆上打赢战役，还得注意国际政治的因素。外界的压力能够迫使某一方停火。另外，作战取得的收获也是日后谈判相当有利的筹码。

　　以色列截断一整批的埃及军队，甚至令其无淡水可用，是埃及愿意和谈的主因。若这批部队在战场上直接被歼灭，他们对以色列来说就没什么利用价值了。

两伊战争

　　在1980年，伊朗和伊拉克就像一体的两面。他们都是伊斯兰教国家，但伊拉克事实上是独裁政体，而伊朗不久前推翻了君主统治，建立了共和。伊朗政府由阿布·哈桑·巴尼萨德尔（Abo Hlhassan BaniSadr）担任总统一职，但宗教领袖阿亚图

↓照片中为遭炸毁的伊朗输油管线。伊拉克和伊朗都对彼此的石油出口设施发动攻击，以削弱对手继续进行战争的能力

拉·霍梅尼（Ayatollah Khomeini）才是实际领袖。

伊朗和伊拉克都拥有现代化的军队。在伊朗国王统治时期，该国与西方友好，使他们获得大批的英、美制武器。不过，这些装备需要庞大的技术支援，维护工作通常由西方供应商完成，而非交由伊朗人自行保养维修。伊朗国王遭到推翻之后，新政府对西方采取敌视的态度，这代表他们现代化的装备缺乏必要的补给，所以在两伊战争开打之际，伊朗军队的装备妥善率十分糟糕。

伊拉克的军火大部分是由苏联提供，尽管许多都是过时的武器。虽然伊拉克和其装备供给者的关系近年来也跌到谷底，但因为苏制装备没有那么复杂，且容易保养维修，所以造成的

↓在两伊战争开打之际，伊朗军队拥有大批的英制坦克，其性能比对手的苏制坦克更佳

问题并不严重。

随着伊朗陷入一团混乱，伊拉克似乎可以乘机采取行动，解决多年来的纷争。伊拉克的领导人萨达姆·侯赛因（Saddam Hussein）提出了一连串的要求，并摆出备战状态来明示他的强烈意图。不过，他的要求并未得到回应。

伊拉克和伊朗都开始煽动彼此境内的叛乱团体，并进行破坏活动，双方偶尔也会相互发动炮轰。战争并没有立刻爆发开来，可是1980年9月12日，两国发生了激烈的军事冲突，这场行动是针对伊朗人攻击边界村庄所做的回应。

伊拉克是经过深思熟虑的计划之后才展开行动，他们调派部队至前线阵地以防范任何的反击。接着，伊拉克发动牵制性的突袭，再派装甲部队驶进伊朗。他们初期的攻势几乎没有遭遇阻碍。

→→伊朗国王被推翻之后改制为共和政体，但实际上国家权力都掌握在由霍梅尼所领导的神职人员手上。霍梅尼与萨达姆之间的恩怨，是导致两伊战争的一个重要因素

明确的目标

在战争初期阶段，伊拉克的目标十分明确，包括占领他们长期声称拥有主权的土地，以及阿巴丹（Abadan）岛上的大型石油提炼厂和霍拉姆沙赫尔（Khorramshahr）的港口。就政治上的目的来说，伊拉克明确表示其意图是为了有限的目标而战。他们认为军事的入侵将会使伊朗国内动荡不安的政治局势陷入崩溃。伊朗新政府一旦发现处于不利的情况，就会展开和谈。

然而最后，霍梅尼政权并未垮台，霍拉姆沙赫尔的一小批部队也采取孤注一掷的抵抗，让伊拉克军队付出高昂的代价，且造成严重的破坏。10月中旬，伊拉克部队抵达阿巴丹，他们击退了小规模的反攻，但战斗仍持续进行了一段时期。

不久，伊拉克军队面临其他的问题。他们越过了沙漠和泛滥平原，可是必须在雨季来临使现有的道路无法通行之前，确保交通线的安全。因此，虽然迪兹富勒（Dezful）与阿瓦士（Ahvaz）都是伊拉克打算夺取的目标，但这两座城镇仅遭炮轰，却未被占领；而在进攻期间绕过的苏桑盖尔德（Susangerd）则不得不进行扫荡，以防那里的驻军袭扰伊拉克的补给线。

伊拉克动用化学武器

伊拉克在战争中动用神经性与刺激性毒气对付伊朗军队，却躲过了国际的谴责，尽管联合国确实发表声明"关切"伊拉克使用自1925年以来即禁止的化学武器。另外，伊拉克亦以毒气对付境内的库尔德人（Kurd）。虽然这是众所周知的事实，可是当时并没有任何国家出面制止，或惩罚其领导人。

→→照片中，这辆伊拉克坦克上的车长用机枪不但能对付人员，亦可防范其他次要威胁。在两伊战争后期，这类武器用来反制伊朗的"人海战术"十分有效

由于伊拉克的目标有限，所以只投入一小部分的兵力作战。然而，伊朗为了不让敌人的计谋得逞，于是派出更多的师级部队至前线。先前伊拉克所遭遇的小批敌军，为伊朗主力部队撤向东方时所留下来的部队，他们尚未碰上大规模的反攻。伊拉克军队持续挺进，尽管士兵们也疑惑为何对手没有采取紧急行动。

伊拉克部队十分不愿卷进城镇战。尽管人数和装备占了优势，霍拉姆沙赫尔的战斗仍导致他们蒙受不相称的伤亡。这亦显示伊拉克士兵缺乏巷战的训练。因此，虽然伊拉克军队在战场上的实力不容置疑，但攻打城镇的时候，他们宁可炮轰，而不愿进行近距离战斗。

在这个阶段，伊朗军队可分为两个部分，其一是尚未抵达前线的庞大步兵，另一为逐渐遭到断后的部队。后者孤注一掷，甚至是狂热地展开反抗，使得伊拉克士兵更不愿意进入城区。

伊朗还有一支实力强大的反坦克直升机部队，配备美制AH-1型攻击直升机与反坦克导弹。他们低空飞行，以地形作为掩护，然后突然现身发动奇袭，再迅速离去。这样的突击方式尽管让敌人措手不及，却只有骚扰的效果而已。因为伊朗的

两伊开战的原因

两伊开战的原因有很多。一百多年来，伊拉克和伊朗就一直存在领土及边界的纷争，而萨达姆与霍梅尼间的私人恩怨也是导火线之一。萨达姆担心伊朗的革命会扩散到他的国家，因为伊拉克大部分的人民都是伊斯兰教的什叶派（Shiah），和霍梅尼相同；另一方面，伊拉克的统治精英皆为阿拉伯复兴社会党（Baath）的成员，属逊尼派（Sunni）。

↓照片中为掩蔽在土堤后方的苏制BTR装甲运兵车。两伊战争期间，伊拉克部队广泛利用掩蔽起来的装甲车对抗敌人。可是到了海湾战争的时候，这样的防护措施并未收到良好的效果

地面部队还没有就位，无法进一步压制敌军。

　　伊拉克军队的攻势终于停滞了下来，双方陷入僵局。在伊朗方面，大批的志愿兵来到前线对抗入侵者，虽然他们的训练不足，可是能够消磨伊拉克的力量。到了1982年中期，伊朗开始发动一连串组织欠佳的大反攻，并逐步收复失去的土地。

　　尽管伊朗军队装备妥善率的问题尚未解决，但仍然重返战场作战，他们有庞大的志愿部队支援。在空中与重炮的掩护下，还有坦克伴随，伊朗志愿部队施展"人海战术"进攻。虽

然伊朗坦克兵的能力有待加强，可是坦克的协同作战证明非常有效。伊朗付出了高昂的代价，却也施予伊拉克惨重的伤亡，并逐步迫使他们撤离。

此时，伊朗和伊拉克皆在努力维持先进装备的妥善率，形成了所谓的"无力平衡"，双方保养维修这些装备的能力都很有限。整体来说，伊拉克的兵力较佳，但他们身处敌境，并面临强力的抵抗。显然，伊拉克没有赢得战争的胜算。

伊拉克军队退回边界，并在那里设立强大的阵地等待敌人来袭。双方虽试图谈判，可是伊朗开出的条件，伊拉克根本不加考虑。同时，霍梅尼宣称，将以伊斯兰共和制取代萨达姆的政权。不久，伊朗便向伊拉克发动攻击。

伊朗的攻势

伊朗军队展开攻势，向伊拉克的第二大城市巴士拉（Basra）进攻，但几乎立刻碰上麻烦。伊拉克部队不再毫无遮蔽，或是仓促设置防御工事，他们此刻身处于战前即建造好的强大阵地里。正当伊朗士兵逼近伊拉克阵地之际，他们面临地雷、障碍物与刺铁丝网的阻碍，并惨遭炮轰。接着，防御工事内的机枪和坦克亦向伊朗部队开火。

对伊朗来说，更糟的是，他们失去多兵种联合支援。战争的爆发使得大批装备的妥善率迅速下滑。而且，伊朗宗教领袖和军队的不良关系，代表可以让士兵得到力量的理论并非为真。解决问题之道便是采取支援有限或无支援的"人海战术"，派出狂热分子冲进雷场，以肉体引爆地雷，好让后面的部队继续挺进。

就某些方面而言，这样的作战方式有点类似第一次世界大战，大批的步兵屡败屡战，以突破固定的防线。此外，可追溯到第一次世界大战时期的毒气战也再度上演。伊拉克广泛使用化学武器，因为绝大部分的伊朗士兵既未受过毒气战的训练，又没有配备防化学装备。

尽管"人海战术"无法突破伊拉克的防线，伊朗依旧继续尝试，并在1983年发动5次大规模进攻。这几波攻势大部分是由训练不佳的民兵执行。伊朗在攻势中遭受了骇人的伤亡，而且未取得什么成果，可是霍梅尼仍拒绝考虑谈判。为了迫使敌人就范，伊拉克开始轰炸伊朗的城市。

城市战

伊拉克向伊朗发布最后通牒：若伊朗再不停止攻击，他们的城市将遭受轰炸。然而，伊朗并未加以理睬，于是伊拉克在1984年2月向伊朗的11座城市发动空中与导弹打击。伊朗亦还以颜色，因此展开了所谓的"城市战"（War of Cities）。同时，一场大规模的地面作战也在进行。

伊朗军方主导了一场地面战役，尽管参与行动的25万人当中只有20%为伊朗正规军，其他的全是民兵。这群民兵包括涉世未深的年轻人，他们的作用是引开敌火和触发地雷。

虽然伊朗的攻势遭到逐退，并蒙受惨重的损失，可是他们渐渐攻进伊拉克的防线，且占领了一些土地。伊拉克在芥子气和神经毒剂的支援下展开反攻，但夺回部分失去的领土之后即停滞下来。

到了1984年3月中旬，战况不再那么激烈，此后大致呈现僵局。双方企图采取其他的途径影响对手进行战争的能力，例如攻击波斯湾上的油轮。早在1981年就有油轮遇袭的事件发生，但自1984年起才逐步升级，中立国的油轮也无法幸免。

对城市的轰炸和企图摧毁石油贸易并未严重影响战争的结果。然而，美国尤其不容许伊朗赢得这场战争。另外，各界借由围堵伊朗输出革命来协助伊拉克。

经过好长一段时期的僵局之后（在此期间双方持续派战机和发射导弹轰炸彼此的城市），伊朗在1987年重新展开攻势，企图结束战争。伊朗军队直接攻击巴士拉，却无法突破伊拉克的防御工事。第二次的尝试则攻向基尔库克（Kirkuk），使得伊拉克备受威胁。然而，由于各种因素的限制，伊朗军队未能拓展他们已有的突破，又无法迅速建立据点，所以最后仅取得很少的成果。

不过，伊朗在这些成果的激励下，决定拒绝联合国要求双方停火并退回战前边界的解决方案。伊朗的决定造成不幸，因为伊拉克军队于1988年4月夺回了他们的领土，而且攻进伊朗境内。

对伊朗来说，联合国的解决方案此时突然变得很吸引人，但轮到伊拉克拒绝了。伊拉克军队持续挺进，并在敌人顽强的抵抗下设法取得些微进展。由于胜利无望，伊拉克也终于同意停火。1988年8月，双方亦退回到战前的边界。

在八年的战争中，伊拉克和伊朗都蒙受了惨重的伤亡，而且一无所获。两伊战争是20世纪下半叶最血腥的战争之一，也是少数动用化学武器的冲突。

马岛战争

↓马尔维纳斯群岛崎岖难行的地势，加上严寒的气候，对英国士兵来说是重大却可克服的障碍。一位士兵评论，马尔维纳斯群岛"就像家一样"

英国于20世纪放弃了许多殖民地，但仍保留福克兰群岛（Falkland Islands），它坐落在遥远的南大西洋。长久以来，阿根廷一直争求该群岛的主权，他们称之为马尔维纳斯群岛（Malvinas），可是岛上的居民几乎全是英国人的后裔，而且业已公投决定继续留在英国。

当时的阿根廷是由莱奥波尔多·加尔铁里（Leopoldo

Galtieri）将军领导的党政军集团所掌控，收复马尔维纳斯群岛一直是阿根廷政府的目标之一。由于加尔铁里政权正面临国内问题的困扰，所以他决定夺取该群岛来转移人民对经济与社会问题的注意。

警告迹象

战争爆发之前，一些警告迹象显示，必有大事发生，但即使英国政府早一点采取行动也无法及时派增援至马尔维纳斯群岛，以影响态势。况且，伦敦当局视阿根廷的废金属商于南乔治亚岛（South Georgia）上的废弃补鲸站升起国旗为愚蠢的行为而非威胁。

不久，英国皇家海军陆战队的一支分遣队抵达那里的首府斯坦利港（Port Stanley），并组成了马尔维纳斯群岛上的唯一英国驻军。这批部队绝不可能击退敌人的入侵，但足以向阿根廷政府明示，企图并吞该群岛的行动，将会遭受反击。夺取无人防守的领土或许会使情况暧昧不明，但向英国军队开火则肯定是战争行为。因此，22名陆战队士兵和一名军官由斯坦利港前往南乔治亚岛，他们的命令是驱逐阿根廷的废金属商，并遣返这些平民回国。

然而，英国陆战队员于3月23日抵达的3天后，一个连的阿根廷部队也来到那里。由于人数相差悬殊，英国陆战队无能为力，只有眼睁睁地看着对方入侵。当斯坦利的部队放弃抵抗之际，他们也被迫投降。

1982年4月2日，阿根廷部队开始登上首府附近的东马尔维纳斯群岛（East Falkland），他们的意图已是再明显不过的了。英国海军陆战队奉命进行30分钟的抵抗，然后投降。马尔

维纳斯群岛的总督雷克斯·亨特爵士（Sir Rex Hunt）知道毫无胜算，而且不愿见到没有必要的伤亡。不过，进行反抗却有非常重要的政治意涵。

因此，阿根廷部队暗示岛上的驻军投降，但遭拒绝。防卫者大部分是英国皇家海军陆战队，还有一批海军人员和约30名的马尔维纳斯群岛防卫队（Falkland Islands Defence Force），他们实际上是志愿的民兵。其他的居民也以不同的方式阻挠入侵者。

←在马尔维纳斯群岛战争中，缺乏运输设备是一大问题，士兵不得不回归传统的步行方式。照片中，这群背负（或配挂，视各团级单位而定）沉重装备的英国步兵正越过岛上的荒地

主力部队入侵

正当阿根廷突击队试图压制英军兵营之际（那里已无人防守），其主力部队包括两栖装甲运兵车则向斯坦利港挺进。一个班的英国陆战队利用可抛弃式的轻型反坦克武器（"LAW"火箭筒）与卡尔·古斯塔夫（Carl Gustav）无后坐力炮和敌人交火。

其他的阿根廷部队攻击总督府，并爆发激烈战斗，使防卫战比计划的30分钟打得更久。最后，总督要求投降，协议亦于9点30分生效。英军战俘被带往阿根廷囚禁，而马尔维纳斯群岛防卫队则就地解除武器，并遭解散。

错误的战略推论

加尔铁里和他的幕僚确信英国不会为马尔维纳斯群岛而战，无论如何，英军也无法在几千千米外的补给线末端作战。结果，事实证明这样的推论是错的。尽管如此，阿根廷在1982年3月准备入侵时的士气十分高昂。

由于各种因素，阿根廷部队奉命在进攻期间避免不必要的伤亡，尤其是希望英国会因兵不血刃，或几乎不流血的占领而不做回应。毕竟，马尔维纳斯群岛距离英国遥远，又没什么重要性。所以这场战斗中，英军没有任何伤亡，阿根廷部队则一死两伤。加尔铁里有理由相信，事情应该就此可以告一段落。

英国的反应

然而，英国的反应在规模和效率上，让大多数的观察家感到意外。到了4月5日，英国迅速编成一支特遣舰队，打算以武力夺回马尔维纳斯群岛。这支强大的海军护航队包括两艘航空母舰，还有两栖登陆舰和载满部队与装备的民间船舶。4月7日，特遣舰队即朝集结点阿森松岛（Ascension Island）起航，该岛约在目的地的半途上。同时，英国海军的攻击潜艇亦进驻到马尔维纳斯

←尽管英国广播公司已报道英军挺进戈泽格林，但阿根廷部队尚未做好对抗英国伞兵团的准备。经过一阵交战之后，阿根廷士兵便向英军投降

↑照片中为一群搭机航向马尔维纳斯群岛的阿根廷士兵。他们是山地部队，阿根廷的精英部队之一，却由于政治因素最后并未派往前线，而是去防范智利军队趁机入侵

群岛外海实施封锁，企图阻止阿根廷派出增援。

尽管如此，双方都未正式宣战。阿根廷的立场为，他们只不过是重新占领一直是属于阿根廷的领土；而英国则以过去的殖民主义政策来看待此事。当然，两国皆不愿宣战还有其他的理由，这场纷争还是有可能因特遣舰队的出现或巧妙的谈判化解危机。况且，一旦宣战的话，最后选择放弃马尔维纳斯群岛的一方即为认输，这对政府的声望有很大的影响。所以，英国和阿根廷都不打算考虑向彼此宣战。

马尔维纳斯群岛主要是由东马尔维纳斯岛与西马尔维纳斯岛和其他无数小岛组成，可是只有几座岛屿对这场战争具有重要性。西马尔维纳斯岛的意义不大，大部分的居住地及首府都在东马尔维纳斯岛上，因此那里是兵家必争之地。

东马尔维纳斯岛仅有北半部具战略意义，南半部值得一战的地方只有达尔文港（Darwin）与戈泽格林（Goose Green）的地峡，此处同样没什么重要的住所或有价值的要地，但控制了这两个小镇才算占有该岛。军队向无人烟的荒野挺进一点意义也没有。

如此一来，尽管马尔维纳斯群岛的区域广大，而且众多的岛屿使作战更加复杂，但这场战争的目标却相当简单。阿根廷的入侵部队驻守在东马尔维纳斯岛北半部，英军只攻打那里。其他地区的行动唯有对攻占目标有利时才会进行。

5月21日，第一批由特遣舰队派出的英军登上马尔维纳斯群岛。在这场登陆行动之前，英国的特别空勤团则先于

↓虽然阿根廷军队拥有一些装甲车，但在马尔维纳斯群岛战争中，他们并未发挥重要作用。有些装甲车被用来反制英军的初期登陆行动

↓对阿根廷部队来说，登上马尔维纳斯群岛不会有太大困难。当时，那里的英国兵力不到一百人，要阻止阿根廷部队上岸根本没有胜算

5月14日展开特种部队作战，他们空降到鹅卵石岛（Pebble Island），并摧毁岛上的阿根廷航空站，那里主要是"普卡拉"式（Pucara）对地攻击机的基地。英军的突袭使这批战机无法用来支援阿根廷的部队。

　　空中和海上力量大大影响了接下来的地面行动。英国很快就建立海上优势，他们的核潜艇能够封锁阿根廷的船舰于港

内，使其无力干涉特遣舰队作战。尽管如此，阿根廷的潜艇，以及更重要的阿根廷空军仍设法加以袭扰。虽然阿根廷潜艇并未取得任何成果，但空中的攻击使几艘英国海军船舰和后勤船舶沉没，岸上的英军亦因此失去不少运输直升机与其他重要的补给。英国的补给船由停泊于圣卡洛斯水域（San Carlos Water）的战舰护卫，那里位于东、西马尔维纳斯岛之间。

圣卡洛斯水域一带后来被称为"轰炸走廊"（bomb alley），该区的空袭行动越来越频繁，英军又有几艘船舰沉没。

英国登陆部队的首要任务之一是建立岸上的补给基地，以及在圣卡洛斯水域的高地设置陆军的"轻剑"（Rapier）防空导弹，来进一步保护重要的后勤船舶。一旦确保滩头堡的安全之后，驱逐阿根廷军队的艰巨任务才得以展开。

根据传统的看法，英军是在执行不可能的任务。阿根廷已派了10000名的兵力，而且能够从容不迫地设防。英军只有9000名部队和一些坦克，都是轻型的"蝎"式（Scorpion）与"弯刀"式（Scimitar）装甲侦察车。虽然它们的重量轻，可以越过沼泽地带，但火力和防

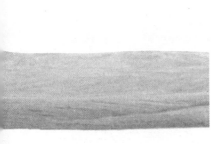

护力却相对不足。

　　然而英军的素质远优于他们的对手。全志愿役的部队士气高昂且训练有素，他们有很大的比例是精锐部队，包括英国皇家海军陆战队、伞兵团和特种部队，如特别空勤团与特别海勒团（Special Boat Service，SBS）。

　　至于阿根廷方面，他们许多精锐部队都留在国内，像是顶尖的山地部队被派去看守智利边界，以防后者乘虚而入。其他最好的陆军部队则因政治信赖度高，所以被留下来压制反政府的团体。大多数派往马尔维纳斯群岛的部队是由低级的征召兵组成，许多人的作战经验十分有限。

　　最重要的问题是，阿根廷军官与士兵存在莫大的隔阂，军官的生活舒适，住在暖和的镇上，毫不顾及士兵的处境。士兵的补给则十分匮乏，尽管配发给他们的装备有些实际上比英军还好。例如，阿根廷的军靴就比英国的更防水。

←照片中为几位英军士兵正在看守阿根廷俘虏。在马尔维纳斯群岛战争中，阿根廷军队主要是由训练不佳的征召兵组成，他们虽然还未准备好执行任务，但许多部队不屈不挠地战斗，让英军吃足苦头

阵地防御策略

　　由于阿根廷士兵的战斗力不强，所以他们的指挥官马里奥·梅内德斯（Mario Menendez）将军采用了阵地防御策略。梅内德斯手下的大部分部队部署在斯坦利港附近，一些分队则守卫其他的小镇。除了就近抵抗之外，阿根廷军队并不打算驱逐陆续由圣卡洛斯水域登陆的敌人。

　　阿根廷采取阵地防御策略的另一个原因，是马尔维纳斯群岛上的行军困难。只要守住该群岛即可获胜的阿根廷军队，没有必要冒险进行机动作战。−20摄氏度（华氏−4度）的低温及沼泽与岩石荒地吹来的强风，不难看出岛上行军是多么艰困。此外，如果斯坦利港的防御弱化的话，其他的英军部队也有可能会直接发动攻击。

　　事实上，英军直接突击斯坦利港是不可能的。他们的

↓照片中为一辆派往马尔维纳斯群岛的英国"蝎"式装甲车。就功能而言，这款装甲车的正式术语为"履带型战斗侦察火力支援车"，前几代的同类型车则直接称为"轻型坦克"

策略是确保侧翼的安全，再越岛向斯坦利港挺进。英国的初期行动还包括攻占南部的戈泽格林和北部的道格拉斯镇（Douglas）。由于载送运输直升机的"大西洋运输者"号（Atlantic Conveyor）货柜船遭阿根廷击沉，英国士兵别无选择，只有背负着一切所需的沉重装备，步行越过该岛。

于是，英军展开跨越荒地的行军，有些士兵甚至背负54千克或63千克的装备，前往遥远的另一边作战。

备受争议的报道

英国广播公司（BBC）播报英军正向戈泽格林挺进的新闻，为进攻部队带来额外的麻烦，不过敌人并没有加以反制。在作战期间或之后，类似这样的报道会让任何听到的人获得有利的情报，导致一定的争议。甚至有人要求以叛国罪起诉英国广播公司的高层官员。随同军队采访的战地记者通常不会受到士兵同胞的责难，尽管他们的性命在敏感信息播送后将受到威胁。

大约500名的英国伞兵在3门火炮的掩护下进攻戈泽格林，那里有超过700名的阿根廷部队驻守。有些阿根廷士兵的素质高于平均水准，但大多数仍为训练欠佳的征召兵。然而，防卫者在敌人逼近的过程中不屈不挠地抵抗，并一度挡下伞兵团的突击。

正当英国伞兵再次试图攻占戈泽格林之际，他们的指挥官琼斯上校亲自率兵突击一座机枪阵地。他先前进行过这样的演练，并多次被裁判认定阵亡，这回果真成为事实。琼斯身后追授维多利亚十字勋章（Victoria Cross）；事实上，英军所有的指挥官都没有必要做这种中尉才应该做的身先士卒式的冲锋。

经过激烈的战斗之后，英国伞兵攻进了阿根廷的阵地。有些防卫者在敌人逼近时逃逸，其他的则遭手榴弹甚至刺刀歼灭。一旦戈泽格林前的阵地被攻陷，那里的小型机场旋即遭到攻占。如同鹅卵石岛一样，戈泽格林的机场亦为"普卡拉"式攻击机的基地，该机场的失守使得阿根廷空中支援能力进一步衰退。

戈泽格林的残存守军很快投降，英国伞兵也得以继续朝东方挺进，并作为钳形攻势的南翼，攻向斯坦利港。同时，戈泽格林与达尔文港的居民重回英国的怀抱，而且虏获了大批的阿根廷补给品。

英国攻势的北钳主要是由伞兵与海军陆战队组成，有4辆坦克支援，他们此刻正向道格拉斯镇和蓝绿湾（Teal Inlet）挺进。沿途发生了几起小规模战斗，一些是由阿根廷直升机运载的特种巡逻队发动的突袭，其他的则是部署在该区的小批驻军。

反抗加剧

随着英军攻势的两钳逐渐闭合，阿根廷军队的反抗也越来越顽强。大部分阿根廷部队部署在斯坦利港的高地附近，所以强行攻占上面的阵地是困难的任务。英国炮兵发动自第二次世界大战以来最猛烈的轰

←照片中为戈泽格林之役后，阿根廷的战俘被解除武装。阿根廷的作战策略不佳，让英国部队得以按阶段进攻，并在推进前逐一击败阿根廷的守军

炸，可是最后仍是以老方法派步兵进攻斯坦利港。在英国步兵展开进攻之前，所有的阿根廷阵地皆遭压制、突击与消灭。

这个时候，如同其他战争中的情况，一些阿根廷军官遗弃了士兵逃亡，但整体来说，阿根廷军队进行坚定的反抗。少数部队在主力部队溃败之后仍继续守住阵地许久，然而，这些阵地也逐一被攻破。残余的阿根廷士兵则退到了危岩山（Mount Tumbledown），准备进行最后一搏。

危岩山

危岩山坐落在斯坦利港附近，那里再也没有险峻的天然地势可让阿根廷军队后撤。不过它本身即是难以克服的障碍，英国步兵得先过这关才能于山顶发动突击，压制激烈的反抗。英军展开猛烈的炮轰弱化阿根廷阵地，并于1982年6月13日至14日晚进行最后一场战役。

危岩山的攻击行动主要是由苏格兰禁卫团（Scots Guards）执行，他们有英国皇家海军陆战队和廓尔喀部队，以及布鲁斯和皇家骑兵（The Blues and Royals）的4辆轻型坦克支援。英军的进攻遭遇坚决的抵抗，好几次英国与阿根廷士兵在近距离战斗中牵制住彼此，进退不得。他们身处的位置近到足以一边开火一边相互叫嚣。

渐渐地，突击部队得以继续前进。阿根廷的碉堡被反坦克武器摧毁，或以手榴弹与刺刀攻克，最后的反抗终于瓦解，那时已是早晨，双方的战斗进行了一整夜。

随着危岩山失守和高地遭到包围，显然地，阿根廷的战败已无可避免。1982年6月14日，斯坦利港内和周边的残余阿根廷守军投降；6天之后，与马尔维纳斯群岛相连的英属南散地威群岛（South Sandwich Islands）上的阿根廷士兵同样放弃抵抗，这场战争也画下了休止符。

不少观察家认为英国无法夺回马尔维纳斯群岛，甚至不会一试。然而，英国两者都办到了。从宏观的角度来看，这场冲突显示了许多过去主宰战场的战争要素至今仍然有其重要性。英国部队以战略的规模来进行两栖作战，尽管大多数的交火皆为步兵战，而且通常有相对少数的火炮予以近距离支援。

马尔维纳斯群岛战争除了再次肯定炮兵与步兵密切合作等要素之外，其特色尚有英军广泛使用步兵携行的火箭与导弹，例如米兰（MILAN）反坦克导弹、66毫米反坦克火箭筒和84毫米的古斯塔夫无后坐力线膛炮。虽然阿根廷没有坦克可作为这些武器的射靶，但它们还是有其他方面的价值，像是用来对付建筑物或碉堡内的敌人，或是摧毁小型的阿根廷海军舰艇。

今天，这类小型制导或非制导武器已普遍作为"碉堡杀手"，可是在1982年，如此用法还算十分新颖。虽然有人批评以昂贵的米兰导弹对抗碉堡太过浪费，但事实上训练一名优秀的士兵代价更高，而且导弹可以有效歼灭躲在窗后的敌人。

马岛战争导致英国重新思考他们的防卫政策，尤其是对海军的关注。英国部队若没有海军舰队的护航、运输和后勤补给，根本打不赢这场仗。另外，投射力量至遥远地区的重要性再次凸显了出来。在其他地方，这样的思维证明是对的，并广泛运用在特种部队作战和远程侦察任务上，而且所有的场合都验证了其价值。

海湾战争

尽管伊拉克与伊朗在20世纪80年代的冲突期间已打过"海

湾战争"（The Gulf War），但这个名词亦被用来指日后联合
国多国部队或联军（Coalition）对抗伊拉克的行动。而且，这
场战争现今通常称为"第一次海湾战争"，因为21世纪初该地
区又爆发了类似的冲突。多年来，这三场纷争纠缠在一起，没
有两伊战争，其他两次冲突或许也不会发生。

　　伊拉克总统萨达姆在两伊战争后重建了他的军队，并将注
意力转向南方的小国科威特（Kuwait），理由大部分是经济因
素。科威特十分富有，伊拉克与伊朗的冲突则使萨达姆政府背
负了庞大的外债，尤其是积欠沙特阿拉伯和科威特的债务。后
者近年来增加了石油的产量，导致油价下跌，严重损害到伊拉

←←从后勤和参与
作战的部队规模来
看，海湾战争的确
是一场庞大的行动

M1 型 "艾布拉姆斯" 坦克

类　　型：主力坦克	最快速度（平地）：67 千米 / 小时
成　　员：4 名	装　　甲：厚度不详，贫铀复合装甲 / 钢制装甲
发动装置：1台泰克斯川・莱康明（Textron Lycoming）AGT 1500 型涡轮汽油引擎，输出功率 1119400 瓦	武　　装：1门 120 毫米炮，2挺 7.62 毫米机枪，1挺 12.7 毫米机枪
重　　量：约 57154 千克	尺　　寸：长9.77米，宽3.66米，高2.44米
最远行程（平地）：465 千米	

"海湾战争"就许多方面来说是坦克战的极致。一旦地面作战展开，迅速机动且火力强大的联军装甲部队能够出其不意地以"左勾拳"攻势突进到敌人的后方

↑尽管自行火炮在现今的军队里已是常见的武器，但传统的拖曳式火炮仍占有一席之地。传统火炮面临的主要问题是会遭受敌火反制，而自行火炮则能利用"打了就跑"的战术躲避

克的经济，他们十分依赖石油出口的收入。因此两国的关系恶化，伊拉克军队也开始移往科威特的边界。

1990年7月，伊拉克在国际的压力下，同意于重启谈判之前不会侵犯科威特。然而，入侵行动仍在1990年8月2日展开。科威特军队的兵力远低于伊拉克，而且未能迅速准备作战。伊拉克卷入纷争时，萨达姆则能随心所欲地下令军队进入备战状态。

侵略行动是由共和国卫队（Republican Guard）的4个师执行，他们是伊拉克军队的精英。伊拉克特种部队和师级单位的先头部队搭乘直升机前往攻占科威特城（Kuwait City），不过这批部队遭受科威特空军的打击而蒙受损失，科威特大部分的战机也因此得以逃至沙特阿拉伯。

科威特最前线的部队与入侵者交火，并拖延了伊拉克的攻势，尽管他们根本没有机会挡下大占优势的敌人。其他的科威特部队则奉命逃往沙特阿拉伯，所以伊拉克的侵略行动两天便告一段落，他们几乎是未受阻碍地攻占了科威特。

如此一来，伊拉克对科威特的债务不但获得免除，还可支配该国庞大的经济资产。然而，联合国安全理事会（United Nations Security Council）和阿拉伯联盟（Arab League）都反对伊拉克的侵略，并通过决议案加以谴责，以及要求伊拉克军队撤出科威特。

"沙漠盾牌行动"

世界各国担忧伊拉克的下一步是侵略沙特阿拉伯，以控制全球大部分的石油。除了萨达姆政府之外，没有人乐见这样的结果。还有其他的理由可以推测伊拉克会向沙特阿拉伯发动入侵，像是他们也积欠了该国庞大的债务。当萨达姆论及对抗沙特阿拉伯的时候，各界愈加恐慌。

战略：发挥实力的艺术

总是不可能预测哪一种优势最具有决定性。优越的武器没有让法军赢得中南半岛战争；庞大的兵力亦无法使阿拉伯联盟于1967年战胜以色列。善加利用优势，制造优势，并抵消敌人的优势，才是制胜之道。

1990年8月6日，联合国对伊拉克实施经济制裁；翌日，美军开始进驻沙特阿拉伯协助防御。他们展开了"沙漠盾牌行动"（Operation Desert Shield），目的是保护沙特阿拉伯不受侵略。

有一段时期，沙特阿拉伯的防卫力量十分脆弱，直到10月，部署在那里的军队才能够对抗伊拉克的入侵，尽管海上与空中武力足以拖延伊拉克的攻势许久，好让军事部署顺利完成。同时，联合国多国部队也逐渐成形，其中75％的地面部队是由美国提供。约34个国家派出了他们的军队，有些国家投入的规模十分可观。

1990年11月，联合国要求伊拉克于翌年1月15日前自科威特撤军，伊拉克则提出了一连串的条件。当时以色列正遭受伊拉克"飞毛腿"（Scud）导弹的攻击，理所当然地会派兵回应。然

← 照片中为"沙漠盾牌行动"时，抵达中东的美军士兵。他们的第一要务是防范伊拉克进一步的侵略，然后集结部队，驱逐科威特境内的伊拉克军队。这个阶段所花费的时间比实际地面作战还久

而，联军内部有许多国家与以色列为敌，后者的加入势必会引发不良的政治效应。于是多方达成了妥协，联军会尽力搜索与摧毁"飞毛腿"导弹机动发射车，以换取以色列继续保持中立。

到了1991年1月，"沙漠盾牌行动"业已完成，联军的力量足以防范伊拉克入侵沙特阿拉伯，可是他们无法一直部署在那里。联合国的最后期限只剩下3天，美国政府授权动武，将入侵者逐出科威特，而其他的联军也会展开实际行动。

"沙漠风暴行动"

想要打赢一场战役或战争就要不断累积优势，有时候这会突然产生神乎其技的一击。不过更常见的则是，某方逐步赢取的优势终于颠覆兵力平衡，使他们得利。有些优势是地区性的，像是占有险要的地势；有些为技

← 照片中为"沙漠盾牌行动"期间，美国布什总统正对美军发表演说。在布什身后的是一架 A-10"雷电"式（Thunderbolt）战机，它是当今最有效率的攻击机之一，配备 30 毫米口径的反坦克机炮

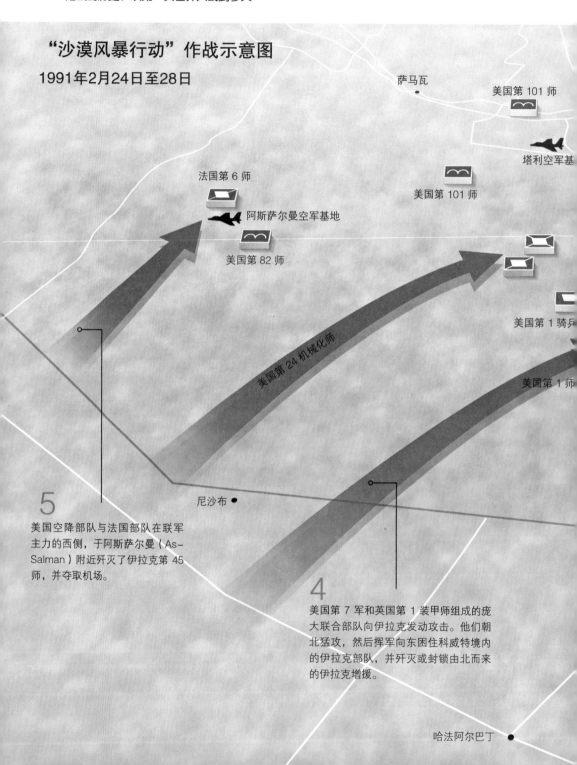

"沙漠风暴行动"作战示意图
1991年2月24日至28日

萨马瓦

美国第 101 师

塔利空军基

法国第 6 师

美国第 101 师

阿斯萨尔曼空军基地

美国第 82 师

美国第 1 骑兵

美国第 24 机械化师

美国第 1 师

尼沙布

哈法阿尔巴丁

5
美国空降部队与法国部队在联军
主力的西侧，于阿斯萨尔曼（As-
Salman）附近歼灭了伊拉克第 45
师，并夺取机场。

4
美国第 7 军和英国第 1 装甲师组成的庞
大联合部队向伊拉克发动攻击。他们朝
北猛攻，然后挥军向东困住科威特境内
的伊拉克部队，并歼灭或封锁由北而来
的伊拉克增援。

1
联军的战机打击科威特与伊拉克境内的目标，支援地面行动。联军的空袭摧毁了上百辆坦克和指挥所。

联军的地面作战计划是以钩形攻势由左侧突破伊拉克的阵地，并将他们逼向大海。联军装甲部队的速度和火力，使作战得以成功

扎里巴空军基地

美国第 2 机械化团

美国第 1 装甲师

巴士拉

沙夫旺

埃及师

美国第 1 海军陆战师

科威特市

科威特旅

沙特阿拉伯旅

美国第 2 海军陆战师

阿尔札贝布空军基地

2
一支美国与阿拉伯的联合部队进攻科威特，包括美国第 2 海军陆战师。他们直接向北挺进，收复科威特城。

3
沙特阿拉伯、科威特和卡塔尔的部队亦向北攻进科威特，但他们沿着滨海道路驶向科威特城。

术性的，如拥有出色的武器或较佳的防护力；有些则是训练或作战理论或政治联盟建立的结果。

对抗伊拉克的联军在训练和装备上具有优势，但伊拉克的力量同样不可小觑。当时伊拉克陆军是世界上最强大的军队之一，拥有5000辆坦克和500辆自行火炮，大部分为苏制的装备。他们还有40多个师，尽管许多皆未满编。

不过伊拉克军队主要是由征召兵组成，他们的训练与士气不佳。当前，科威特境内的伊拉克共和国卫队已经撤至后方，改由征召兵部队驻守。若地面作战爆发，可畏的共和国卫队即可投入行动对抗联军。萨达姆甚至向世人保证，如果联军决定要打，"战争之母"必会降临。

然而，联军不打算让强大的伊拉克军队称心如意。在发动

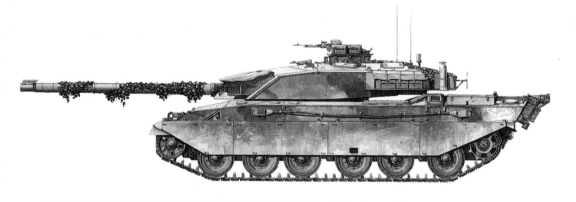

"挑战者"式 1 型坦克

类　　型：主力坦克		最快速度（平地）：55 千米 / 小时	
乘　　员：4 名		武　　装：1门 120 毫米炮，2挺 7.62 毫米机枪，两组烟幕弹发射器	
发动装置：1台液冷式柴油引擎，输出功率 895000 瓦			
重　　量：约 62000 千克		装甲厚度：不详	
最远行程（平地）：400 千米		尺　　寸：长 11.56 米，宽 3.52 米，高 2.5 米	

空袭的效果

由于联军的空袭摧毁了桥梁与发电站等设施，伊拉克支援军队的能力严重下滑。另外，搜寻"飞毛腿"机动导弹载具的特种部队一旦发现目标，亦会请求发动空袭，只是成果有限。在整场战争期间，伊拉克的机动导弹载具相对未受伤害。

地面战役之前，联军已经累积了一切所能获得的优势，他们将以大规模的空袭削弱伊拉克的兵力。因此，1991年1月17日，大批的联军战机与导弹轰炸了伊拉克部队和指挥所，"沙漠风暴行动"（Operation Desert Storm）就此展开。

瓦解了伊拉克防空网之后，联军的首要任务为瘫痪敌人的指挥与通信设施，这将大幅限制伊拉克部队在战场上的作战能力。通信对所有国家的军队来说至关重要，但伊拉克倾向由巴格达就近掌控各部队。尽管如此，少了通信仍让伊拉克的指挥官感到不自在。

随着伊拉克军队的力量日益衰弱，他们不得不采取行动。伊拉克进攻沙特阿拉伯，实际上占领了海夫吉（Khafji）。然而联军地面部队在空中的支援下，很快便将入侵者驱离。

"沙漠军刀行动"

到了2月中旬，伊拉克军队至少已被击溃了一半。他们不断遭受空袭，而且后勤亦被截断，无法支援前线作战，使得部队的士气十分低落。伊拉克其他地面部队的情况则没办法进行大规模的运动战；况且，联军对于他们的阵地了若指掌，并计划乘胜追击。

照片中为一名科威特
士兵在伊拉克军队撤
离他的家园之后，摆
出胜利的姿态。有些
指挥官打算乘胜追
击，并推翻萨达姆政
权，可是联合国授权
的目标只有收复科威
特而已

不久，萨达姆表示伊拉克军队愿意撤出科威特，可是仍提出了一些无法接受的条件，包括联军得赔偿空袭造成的损失。2月21日，萨达姆宣布伊拉克准备好发动陆上大战；两天后，联军地面部队则先展开进攻。

　　地面作战由美国与英国的装甲部队为先锋，他们在代号"沙漠军刀行动"（Operation Desert Sabre）下进行。美国的"艾布拉姆斯"（Abrams）坦克和英国的"挑战者"式（Challenger）坦克几乎是刀枪不入，伊拉克军队的炮弹无法击穿这批坦克的装甲；此外，车载的先进火控系统使他们得以在行进中，于3千米外的距离率先开火。伊拉克装甲部队的配备是旧一代的坦克，而且缺乏夜视装置、激光测距仪和弹道计算机。他们采用的作战准则也没有效率，许多坦克都掩蔽在固定的碉堡里。

↑ 照片中为1门虏获自伊拉克的S-60型防空炮。这门 57 毫米口径的防空武器可以手动瞄准，但一般是由雷达来引导，它的有效射程为6000 米，曾是华沙公约国家的标准配备

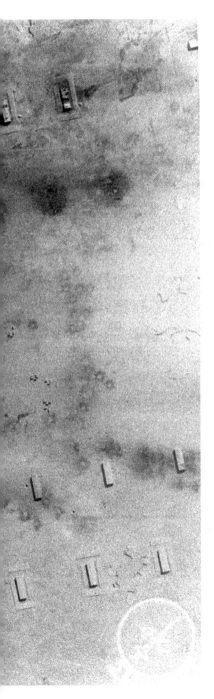

随着其他的联军部队与法国轻装部队（作为机动侧卫）确保了英、美先锋右翼和后方的安全，联军于1991年2月24日发动大规模攻势。他们的计划是绕过反抗力量的核心至伊拉克军队的后面，以左钩形向东突进，包围防卫者。大批的空中机动部队亦投入行动，使伊拉克的兵力失去平衡。同时，美国海军陆战队和其他联军部队则攻向科威特城，围困该城。作战计划还要求阿拉伯的部队采取实际行动，收复科威特的首都。

一些伊拉克部队进行顽强的抵抗，其他士气低迷且遭遇奇袭的部队，则在联军主力逼近之际迅速溃败。反抗的部队施予联军少许伤亡，他们的装备、训练和干劲根本无法完成任务。

士气较高且装备较佳的共和国卫队为联军打击的目标，这些部队和师级正规军是主要的威胁。尽管他们证明是难缠的对手，其火力却未能与联军的先头部队匹敌。当共和国卫队的"麦地那师"（Medina Division）企图伏击一批美国装甲师之际，大略的反制即让他们损失

← 如果伊拉克利用"飞毛腿"导弹迫使以色列出兵的话，会为联军带来严重的政治后果。照片中，这些"飞毛腿"导弹基地已遭空袭摧毁

了200辆坦克，而联军只有微小的伤亡。

到了2月26日，在科威特的伊拉克部队已经溃不成军，大量的军车顺着通往伊拉克的唯一道路向北逃逸。塞在路上的庞大车队成为联军战机和直升机不可错失的目标，他们遭受毁灭性的打击，使伊拉克的撤退行动陷入一团混乱。这条道路后来也被称为"死亡公路"（Highway of Death）。

2月27日，科威特重获自由；经过100个小时的地面战斗之后，同一天也宣布停火。是否要向北追击溃败的伊拉克军队并推翻萨达姆政权是难以处理的问题，联军最后决定不逾越联合国的要求，即恢复科威特的独立，不受入侵者的占领，而非进攻伊拉克。

虽然海湾战争并未完全解决萨达姆政权带来的所有问题，但已圆满达到了它的目标，而且联军的伤亡代价很小。这归功于出色的作战准则与战略，还有科技，尽管两者是相辅相成的。

←照片中为"死亡公路"上的伊拉克车辆残骸。伊拉克军队在科威特的溃败，导致联军迅速由那里唯一适合各种车辆行驶的道路北上进攻。如果有时间的话，这些伊拉克部队或许能够加入战斗

专业的后勤

对美国来说，派部队到伊拉克是后勤上的重大挑战，不过他们早已预知有朝一日要迅速部署军队至全球的任何角落，所以准备好了货柜船运送大量所需的装备。更重要的是，美军定期进行后勤体系的演练，因此能够有效率地执行任务。

伊拉克军队在作战刚开始的时候企图打一场传统的战争，却让联军能够以传统的战术击败他们。双方之间的科技相差悬殊，伊拉克军队根本毫无胜算，甚至他们在联军的空袭下，几乎已达到溃不成军的地步。依传统的作战条件来看，伊拉克军队确实强大，他们也试图发挥兵力，可是联军在这些方面的力量更强。所以最后，伊拉克对抗的是一支更具优势的武力，并付出了惨痛的代价。

"海湾战争"是20世纪最后一场主要陆战，它进行的手段近似中国《孙子兵法》的用兵哲学："胜兵先胜而后求战。"事实上，联军在地面行动尚未开打之前，就已赢得了海湾战争。

← 美国军队的M1A1"艾布拉姆斯"主战坦克正在一条沙漠公路上前进，该车全身都沾满沙尘。在海湾战争和入侵伊拉克战争期间进行过战争测试的M1A1主战坦克可追溯至20世纪80年代中期，并在随后的日子里进行过多次升级

复杂的作战空间：
21世纪的陆战

20世纪刚开始的时候，陆战可以说是只有两个面向——部队在地面上移动或于地底下行进。有史以来，这样的情形始终如一，可是几年之后，一切都有了改变。

← 现今，操作一门火炮的方式与1914年仍别无二致，可是它和先进的通信与全球卫星定位系统（GPS）相连结，其远程射击精准度令人大吃一惊

虽然观测气球已经运用了数十年，但效率非常有限。动力推进的飞机则为陆战带来新的气象，它们在战场上空飞翔，支援地面部队作战，敌军也不得不加以反制。随着空中机动部队或空袭行动能够深入先前地面部队无法到达的区域，作战的范围亦变得更深且更广。

第四维是由电磁波来创造，以作为通信和情报搜集，而电子战则是为了防范敌人运用相同的手法来获取情报。

随着空中力量和电子战对地面的行动越来越重要，在某些论点上，"战场"的观念到了20世纪中期已逐渐模糊。虽然尚未有新的术语出现，但世人渐渐可以理解，陆战正在复杂的空间里进行，包括地面上的战场、战区的上空与邻近空域，还有无所不在的电磁波。

其他的因素亦愈加重要。政治方面，就国际反应和国内民众的态度来说，对一场有限战争具有决定性的影响。像是越战期间，"让士兵们回家"的口号最后迫使美军撤离越南。有时候，军队不得不放弃大好的机会，因为长期而言，军事行动可能会产生不良的政治后果。

例如在海湾战争中，伊拉克向以色列发射导弹，意图刺激后者派兵回应。尽管这可让联合国多国部队得到另一支生力军，却会导致内部敌视以色列的阿拉伯国家退出，他们付出的贡献已经超过以色列。

→→通信的拦截、雷达的干扰与其他电子情报搜集为作战行动带来直接的进攻。操作这些系统的人员甚至从未亲眼看到敌人

20世纪中期之后，全面性的战争已相当罕见，至少就两个工业化强国而言。就算是这样的战争爆发，由于各种不同的因素，其范围与程度受到相当大的限制，而且胜利经常是由成功操弄政治手段和注意到社会角度的一方取得。

事实显示即便一方的军队以极小损失对敌军造成极大杀伤，在这种优势交换比之下仍可能输掉战争。况且，现今信息的快速传递，使得对手更能透过媒体来操纵政治因素。

军事行动因此又多了一个面向。战争无可避免会造成人员的伤亡，有些人甚至没有直接参与战斗。无辜平民死伤的景象可能激起一场抗议，军队犯下暴行的话更会让他们难以脱身。此外，对手亦有可能捏造事实，或把与当事者无关的行为归罪于他们，来操弄态势。

大规模冲突的可能性

未来，一场大规模冲突，像是坦克旅相互交锋的可能性仍旧无法漠视，明智的国家还是会未雨绸缪。然而，作战空间已变得越来越复杂，焦点也越来越模糊，军事行动经常和政治、经济与社会考量纠结在一起。所以军队必须适应

不断变化的环境，例如在城镇的维和任务中，军队可能同时面临友善亦或带有敌意的民众。

当然，就某种程度来说，这一直都是事实。不过近年来，没有平民卷入的战争，如1941年至1943年在北非进行的"绅士之战"，几乎已成为绝响。

↓ 20 世纪最后一场主要战争的特色，是大规模运用坦克作战。坦克战的概念在 1917 年之前还不存在，也难预测下个世纪里会发生什么变化

从美军的最新军事思想可以看出，其任务愈发多样化：美军有可能在战区保护国际组织工作人员，进行人道主义救援；或是在战区维护基地与平民设施的安全，进行反暴乱作战；又或是在装甲力量的支援下与敌方正规军进行常规作战。而这纷繁复杂的作战样式很可能就浓缩于紧邻的三个街区之中。

"三街区战争"（Three-Block War）的概念是一个难以克服的挑战，但它是对现代战争所做的现实评价。尽管如同第一次世界大战一样的大规模全面地面战斗依然可能发生，各国军队为此维持着大量的装甲兵、步兵和陆航兵力；可是绝大多数的情况，都是一小批步兵在下级军官的带领下作战，这位军官大概得一面处理极复杂的问题，一面试着确保他们的行动在长期不会使态势恶化。

因此在21世纪，战争又回到了最本来的面貌——尽管武器和技术已经取得长足进步，一般士兵的训练和战技才是战场上最重要的因素。

↓美军步兵利用重量较轻的可携行通信设备作战。此外，他们可以请求空中或重炮的支援，以及要求增援或伤兵撤离，还有回报是否与敌军接触

图书在版编目（CIP）数据

陆战的历史：从第一次世界大战到今天 /（英）马丁·多尔
蒂著；张德辉译 . —上海：上海三联书店，2021.4

（视觉历史）

ISBN 978-7-5426-7327-5

Ⅰ.①陆… Ⅱ.①马… ②张… Ⅲ.①战争史－史料－世界 Ⅳ.
①E19

中国版本图书馆 CIP 数据核字（2021）第 019170 号

Land Warfare

Copyright © 2008 Amber Books Ltd. London
Copyright of the Chinese translation © 2020 by Portico Inc.
Published by Shanghai Joint Publishing Company.
ALL RIGHTS RESERVED

版权合同登记号　图字：09-2020-523号

陆战的历史

从第一次世界大战到今天

著　　者 /［英］马丁·多尔蒂
译　　者 / 张德辉
审　　校 / 李政峰　徐玉辉

责任编辑 / 李　英
装帧设计 / 西风文化
监　　制 / 姚　军
责任校对 / 张大伟　王凌霄

出版发行 / 上海三联书店
　　　　　（200030）中国上海市漕溪北路 331 号 A 座 6 楼
邮购电话 / 021-22895540
印　　刷 / 固安兰星球彩色印刷有限公司

版　　次 / 2021 年 4 月第 1 版
印　　次 / 2021 年 4 月第 1 次印刷
开　　本 / 710×1000　1/16
字　　数 / 510 千字
印　　张 / 36
书　　号 / ISBN 978-7-5426-7327-5/E·14
定　　价 / 168.00 元（全两册）

敬启读者，如发现本书有印装质量问题，请与印刷厂联系 010-62189683